suhrkamp taschenbuch 338

Franz Fühmann, 1922 in Rokytnice (Böhmen) geboren, lebt seit 1950 als freischaffender Schriftsteller in Berlin (DDR). Fühmann gehört zu den Schriftstellern ersten Ranges in seinem Land; sein Werk (Erzählungen, Gedichte, Nachdichtungen, Kinderbücher) wurde mit höchsten Preisen geehrt. In der Bundesrepublik machten ihn vor allem seine »meisterhaften« Erzählungen (u. a. *Das Judenauto, König Ödipus, Kameraden*) bekannt, denn das Auffallende an diesem Autor war immer schon seine »große formale Begabung«. Seine Bücher erschienen außerdem in Frankreich, Polen, Bulgarien, Ungarn, China, Kuba, in der Sowjetunion und der ČSSR.

Die hier gesammelten Essays sind Texte der Selbstverständigung, Werkstattberichte im Medium literaturtheoretischer Auseinandersetzung. Sie geben in einer ständigen Praxisnähe, die aber die Anstrengung des Begriffs nicht scheut, über das ästhetische Selbstverständnis eines hervorragenden Schriftstellers der DDR Auskunft und erhellen in Würdigung und Kritik die derzeitige Situation der Literatur. Ob sich Fühmann nun einzelner Werke annimmt, einzelne Autoren porträtiert oder allgemeine Fragen, wie die Aufgaben der Literaturkritik, behandelt, stets greift er über den Gegenstand hinaus, um die Beziehungen von Literatur und Leben heute zu erkunden. In dem Essay *Das mythische Element in der Literatur* – in dem er die Summe seiner Bemühungen um Märchen und Mythos zieht und zugleich der unabgegoltenen Frage nachgeht, was das denn eigentlich ist: das Poetische – weist Fühmann mit literaturwissenschaftlicher Genauigkeit auf jenes »mythische Element« in der Literatur hin, auf die geistig-emotionale Wirkung von Texten, die intellektuell nicht erklärbar ist. Als Beispiel führt er das *Abendlied* von Claudius, einen Teil aus der Vorrede zur *Unsichtbaren Loge* Jean Pauls und eine Passage aus dem Schlußmonolog der Marion Bloom im *Ulysses* an.

Franz Fühmann
Erfahrungen und Widersprüche

Versuche über
Literatur

Suhrkamp

Umschlagfoto: Joppen

suhrkamp taschenbuch 338
Erste Auflage 1976
© 1975 VEB Hinstorff Verlag, Rostock – DDR
Lizenzausgabe für die Bundesrepublik,
Westberlin, Österreich und die Schweiz
mit freundlicher Genehmigung des
VEB Hinstorff Verlags, Rostock – DDR
Suhrkamp Taschenbuch Verlag
Druck: Nomos Verlagsgesellschaft, Baden-Baden
Printed in Germany
Umschlag nach Entwürfen von
Willy Fleckhaus und Rolf Staudt

Brief an den Minister
für Kultur

Sehr geehrter Herr Minister!
Ich danke Ihnen für die Einladung, an der Vorbereitung einer Kulturkonferenz in Bitterfeld teilzunehmen. Meine Meinung zu den Problemen der kulturellen Entwicklung kann ich in einem Satz zusammenfassen: Man möge eine der Wirtschaftsausstellung im Gebäude des ZK analoge Ausstellung organisieren, die ohne Phrasen und Beschönigungen den Stand unserer kulturellen Leistungen mit den besten Leistungen der Welt vergleicht.
Selbstverständlich weiß ich, daß Wirtschaft und Kultur nicht einfach gleichgestellt werden können. Dennoch sollten wir es, zunächst in Gedanken, tun. Auf einem Gebiet werden wir überlegen dastehn: In den letzten Jahren wurde Großartiges getan, die schöpferischen Kräfte aller Schichten unserer Bevölkerung zu entwickeln und unserm Kulturleben eine breite Basis zu geben. Nun scheint mir, ohne diese Bemühungen aufzugeben, die Zeit gekommen, entschieden auf die Hebung der Qualität in Literatur und Kunst, auf eine Erhöhung des Kulturniveaus, auf international nicht zu übersehende Spitzenleistungen hinzuwirken.
Ich glaube an eine bestimmte Qualität der Form-Inhalt-Verbindung, die Geschriebenes erst zur Literatur macht, und an objektive, im gesamten Literaturschaffen der Menschheit verbindliche und nicht allein auf Themenwahl oder Massenwirksamkeit beruhende Kriterien dieser Qualität. Um diese Qualität mache ich mir Sor-

gen. Wie können wir sie erhöhen? Wie können wir besser wirksam werden?

Zunächst und in der Hauptsache ist das natürlich eine Frage jedes einzelnen Schriftstellers selbst. Ich möchte daher, sehr geehrter Herr Minister, Ihnen von Überlegungen berichten, die ich in den letzten Monaten über mein eigenes Schaffen angestellt habe. Wir sprechen oft und mit Recht davon, daß der soziale und der persönliche Auftrag zusammenfallen muß, wenn ein Kunstwerk entstehen soll. Der soziale Auftrag nun ist in den letzten Jahren sehr oft formuliert und sehr leidenschaftlich verfochten worden: Er ist das, was wir mit einer Formel (die nicht zu lieben ich eingestehe) den Bitterfelder Weg nennen. Wie aber steht es mit dem persönlichen Auftrag? Ich glaube, daß jeder Schriftsteller sich immer wieder besinnen müßte, welche Themen, Stoffe und Genres ihm nach Maßgabe seiner Fähigkeiten, seines Talents, seiner Herkunft und seines Lebensweges am gemäßesten sind und wo er mit seinen spezifischen Ausdrucksmitteln das Beste und Qualifizierteste zu leisten vermag. Dies mag eine Binsenwahrheit scheinen, aber die gesamte öffentliche Kritik und wohl auch unsere Kulturinstitutionen drängen den Schriftsteller nicht in seiner spezifischen Richtung vorwärts, sondern in der Richtung der jeweiligen Tages-, Monats- oder Jahresaktualität, das heißt, sie sehen den Bitterfelder Weg nicht als Auftrag zur Eroberung eines Landes, einer neuen ästhetischen Provinz, sondern als schmalen Weg einer bestimmten Lebensänderung für einen bestimmten Genretyp: Der Schriftsteller gehe in einen Betrieb oder in eine LPG und schreibe dann einen Roman. Viele meiner Freunde und Kollegen sagten nach dem Erscheinen meines „Kabelkrans“: „Jetzt erwarten wir von dir den großen Betriebsroman; du hast mit diesem Buch ein Versprechen gegeben, das du nun einlösen mußt!" Ich räume meinen Freunden dabei ein, daß sie das Wort „Betriebsroman" nicht eng auffassen und es als Abbreviatur gebrauchen, so wie sie etwa Strittmatters „Bienkopp" einen Genossenschaftsroman nennen würden. Auch mir ist diese Konsequenz logisch erschienen, doch nun werde ich diese Freunde und mit ihnen vielleicht die öffentliche Erwartung enttäuschen: Ich werde diesen Roman nicht schreiben. Weder liegt mir der Roman als Genre, noch glaube ich, jemals in der Lage zu sein, die differenzierten Gestalten des Arbeiters heute und hier in ihren Lebensmilieus, ihren Gedanken, Träumen, Wünschen, Sehnsüchten, Glücks- und Leidempfindungen so prall und poetisch echt darstellen zu können, wie dies etwa Strittmatter mit seinen Blumenauern getan hat. Ich kenne sie, die Arbeiter, dafür viel zuwenig, und der üblich gewordene Weg: in einen Betrieb gehen und dort längere, auch lange Zeit mit einer Brigade zu arbeiten oder sich anders umzutun, fügt den ersten schönen und tiefen Erlebnissen der Begegnung von Schriftsteller und Arbeiter zu wenig neue Erlebnisse und Erfahrungen hinzu, als daß sich der große Aufwand an Zeit noch rentiere, und auch wenn man den Betrieb wechselt, wie ich es getan habe, kommt man doch schließlich einmal an eine Grenze, die nicht mehr zu überschreiten ist, obwohl jenseits noch weites Land liegt. Letzten Endes ist man bei aller freundlichen, ja freundschaftlichen, ja herzlich-erwartungsvollen Aufnahme, die mir und anderen überall zuteil wurde, doch eben nur ein Außenstehender, der auf die Dauer der Brigade zur Last fällt, wenngleich sie das auch nicht eingesteht. Unsereins müßte, um die erwähnte Grenze zu überschreiten, als Lehrling ein Handwerk von der Pike auf lernen (ich habe das versucht und mit einem Schweißerlehrgang begonnen, aber das Vorhaben wieder aufgegeben, als ich gesehen habe, daß man nicht irgendwo in den Beruf einsteigen kann, sondern eben mit einer Grundausbildung Metall beginnen müßte). Dann, nach drei- bis vierjähriger Lehrzeit, müßte man als Arbeitsuchender und nicht als Schriftsteller in einen Betrieb gehen, dort vier bis fünf Jahre körperliche Arbeit leisten, dann wären wir vielleicht in der Lage, unser Blumenau auf der Werft zu finden. Ich bin bereit, darüber zu diskutieren, ob das möglich und nützlich ist. Jedenfalls ist dies unser Schicht- und Generationsproblem. Für die Generation, die jetzt heranwächst, ist, wie ich aus höchst verwunderten Anfragen zu meinem „Kabelkran" überzeugend erfahren habe, dieses Problem schon unverständlich geworden. „Sie können mir doch nicht im Ernst einreden, daß Sie mit vierzig Jahren das erstemal in einem Großbetrieb waren", sagte mir eine zwanzigjährige Studentin. Nun, sie sind dank unserer Schulpolitik glücklicher dran. Für die jungen Schriftsteller, die jetzt debütieren, ist diese Frage auch keine Frage mehr. Wir, die Übergangsgeneration, werden unser Kreuz wohl zu Ende schleppen müssen.

Ich bitte Sie, sehr geehrter Herr Minister, mich nicht mißzuverstehen. Ich möchte die Zeit (und es war viel Zeit), die ich auf der Werft, auf der Baustelle und anderswo beim Versuch, mir die Voraussetzungen für eben jenen „Betriebsroman" zu erarbeiten, verbracht habe, in meinem Leben nicht mehr missen. Ich hatte, als ich noch kein freischaffender Schriftsteller war, seit Jahren, und nicht immer konfliktlos, danach gedrängt, Betrieb und Dorf unserer Republik kennenzulernen, und jene Zeit war nützlich und hat mir viel gegeben, nicht nur für den Schreibtisch. Ich möchte auch gern weiterhin einen Kontakt, über dessen Form ich mir allerdings noch nicht im klaren bin, halten. Ich halte es aber in meinem

Fall für falsch, dies Bemühen rein quantitativ fortzusetzen: Man geht in eine Brigade und noch in eine und noch in eine und noch – dabei kommt nicht viel heraus. Denn zwei Gebiete jenseits der erwähnten Grenze werde ich beim besten Willen nicht mehr erobern können: das weite Land der Erinnerung an Herkunft, Familie, Schule, Lehrzeit, erste Liebe, erstes Glück, erstes Leid, an jene Dimension also, die jedes Stück Literatur braucht, um nicht flach zu bleiben. Zum zweiten liegt „jenseits" der weite Bezirk der allgemein-menschlichen Gefühle, die im literarischen Werk nur dann glaubhaft gestaltet werden können, wenn man sie in ihrer, durch die gesellschaftliche Spezifik geprägten Individualität zeigt. Die aber kenne ich nicht, und ich komme „von außen" zu wenig in sie hinein; es langt zu einer politischen Debatte, aber nicht zur künstlerischen Gestaltung. Was zum Beispiel empfindet ein Mensch, der weiß, daß er sein Leben lang so ziemlich dieselbe Arbeit für so ziemlich dasselbe Geld verrichten wird, als beglückend und was als bedrückend an eben dieser Arbeit; wo bringt sie ihm Reize, wo Freude, wo Leid, *in welchen Bildern, auf welche Weise erscheint sie in seinem Denken und Fühlen,* usw. usw. Ich weiß es nicht und kann es nicht nachempfinden, und der Arbeiter spricht, obwohl er mein Freund ist, nicht darüber, weil es für ihn die allerselbstverständlichsten Dinge sind, so selbstverständlich, daß man die Frage danach gar nicht versteht, weil man die Antwort eben in Fleisch und Blut hat, nicht im Mund. Natürlich weiß ich etwas, ein bißchen, ich ahne etwas, und ich könnte zur Not mit dem auskommen, was ich weiß, vielleicht würde es sogar lesbar werden, aber es würde, gemessen an dem, was ich literarisch leisten könnte, einen Rückschlag bedeuten. Denn eine Grundregel künstlerischen Schaffens sagt, daß man zehnmal mehr wissen muß, als man für die jeweilige Gestaltung gerade braucht. Nur dann kann man „aus dem vollen schöpfen", sich „frei im Stoff bewegen" und „souverän komponieren und gestalten".

Dieses „zehnmal mehr" habe ich nicht, und ich sehe auch nicht die Möglichkeit, es mir zu erwerben. Den „großen Betriebsroman" also werde ich nicht schreiben können, zu dieser Erkenntnis habe ich mich durchgerungen. Es ist mein kühnster Traum, einmal, vielleicht in zehn Jahren, die Poesie und schöpferische Potenz einfacher, tagtäglich vollbrachter schwerer körperlicher Arbeit und die Physiognomie dessen, der sie leistet, in einer Novelle in der Nachfolge von Tolstois „Herr und Knecht" etwa zu gestalten. Dafür sammle ich alle Erfahrungen. Bis dahin wird es sicher Skizzen aus dem Betrieb geben, Reportagen, diese und jene Ansätze. Mein Hauptthema aber wird bleiben: der Wechsel von einer Klassenposition auf die andre in seinen mannigfachen Formen und historischen Erscheinungen, das heißt konkret für unsre Zeit: der Mensch kleinbürgerlicher Herkunft in seiner Erschütterung, Wandlung oder Nicht-Wandlung unter dem Faschismus, im Krieg, in sowjetischer Kriegsgefangenschaft, in der DDR und in Westdeutschland. Kann man dazu etwas Neues sagen? Ich glaube, daß dieses Thema, wenn man nur in die Tiefe dringt, unerschöpflich ist. Aber nützt es uns denn etwas beim umfassenden Aufbau des Sozialismus? Ich bin davon überzeugt.

Sicher bilden Bücher wie „Ole Bienkopp" den inneren Kern unserer Literatur, doch um den inneren Kern kann sich eine weite Thematik breiten. Wir Schriftsteller sollten auch, jeder für sich und jeder nach seinem Können, uns auf den großen Reichtum an Formen und Genres besinnen, als da sind: Dichtung, Novelle, Parabel, Ballade, Gleichnis, Märchen, Essay, Dialog, Diskurs, Fabel,

Streitschrift, Satire, Parodie usw.; wir sollten unserer Phantasie und unserer Fabulierlust in den uns innig bekannten Bezirken einen viel breiteren Spielraum geben und sollten selbst mit engen Vorstellungen von den Mitteln und Möglichkeiten unseres Schaffens brechen. Wir brauchen den nüchternen Bericht und das luftigste Phantasiegebilde, wir brauchen das Gegenwartsstück und die Utopie und den historischen Roman, und vor allem brauchen wir Qualität, Qualität und nochmals Qualität.

Ich möchte mich auf dieses Problem als Wunsch für unsere Kulturpolitik beschränken: entschiedene Förderung der Qualität in der Literatur und Bekämpfung alles Seichten, Geschluderten und Gehudelten, Kitschigen, Gedankenarmen, Banalen und Abgeschmackten. Es muß aufhören, jede thematisch begrüßenswerte, doch künstlerisch amorphe Arbeit als „Meisterwerk" oder „erneuten Beweis für unsere noch nie dagewesene Literaturblüte" zu feiern. Es muß aufhören, daß einer für Pfusch und Murks noch honoriert wird. Wir müssen uns echte Maßstäbe künstlerischer Leistung erarbeiten. Wir müssen die Erkenntnis durchsetzen, daß ein bewußtes Hinarbeiten auf Spitzenprodukte kein Züchten von Stars ist. Wir müssen allen Versuchen einer Nivellierung und Gleichmacherei entgegenwirken. Dazu gehört zunächst eine nüchterne Einschätzung dessen, was wir erreicht haben und was wir nicht erreicht haben, wobei wir unsere Erfolge und Mängel an der Spitze der Weltleistungen messen sollten. Wir werden dabei wohl feststellen, daß zu einer gepflegten Selbstgefälligkeit absolut kein Anlaß ist.

Das Hauptproblem in diesem Komplex ist meiner Meinung nach eine entschiedene Verbesserung unserer Kritik. Bis jetzt ist sie, vor allem in der Tagespresse, fast ausnahmslos nur eine dürftige (oft nicht einmal sachlich sau-

bere, mitunter sogar eine gröblich entstellende) Inhalts-
angabe von zumeist nach ihrer Thematik ausgewählten
Werken, verbunden mit ein paar Gemeinplätzen über die
thematische Bedeutung und die aktuelle Bezüglichkeit
des Stoffes und mit ein paar willkürlichen Bemerkungen
zu Inhalt oder Form – wie's grade trifft. Es gibt keine
Wertmaßstäbe: Belangloses Zeug wird, weil thematisch
wichtig oder grade passend, auf vielen Spalten breitge-
treten, wichtige Arbeiten werden ignoriert. Schöpferische
Gestaltungsprobleme werden so gut wie nie behandelt;
fast nie wird von dem Ziel ausgegangen, das der Autor
sich gestellt hat, sondern von dem fiktiven Buch, das er
nach der Meinung des Kritikers hätte schreiben müssen.
Einer grünen Bank wird vorgeworfen, daß sie kein
blauer Tisch sei. Immer wieder, zumal bei jeder eigen-
willigen Leistung, wird nach dem Schema geschrieben
(„Wo bleibt die positive Gegengestalt, welche..." –
„Warum wird nicht das Kollektiv gezeigt, in dem..."
– „Einen solchen Einzelfall mag es wohl geben, aber für
unser Leben typisch..."). Immer noch wird vom einzelnen Werk gefordert, was nur die Totalität unserer Literatur geben kann, nämlich die Totalität des Lebens.
Immer noch wird dem Schriftsteller ein politischer Vorwurf gemacht, wenn er der ganzen Skala des menschlichen Gefühlslebens, die eben von der jubelnden Freude
bis zum quälenden Schmerz reicht, von der jauchzenden
Lebenslust bis zur tiefen Krise der Verzweiflung, Ausdruck verleiht. Unaufhörlich wird von der Literatur gefordert, was sie ihrem Wesen nach nicht geben kann,
nämlich Wissenschaft.
Wir brauchen eine wirklich argumentierende Kritik, die
wohl Liebe und Leidenschaft für die Literatur, aber keine
Rücksicht auf Personen kennt. Wir brauchen eine Stil-
und Formanalyse, die dem Schriftsteller wirklich hilft;

wir brauchen eine Weiterbildung unseres kritischen Erbes; wir brauchen eine Kritik der Kritik, und wir brauchen schöpferische Diskussionen. Das alles haben wir kaum; wir haben auch keinen Kritiker von Format, auf dessen Meinung man auch im Ausland hört.

Wo liegen die Gründe dafür? Sie können wohl nur in unseren Ausbildungsstätten liegen.

Ähnliches gilt auch für die Literaturwissenschaft. Wir haben bedeutende Leistungen wie die Deutsche Literaturgeschichte und die verschiedenen Literaturlexika, aber wir haben kaum Ansätze, was das Gegenwartsschaffen angeht. Viele unserer literaturwissenschaftlichen Arbeiten stehn noch immer unter dem Zeichen falschverstandener Propagandaarbeit: Sie wollen das gegebene Thema nicht allseitig wissenschaftlich untersuchen, um zu Ergebnissen zu kommen, die bisher noch nicht vorliegen, sondern sie handeln an Hand dieses Themas bereits Bekanntes propagandistisch ab, ohne eine einzige neue Erkenntnis vorzuweisen.

Wir sollten uns meiner Meinung nach mit wichtigen Persönlichkeiten, Werken und Entdeckungen der spätbürgerlichen (und nicht immer nur, so wird sich vielleicht dabei herausstellen, spätbürgerlichen) Kultur ernsthaft wissenschaftlich auseinandersetzen, anstatt sie mit billigen Sentenzen abzutun. Modischen Unfug und Scharlatanerie soll man kräftig verspotten; die Herren Tachisten soll man durch den Kakao ziehen und die abstrakten Dichter unserer Tage dazu; mit ehrlich, zum Teil besessen bemühten Künstlern und Wissenschaftlern aber sollten wir uns ernsthaft, was alle Kritik einschließt, auseinandersetzen. Die COMES-Tagung in Leningrad hat gezeigt, daß wir in diesem internationalen Gremium alle Mittel und Möglichkeiten haben, aufzutreten und durch fundierte Stellungnahmen und wissenschaftliche Analysen wirksam zu werden. Wir verbauen uns die Möglichkeit dazu selbst durch Ignoranz.

Die Ideologen des Bürgertums beschlagnahmen jedes Erbe, das nicht unmittelbar und unübersehbar ihren Interessen widerspricht, zugunsten ihrer Klasse – und wir stehen in viel zuviel Fällen mit verschränkten Händen da und nicken unser „Ganz recht!". Ich verkenne nicht, welche großen Anstrengungen wir gemacht haben, um verschiedene Autoren, die dogmatisch als Reaktionäre festgelegt waren, dem Feind zu entreißen, wie etwa Kleist oder E.T.A. Hoffmann. Aber warum überlassen wir ihm Autoren wie etwa Kafka und die bedeutenden Expressionisten (nicht das Heer der mitlaufenden Scharlatane)? Ich bin nicht der Meinung, daß es möglich ist, unsere Probleme in der Imitation Kafkas oder Trakls zu bewältigen, ich bin der Meinung, daß wir diese Werke nicht kritiklos hinnehmen können – aber trotz alledem gehören sie letztlich zu uns und nicht zu den Kesselrings, Manteuffels und Sträußen. Warum arbeiten wir, was wir doch könnten, nicht darauf hin, daß den Atombombenexperten Kafka unerträglich wird, daß sie ihn bekämpfen müssen, anstatt ihn zu verfälschen und vor ihren Wagen zu spannen? Sein Werk ist doch nichts anderes als die erschütternde, freilich ratlose Erkenntnis, daß die Herrschaft des Großbürgertums unmenschlich ist – und wir gestatten gerade jenem Großbürgertum, sich mit Kafka zu brüsten. Ich weiß, daß der „Westen" Kafka verabsolutiert; ich habe in Leningrad ja erlebt, wie einer nach dem andern aufstand und sagte: Man kann heute nur schreiben wie Kafka, Joyce und Proust. Das ist unsinnig – aber ist unsere Reaktion darauf richtig, daß wir ihn einfach negieren?

Doch ich habe Ihre Zeit, sehr geehrter Herr Minister, mit diesem Schreiben schon ungebührlich belastet. Bitte ver-

stehen Sie mich nicht falsch und fassen Sie die darin ge-
übte Kritik nicht als Klagen auf. Ich habe zu Klagen keinen Anlaß; ich verschließe mich auch nicht all dem Edlen
und Großen, das wir erreicht haben. Ich spüre, daß wir
alle mehr leisten und unserer Republik besser dienen
könnten, wenn wir eine schöpferisch-kritische Atmo-
sphäre schaffen, die Hochachtung vor der schöpferischen
Leistung mit rückhaltloser Kritik vereint, die freund-
schaftlich und freimütig ist und dogmatische Enge und
Sektierertum weit von sich weist. Das ist nicht einfach zu
machen, gewiß. Mögen wir doch den Stil und den Geist
nüchterner Rechenschaftslegung und liebevoller Einsicht
in die Schwierigkeiten und Kompliziertheiten künstlerischen Schaffens finden.

Berlin, 1. März 1964

Antwort
auf eine Umfrage

Der Brief der Butzbacher Schüler lautete:

„Sehr geehrter . . .,
bitte gestatten Sie, daß wir uns mit einer Frage an Sie wenden.
Wir sind Obersekundaner des Weidig-Gymnasiums in Butzbach/Hessen
und beschäftigen uns in einer literarischen Arbeitsgemeinschaft mit
der Rolle des Schriftstellers in der Gesellschaft, früher und heute,
in ‚Ost‘ wie in ‚West‘.

Wir haben Biographien von Autoren aus verschiedener Zeit studiert
und dabei versucht, herauszufinden, unter welchen Bedingungen Schriftsteller gelebt haben und leben, wie ihr Verhältnis zur Gesellschaft, zur
jeweils herrschenden Schicht, Gruppe, Klasse war bzw. ist, ob und
warum sie anerkannt bzw. abgelehnt wurden oder werden.

Ferner interessiert uns besonders die Frage, ob und wofür sich Schriftsteller mit ihrem Werk, durch Publizistik und direkt mit ihrer Person
engagiert haben, welche Folgen das für sie hatte und wie sie sich
ihrerseits auf die Reaktion ihrer Umwelt hin verhielten.

In vielen Biographien fanden wir zu diesem Bereich keine oder
nur ungenügende Informationen, wir hatten auch oft den Eindruck,
daß beschönigt, verklärt oder aber auch übertrieben wurde. Daher
haben wir uns entschlossen, uns an Sie direkt zu wenden, um von
Ihnen zu hören, wie Sie Ihre Stellung in der Gesellschaft selbst einschätzen, wofür Sie sich engagieren oder warum Sie ein Engagement
in bestimmter Richtung vermeiden, wie frei Sie sich als freier Schriftsteller fühlen.

Sie würden uns eine große Freude bereiten, wenn Sie diesen Versuch
zu einem persönlichen Kontakt mit Ihnen als eine Mischung von
Wissensdurst, begründeter Erwartung und Respekt deuten und uns
antworten würden.“

Geschrieben wurde an 547 deutschsprachige Autoren.

Sehr geehrtes Fräulein Steffl,

... Meine Antwort kann nur anlaufnehmend und summarisch sein. Daß eigentlich unentbehrliche Vermittlungen und Valeurs fehlen, müssen Sie wie ich in Kauf nehmen.

Ich gehöre einer Generation an, die über Auschwitz zum Sozialismus gekommen ist. Jahrgang 1922; rüde nationalistisch-faschistische Lebenssphäre (Sudetenland, Vater Begründer der Ortsgruppe der NSDAP in meinem Heimatdorf); Kindheit im „Deutschen Turnverein" (HJ); „Wir wollen heim ins Reich"; nach der Okkupation SA; „Führer befiehl, wir folgen!"; Angst, zum Kriegseinsatz zu spät zu kommen; freiwillige Meldung, nach dem Abitur 1941 RAD, Wehrmacht, Osten, Süden, Lazarett, Kapitulation, 5 Jahre Kriegsgefangenschaft. Die Schilderung dieser Abschnitte im „Judenauto" können Sie als ziemlich autobiographisch und, bis zur Mitte der Kriegsgefangenschaft, auch als ziemlich repräsentativ für die kleinbürgerlich-intellektuelle (soweit man im Faschismus von „intellektuell" reden kann; es war unglaublich dürftig) Schicht meiner Generation ansehen. Bei den Arbeitern, auch bei den nicht klassenbewußten, im Großbürgertum, im Adel usw. war es modifiziert. Hier war es rundweg heillos. Unbedingte, kritiklose Gläubigkeit; Bejahung von Krieg und Weltherrschaftsstreben; Umspielen aufkommender Zweifel in noch fanatisiertere (fanatisch war damals ein durch und durch positives Wort!) Hingabe als moralisches Selbstexerzitium; kritikloses, dümmliches Hoch- und Herrengefühl; Berauschung an „Mission", „Sendung", „Schutzwall Europas"; zum Kriegsende absurde, aus wahnsinniger Angst, verdrängtem Schuldgefühl, völliger Perspektivlosigkeit und beinah perfekter Denkentwöhnung aufgeschossene Wundergläubigkeit im wörtlichen Sinn.

Zusammenbruch; Marsch in die Kriegsgefangenschaft.

Dort, von der ersten Stunde an durch Monate sich steigernd, zum größten Teil einander überlappend, vier Erschütterungen, die insgesamt eine Lebenswende herbeiführten:

1. Tatsache des Kriegsverlustes überhaupt. Die NS-Führung hatte den Glauben an sie und den Nationalsozialismus mit dem Glauben an den kommenden schließlichen Endsieg identifiziert: „Wir werden siegen, weil wir siegen müssen". Wir hatten uns mit dieser Identifizierung identifiziert. Darum Umschlag der Wundergläubigkeit in absoluten Zukunftspessimismus in bezug auf das individuelle wie das nationale Schicksal.

2. Zusammenbruch der Goebbelspropaganda über die Sowjetunion und den Bolschewismus, eine Demagogie, die man sich nicht wahnsinnig und absurd genug vorstellen kann („Machen keine Gefangene"; „Untermenschen bar der geringsten Kultur"; „Kannibalismus" usw.).

3. Wahrheit über Auschwitz, wobei Auschwitz hier als Sammelbegriff zu verstehen ist = Totalität von Theorie und Praxis der Menschheitsverbrechen des Nationalsozialismus, die eben als Totalität vor 45 einem großen Teil der Nation nicht bekannt war.

4. Als geistiges Erlebnis ohnegleichen die Begegnung mit dem dialektischen Materialismus, der klassischen Sowjetliteratur (genauer: einem Teil davon) und die tief beeindruckenden alltäglichen Beweise humanistischer Gesinnung und Haltung beinah aller Sowjetbürger, mit denen man zusammentraf, vom Wachposten bis zum Nebenmann am Arbeitsplatz.

Die Summe all dieser Komponenten: Ein gütiges Geschick hatte mich während des Krieges in die Lage versetzt, keine Greueltaten und auch keine der alltäglich geübten Kriegsgrausamkeiten begehen zu müssen. Ich wurde nicht nach Auschwitz kommandiert, ich bekam aber auch keinen Befehl, einen Partisanen zu erschießen, ein Bauernhaus niederzubrennen, zu requirieren u. ä. Auf die Frage, wie ich auf einen entsprechenden Befehl reagiert hätte, kann die Antwort nur lauten: Mit allergrößter Wahrscheinlichkeit genauso wie die andern meiner Generation, denn dazu waren wir ja erzogen. Mit diesem Bewußtsein individueller Schuldlosigkeit kam ich in die Kriegsgefangenschaft (und gab überall und sofort meine Mitgliedschaft in der SA u. ä. zu Protokoll). Meine erschütternde und schließlich lebensverändernde Erfahrung wurde nun, daß ich, der meiner Meinung nach individuell Schuldlose, Auschwitz verteidigt habe, daß nicht irgendwer in einer fernen polnischen, lettischen, französischen usw. Ortschaft oder an irgendeinem fernen Schreibtisch in einem von mir nie betretenen Zimmer irgendwelche Greueltaten begangen hatte, die mich eigentlich nichts oder höchstens metaphysisch angingen, sondern daß Auschwitz ohne mich und meinesgleichen nicht möglich gewesen wäre, daß ich ein Teil der nationalsozialistischen Totalität war, der genau so funktionierte, wie er funktionieren sollte, und daß damit der Unterschied zwischen Höß und mir nur graduell war; juristisch, aber nicht moralisch-existentiell. Das Problem wurde, wie man mit dieser Erkenntnis leben konnte, und die Lösung dieses Problems war eine Lebenswendung zu jener Kraft, die einzig fähig war, den Faschismus radikal, von der Wurzel her, auszurotten, und das war der Sozialismus, der das Privateigentum an den großen Produktionsmitteln vernichtet hatte. So kam ich, wie viele, zum Sozialismus, und zwar nicht zu irgendeinem Sozialismus der Haltung oder der Idealität, sondern zu eben dem in staatlicher Gestalt existierenden Sozialismus, dessen entscheidende Leistung eben jene Eigentumsumwälzung gewesen ist. Sie ist das Primäre, und in diesem Sinn ist der schlechteste Sozialismus besser als der beste Kapitalismus. Alles andere ist schon zweitrangig, was natürlich keinesfalls, und schon gar nicht für das Individuum: unwichtig bedeutet.

Dieser Anlauf war nötig, um Ihre Fragen zu beantworten, was ich nun mit wenigen Sätzen tun kann:

Ich möchte mit meiner literarischen Arbeit meiner Gesellschaft, das ist der sozialistischen Gesellschaft, das ist auf deutschem Boden der Deutschen Demokratischen Republik, dienen; das Wort „dienen" ist bewußt gewählt. Ich sehe die Literatur nicht als außergesellschaftlichen Bereich und nicht als Zweck ihrer selbst an; ich halte den Begriff eines „freien Schriftstellers" wie den eines „wahrhaft freien Schriftstellers" für Kategorien einer Gartenlaubenästhetik. Ich weiß, daß dieses „seiner Gesellschaft mit literarischen Mitteln dienen und dienen wollen" wie jede gesellschaftliche Erscheinung seine spezifische Problematik und seine spezifische innere Widersprüchlichkeit hat. Ich weiß, daß dieses Engagement ein Prozeß ist.

Ich bitte, die verspätete Antwort zu entschuldigen; ich bereite einen Umzug vor, und das kann ich überhaupt nicht. Und da ich auch aus Erfahrungen mit meiner Tochter weiß, daß es beinah unmöglich ist, jungen Menschen heute die Idiotie der ersten Hälfte unseres Lebenslaufes auch nur einigermaßen nachvollziehbar darzustellen, war ich nicht sonderlich zu diesen Seiten angetrieben. Wenn Sie weiter fragen wollen, tun Sie es ungeniert; ich werde ebenso ungeniert, wenn auch nicht schrecklich pünktlich antworten.

Berlin, 19. Juni 1971

Laudatio
auf Georg Maurer

Diese eine Geste: Er steht von einem Anblick überwältigt ein wenig vornübergeneigt, den Kopf vorgeschoben, den Mund im Ansatz einer Frage langsam auseinanderziehend, die Rechte in Brusthöhe zum Zupacken gekrümmt und das Auge unter den hochgestemmten Brauen so angestrengt in den Gegenstand seines Überraschtseins vertieft, als wolle der Blick ihn frei in den Raum erheben, um ihn von allen Seiten erfassen zu können, und während die Hand mehrmals federnd zum Vorstoßen ansetzt und sogleich, als sei dazu die Zeit noch nicht reif, wieder zurückzuckt, ertönt, ganz kindhaft naiv und im Rhythmus der Handbewegung nach jedem Wort stockend, die Frage: „Was – ist – das?" Man ist begierig, den Auslöser solchen Verwundertseins zu erblicken, und sucht eine niegeschaute Blüte oder einen verirrten tropischen Schmetterling, doch dann benennt die Frage ihr Objekt, und siehe, da ist es zumeist das Gewöhnlichste, das alltäglich geschaute Ding, das alltäglich gebrauchte Wort:
„Was ist das – ein Stein? Was ist das – ein Baum? Was ist das – die Erde? Was ist das – die Kunst? Was ist das – der Mensch?" Es ist die Frage, mit der alles Bewußtsein beginnt, die Frage am Anfang jeder Philosophie und auch jeder Arbeit, die Frage des Staunens und die Frage des staunenden Begreifenwollens und die Frage des staunend-begreifenden Veränderwollens, und als dies alles ist sie bei Georg Maurer auch die Frage, mit der er all

seine Dichtung anfängt, ehe sie anhebt, denn dichten heißt nach seinem ästhetischen Credo:

nicht Gefühle über Dinge sagen, sondern die
Dinge so
sagen, daß sie gefühlt werden können,

und das verlangt, so fügen wir dem Zitat hinzu, daß die Dinge vorher begriffen werden – was nicht jedes Dichters Sache sein muß –, die Dinge außen und die Dinge innen, die Dinge der Realität und die Bilder der Dinge im Bewußtsein, die wiederum Realität werden im menschlichen Handeln und als solche gesellschaftliche Realität abermals Bild des individuellen Bewußtseins, das als Wort erneut auf die Wirklichkeit einwirkt, denn, und nun hören wir wieder seine Worte:

Die Welt muß ausgeleuchtet werden, daß der
Mensch
in sich gehen lerne, sonst stößt er seine Stirn blutig
an den Felsen, die in ihm sind, und an den rissigen
Stämmen.

So lesen wir im Manuskript eines seiner letzten großen Zyklen, dem Hauptstück seines nachgelassenen Bandes: Erfahrene Welt. Der Schlußstein dieses poeto-philosophischen Lebenswerkes könnte keinen glücklicheren Titel tragen, denn im Begriff der Erfahrung treffen die Grundfragen zusammen, zu denen sich die Vielfalt seines Staunens verallgemeinern läßt: „Was ist das – Welt? Was ist das – Bewußtsein?" Und: „Was ist beider Zusammenhang?" Maurer hat immer wieder seine geistige Entwicklung und das Fortschreiten seiner Poesie als Entwicklung und Fortschreiten seiner Antworten auf diese Fragen darzustellen verstanden, einen mühsam mäanderhaften Anstieg mit solchen Etappen wie: „Die Welt, so sei sie ein Kampfplatz für Tiger und Schlangen!" – „Die Welt ist das Unsere, und das lassen wir uns nicht mehr nehmen!" Solche Aussagen klingen unvereinbar, aber sie sind beide erfahrene Welt eines deutschen Dichters unsres Jahrhunderts, und die Artikulation dieses erfahrenen Widerspruchs zweier Menschheitsepochen ist sein Werk, von den Christussonetten bis zum Neuentwurf eines Till Eulenspiegels, und immer stand am Anfang die kindhafte Frage: Was ist das? Sie klingt mir mit einer besonderen Tönung im Ohr – es war die Frage, mit der mich Maurer bei unserer letzten Begegnung empfing; er saß mit kompressenumwickelten Beinen auf der Chaise seines Arbeitszimmers, dessen Boden wie immer mit Stapeln aufgeschlagener Bücher, Zeitschriften und Manuskripten übersät war; es hatte sieben Uhr geschlagen, sieben Uhr abends, es war der Beginn seiner Arbeitszeit, ich kam durch die Tür des Eßzimmers, und er versuchte sich zu einer Begrüßung zu erheben und fiel sofort ächzend wieder zurück und saß so, breitbeinig, den linken Unterarm auf beide Knie gestützt, die rechte Hand halb geöffnet in Brusthöhe, und er nickte mir wehmütig zu und sah seine Beine hinab und begann zu mir wie zu ihnen fragend zu reden: „Was ist das, was mich so zugerichtet hat? Was hat mich da angefallen, was hat da zugeschlagen?", und er redete stockend und murmelnd und raunend zur Antwort weiter, und aus dem Murmeln und Raunen erstand das Bild einer bösen Alten mit einer Krücke, die jedem, der ihren Weg kreuzt, das schwere Holz auf den Schädel schmettert; es war das Bild einer Frau aus dem rumänischen Dorf seiner Jugend und das Bild einer Sprache, darin der Tod weiblich ist wie übrigens auch der Krieg, *moartea,* kein Sensenmann, eine Hexe, weiß und wie Sonnenglut böse, und mitten auf den Scheitel hinab habe sie geschlagen, murmelte er, doch er habe sich noch einmal schnell weggedreht, da habe ihr Schlag nur seine Hüfte gestreift, das Hüftgelenk, und er sagte: „Wie Jaakobs Hüfte", und er saß da und rieb mit der breiten Hand die taube Stelle und dabei lachte er, stoßweise und stockend, und es war ein dreifaches Lachen, das er da ausstieß, ein grimmiges Lachen über die eigene Hilflosigkeit, ein spöttisch-auftrumpfendes Lachen wider die Alte, der er ein Schnippchen geschlagen, und das Lachen einer geradezu jungenhaften Freude über das gefundene Bild, und er sah auf mich wie einer, der eine Kritik für eine literarische Leistung, auf keinen Fall aber ein Wort des Mitleids erwartet. „Die böse Alte mit der Krücke", wiederholte er, nach der streng verbotenen Zigarre und dem streng verbotenen Gläschen Kognak angelnd, selbstmörderisch beides, doch was wollte das heißen, da der Tod in eine Gestalt gebannt und also im Bild bewältigt war.

Die poetische Gestalt, das war die schließliche Antwort auf die kindhafte Frage, und die poetische Gestalt des Abstrakten, der sinnenhaft gewordene Begriff, die zur Anschaulichkeit gebrachte philosophische Kategorie war die Quintessenz seines lyrischen wie der stete Gegenstand seines essayistischen Mühens. Maurer war der Ansicht, daß ein Begriff nie erschöpfend definiert, wohl aber gültig in einer Gestalt gefaßt werden könne, und die Genauigkeit dieser Gestalt war für ihn der Maßstab für die Größe der Kunst. Ich vergesse nie, wie wir einmal durch die Leipziger Galerie flanierten und er ein Seestück Caspar David Friedrichs im Selbstgespräch mit anderen Leinwänden im Saal verglich; er stand lange vor den ins Fahlblau und Orange des Abendhimmels entgleitenden Seglern und zog schließlich murmelnd das Fazit, Friedrich sei von allen ringsum der Größte, weil er der Genaueste sei. Zwar begann er, wie es seine Art war, diese

Formulierungen dann wieder als zu apodiktisch und allzu eng in Frage zu stellen; schließlich schien er sie doch zu akzeptieren, und auf jeden Fall war Genauigkeit des Ausdrucks die Elle, mit der er die eigenen Zeilen und die seiner Schüler bis zur Erschöpfung erbarmungslos maß. Ich entsinne mich eines Seminars, ich glaube in Wiepersdorf, wo er, um eine von uns allen als recht belanglos empfundene stumpfe Floskel in der Arbeit eines Schülers zu schärfen, das im Nebenzimmer schon aufgetragene Abendessen kalt werden ließ, was uns damals alle sehr bange machte, denn wir schrieben das Jahr vierundfünfzig, und es gab Wellfleisch mit Sauerkraut. Die Kartoffeln dampften, das Sauerkraut strahlte Kümmel und Thymian aus, und Maurer hielt den Bogen Papier in der Hand und murrte, die Aussage sei ungenau, und auf den verzweifelten Einwand eines Hungrigen, man wisse doch, wie es gemeint sei, murmelte er ehrlich verwundert und ehrlich verlegen, er wisse es nicht, der Textsatz solle, das sei doch seine Funktion, genau auf einen Drehpunkt des Gedankens zeigen, aber hier schlage er wie eine Fliegenklatsche zu und haue nur den Putz von der Wand. Es war, wie gesagt, eine von uns allen als belanglos empfundene Stelle, belangloser jedenfalls als Wellfleisch mit Sauerkraut im Jahr vierundfünfzig, allein wenn es um Sprachpräzision ging, kannte er keine Graduierung, und wenn es um einen seiner Schüler ging, hat er so oft mehr als nur das eigene Magenknurren überhört.

Denn Maurer war Lehrer aus Leidenschaft. Es war nicht seine Professur, die ihn dazu machte; sie weitete seinen Wirkungskreis, das gewiß, aber hier handelt es sich um den seltenen Glücksfall, daß eine vom Leben geschaffene Position ihre nachträgliche Institutionalisierung fand. Hier war einer schon das, wozu er ernannt wurde: Lehrer, und er brachte das mit, was kein Amt geben kann:

Vertrauen stiftende Autorität. Die Schüler liefen ihm zu: Es hatte sich herumgesprochen, daß hier einer wirkte, dem es um die Sache der Lyrik insgesamt ging, um die Mehrung der poetischen Potenz seiner Gesellschaft, auch hier um das Unsre und nicht bloß das Seine. Er nahm die eigenen Worte ernst:

> Tausend Gefährdungen helfen einander
> wie neigende Bögen
> die sich gegenseitig stützen.
> Und die Wölbungen tragen.

Im Lehren von Poesie sah er die Vollendung des Schaffens von Poesie. Darum lehrte er auch kein abstraktes System, keine Kathederästhetik, er lehrte begriffene Praxis von Homer bis Brecht. Wenn je ein Seminar die Bezeichnung „schöpferisch" verdient hat, so war es das seine. Er hatte seine Theorie nicht in der Kladde parat, er lehrte das jeweils Notwendige, und das war immer wieder zu konkretisieren nach Maßgabe des Tags wie des Hörerkreises. Dem Teil meiner Generation, der, wie ich, bildungs- und maßstabslos ganz aus dem Rohen einer heute schon unvorstellbaren faschistischen Verwilderung kam, uns gab er das Bewußtsein, ohne den Anschluß ans Erbe und dessen Maßstäbe, ohne Kommunikation mit der Weltkunst, ohne Kenntnis der literaturmethodischen Fragestellungen und Antwortversuche nichts oder nur sehr Mangelhaftes leisten zu können – er tat das natürlich nicht allein, aber er tat es doch, glaube ich, mit einer besonderen Hartnäckigkeit, Geduld und Intensität, jedenfalls wirkten seine großen Reden, in denen er das Gedicht unsrer Tage in den lyrischen Weltzusammenhang stellte, auf uns wie Offenbarungen. Die nächste Generation wieder lehrte er vor allem das Finden der eigenen Sprache, das Verschmähen von vorgegebenen Attri-

buten und Tropen, das Überwinden des Traditionellen
da, wo es Fessel wurde, und seine Verwerfung, wo es
von Anfang nichts als Fessel war. Immer aber, ob zum
Jahrgang zwanzig oder zum Jahrgang vierzig gewandt,
forderte er vom Schüler die eigene Bewältigung der
Welt durch die eigene Antwort auf die eigene Frage des
eignen Beginnens: Was – ist – das? Er lehrte die Frage,
aber keine Formel der Antwort; er zeigte Muster und
keine Schemas; er war ein Lehrer, der keine Schule begründen wollte, sondern das Beispiel seiner Art gab, auf
daß der Schüler die eigne entwickle. Was er lehrte, waren Grundhaltungen, die für ihn zu einem Dichter heute
und hier gehörten: Traditionsbewußtsein, Staatsbürger-
gefühl, Verantwortlichkeit, Präzision des Gedankens und
Ausdrucks, Ehrfurcht vor geistiger Leistung und stete
Mehrung des Wissens. Die intensive Auseinandersetzung
mit Shakespeare, der deutschen Klassik, Hegel und
Marx sah er als unabdingbar für jedes geistige Fortschreiten an, aber er forderte sie nicht als Voraussetzung
eines Anfangs, der mochte erst einmal auftrumpfend und
lärmend ein lyrisches Ich in die Welt brüllen, und wenn
es ein Ich war, das der Welt nicht auswich, nahm er auch
Derbes und Obszönes in Kauf. „Weltverlust", so rief er
seinen Hörern zu, „Weltverlust zieht immer Ich-Verlust
nach sich. Darum ist mir das großgeschriebene Ich der
jüngsten Lyrik, das sich nicht durch Phrasen und Losun-
gen sichert, sondern ziemlich splitternackt auftritt, zunächst lieb. Denn ich bin sicher, daß dieser Ich-Gewinn
Weltgewinn nach sich ziehen wird!" Und weiter: „Kraft-
ausdrücke in der jungen Lyrik stören mich nicht. Es hat
sich oft genug gezeigt in der Literatur- und Kunstge-
schichte, daß nach einem Überangebot an Kraftausdrük-
ken bei den Talentierten die wirkliche Kraft sich ein-
stellt, besser noch herausstellt, die des Kraftworts nicht

mehr bedarf, mit dem sie sich ankündigt." Hier sprach, ich bitte das zu bedenken, einer überhaupt nicht in eigener Sache, denn Maurer selbst formulierte immer mit wacher Scham und gerade in erotischen Passagen zurückhaltend, ja mitunter schüchtern. Doch er zwang seine Mittel Andern nicht auf; er riet zum richtigen Wort am richtigen Platz, und dies Wort war aus dem gesamten Sprachschatz zu wählen, nicht nur aus einem ausgewählten, als „rein" oder „sauber", eben als „gewählt" etikettierten Bereich. Ich möchte daher auch in seinem Sinn zur Überlegung anregen, ob das Statut unseres F.-C.-Weiskopf-Preises wirklich seiner Sache gerecht wird, wenn es von „besonderen Verdiensten um die Reinerhaltung und schöpferische Weiterentwicklung der deutschen Sprache" spricht. Je länger ich über diese Formulierung grüble, um so fragwürdiger wird sie mir. Man müßte erörtern, ob es tatsächlich im Vermögen eines einzelnen oder eines Kollektivs liegt, Sprache nicht nur in ihren Möglichkeiten auszuschöpfen, sondern sie weiterzuentwickeln, also über Goethes Pandora, über den Hyperion, das Abendlied des Matthias Claudius, die Feuerbachthesen, den Josephsroman und das Lied von den Kranichen hinaus. Dazu hat schon Karl Kraus sein grimmiges Wort geknurrt: „Die Herren Dichter brauchen eine bessere Sprache? Ich werd ihnen was malen; besser dichten sollen sie, dann wird's schon gehen!" Der, dem heute unser Preis verliehen wird, *hat* eben besser gedichtet als manche ringsum, aber er hat doch nicht Sprache weiterentwickelt, er hat gesprochen, in exemplarischer Weise gesprochen, und was den einer Definition dringend bedürftigen Begriff der Reinerhaltung anlangt, so war ihm Sprache ein Werkzeug, dessen beste Pflege das Brauchen ist. Dies Wort freilich ist doppeldeutig, und sein aktiver Sinn hängt von den Anforderungen ab, die eine Gesellschaft ans Denken ihrer Bürger stellt. Wie die Sprache gebraucht wird, so wird sie gebraucht werden; die Notwendigkeit, präzis und differenzierend zu denken, erzwingt auch einen präzisen und differenzierenden Ausdruck, und wenn sich der Gedanke ehrlich und mutig den Fragen seiner Zeit stellt, wird das Resultat seines Mühens auch sprachästhetisch befriedigen.

Denn dies können wir alle, jung wie alt, von Maurer lernen: das geistige Bewältigen der drängenden Fragen der Zeit. Seine großen Zyklen wie „Erfahrene Welt", „Dichter und Materie", „Selbstbildnis", „Das Unsere", „Schönheit", „Aggression", „Zweiundvierzig Sonette", und vor allem „Das Bewußtsein", aber auch viele seiner kleinen lyrischen Gebilde, dieser bald vogelhaft leichten, bald vogelhaft tapsenden Kalendergedichte sind ja eminent aktuelle Antwortversuche auf Kardinalprobleme des Heute und Hier. Mit seinem Wagnis, die materielle Wirkung immaterieller Gewalten wie eben die des Bewußtseins, und dabei wieder solche spröden Kategorien wie „richtiges", „falsches", „gestörtes", „gestocktes Bewußtsein", sinnenhaft faßbar zu machen, hat Maurer einen neuen Zug in die sozialistische Lyrik gebracht, und wenn er von seinem Leib als von Jaakobs Hüfte sprach, so war der Engel, mit dem er bis zu seinem Tod gerungen, eben die poetische Fassung des Begriffs. In diesem so eiskalt und antilyrisch klingenden Denkabstraktum sah er einen, ja geradezu *den* Hebel, die Lyrik dieser Jahrzehnte aus festgeblockten Stellungen herauszubringen. In seiner Becher-Rede hier in diesem Akademiesaal hat er sein Zutrauen zur Leistungsfähigkeit dieses Instruments bewußt und mit ernstem Respekt als Gegenposition zum berühmten Lord-Chandos-Brief Hugo von Hofmannsthals gesetzt, und die letzten Sätze aus seiner Hand, bleistiftgekritzelte Randnotizen zum Entwurf des „Till Eulenspiegel", lauten: „Ich schrieb dies Gedicht aus dem seit Jahren in mir wachsenden Unbehagen gegen das Wort ‚Geist‘. In der üblichen Vorstellung ist dieser Begriff für mich nicht mehr greifbar/faßbar. Wird ihn die Dynamik faßbarer/greifbarer machen?"

Maurer hielt sich an das Marxwort, daß erst die begriffene Welt die Wirklichkeit sei, und er hielt weiter mit Marx nicht die bloße Anschauung, sondern erst ihre Bestätigung durch die auf Veränderung zielende Praxis für das Wesen sinnlichen Begreifens. Von hier aus kam er zu der ihm eigentümlichen komplexen Antwort auf seine Frage: „Was ist das?" Die naturwissenschaftliche Definition konnte hier nicht genügen, und ein bloßer Gefühlsausdruck ebensowenig. In jedem Ding steckte seiner Meinung nach menschliche Substanz, inkarnierte Arbeit, und im Sichtbarmachen eben dieses Wesenskerns sah er die große Chance sozialistischer Lyrik. Ein Baum war ihm nicht nur ein botanisch definierbares Wesen von Wurzeln, Stamm, Ästen, Krone, Laub, Früchten, und nicht nur eine Wolke aus Duft und Blütenschaum, über die man jauchzt; im Netzwerk jedes Blatts sah er auch die erschöpften Muskeln des Gärtners, und ein Baum war auch jenes Ding, dessen Verwurzeltsein in der Erde zu zeigen der bettelarme Teufel van Gogh Farbtuben um Farbtuben verschwenden mußte und dessen Stürzen zu schildern Rilke die Melancholie verzögerter Daktylen brauchte. Dieses Bemühen um menschliche Bezogenheit führte zu seiner oft parodierten und ja auch leicht parodierbaren Methode, Naturlandschaften durch Literaturlandschaften auszudrücken, Menschen unserer Umwelt durch Geschöpfe Dantes, Shakespeares, Rembrandts, der Märchen, der Bibel, die ja insgesamt wieder Gestaltungen objektiver Wirklichkeit, und Maurer hätte vielleicht gesagt: die genauer als die Wirklichkeit sind. Das ist gewiß kompliziert und mitunter auch mühsam, doch es handelt sich ja auch um eine komplizierte Materie, um nichts Geringeres als um Ansätze zu einer lyrischen Phänomenologie des Bewußtseins, zu einer lyrischen Bewältigung des Denkens von Kant über Hegel und Marx bis hin, so will es mir scheinen, zu einer großangelegten Auseinandersetzung mit Nietzsche, eine Auseinandersetzung, die sich auch in der Landschaft des Zarathustra, im eisigen Hochgebirge, abspielt. Solche Gedichte sind notwendig schwierig, und ihr Schöpfer hat für ihre Eigenart den Namen „lyrisches Essay" ins Spiel gebracht, eine glückliche Beziehung, die auch der eigentümlichen Schönheit dieser Gedichte, ihrer Form als Form einer Gedankenführung nämlich, gerecht werden kann. Diese lyrische Philosophie bedarf mehrfachen Lesens, manchmal sogar eines Kommentars, aber sie ist nie unverständlich, und Maurer hat sich gegen einen solchen Vorwurf leidenschaftlich, ja erregt gewehrt. Mit Recht, denn die geistige Bewegung geschieht bei ihm nicht, wie oft in der Moderne, vor allem der mäßig begabten, von einem unkontrollierbaren Innen über ein unbegreifliches Außen wieder in die esoterische Hermetik eines Innen hinein, sondern von einer zu begreifenden Umwelt mit Hilfe begriffener Vorwelt zu einer begreifbar gemachten Umwelt, zur Welt für uns, zur wirklichen Welt, zum Unseren.

Der Dichter kann den Preis nicht mehr entgegennehmen; das Kuratorium legt ihn in die Hände von Eva Maurer, der guten, getreuen Gefährtin seines schwierigen Lebens wie seiner schwierigen Arbeit. Die Spanne an Lebenszeit, die ihr aufopferndes Sorgen diesem Wüstling an Arbeit und Selbstverschwendung von der gnadenlosen Natur noch ertrotzt hat, ist nicht meßbar, aber sie ist lebendig in jeder Zeile des Werks, das unser Besitz geworden ist. Und daß in diesem Augenblick auch Georg bei

uns sei, möchte ich mit seinen Worten schließen, mit
denen er sich unter den Augen der Nachwelt sieht:

An einem runden Tisch schreib' ich dies auf
in einer den Musen bitterer Stadt Leipzig
und sage: Mein Urenkel wird sagen:
„Das schrieb mein Ahn in einer den Musen bittern
Stadt auf."

Und mein Urenkel sagt: „Das schrieb mein Ahn auf
in einer den Musen bittern Stadt Leipzig",
und wird sich den runden Tisch vorstellen im Bilde,
wie ich verschwommen mit klopfendem Gewissen
mir vorstelle den Enkel.
Also gehen die Bilder durcheinander
und kreuzen sich in den Zeiten.

Der Dichter
zwischen zwei Kriegen

Sanfte, vergangene Abende, auch ihr reift nun zur
         Erinnerung!
Prangender Tisch, mit jungen Ehefrauen und
         Dichtern
glänzend bekränzt, wo gleitest du hin auf dem
         Schlamm des Vergangnen?
Wo ist die Nacht, da die flinken Freunde noch
         fröhlich den Grauen
Mönch, unsern Freund, aus dem schlanken
         schönäugigen Glase getrunken?

Seltsamer Widerspruch: Dieser Dichter, der über alles
das Leben liebte, die Schönheit, die Freude, seine Frau
Fanni, das Tiefland der Theiß und die herbstroten Gär-
ten des Budapester Gottesberges; er, der nächtelangen
Gesprächen bei Wein und froher Laune so zugetan war
wie den Bienen, den Wolken, dem Wind, dem Käfer im
Kelch der Rosenblüte, der summenden Abendstille, dem
Klirren der Ähren und dem sommerdurchwärmten Waldsee; er, dieser schlankgewachsene junge Mann mit den
verträumten Mandelaugen und den sanft geschnittenen,
zum Lächeln bestimmten Zügen, wurde nicht müde, sein
eigenes Ausgelöschtwerden, das er als nahe bevorstehend
und unabwendbar ansah, mit der gnadenlos grausamen
Wahrhaftigkeit eines Dichters zu schildern, dem es gegeben ist, in die Zukunft zu blicken, und der um dieser
Gabe willen verkünden muß, was er dort schaute:

> Wovon noch sprech ich? Winter kommt und Krieg
> kommt,
> gefällt bald lieg ich, niemand wird mich sehn,
> wurmige Erde wird mir Mund und Augen füllen,
> und Wurzeln werden durch mich gehn.

Das ist so einfach gesagt, als spreche man von ganz selbst-
verständlichen, von den alltäglichsten Dingen. „Kriegs-
tagebuch" steht über dem vierteiligen Zyklus, der diese
Strophe enthält, und der sechsundzwanzigjährige Dichter schrieb sie im Jahre 1935 nieder, zu einer Zeit also,
da ein verblendeter Bürgerpöbel die faschistischen Dik-
taturen, die wie ein Aussatz Europas Leib von Portugal
bis Estland zu überziehen begannen und ihr Regime mit
einer Kriegserklärung an das eigene Volk eröffneten, als
Retter der Ordnung und Gralshüter abendländischer
Kultur bejubelte. Dieser dem Bürgertum entstammende
Dichter wußte es anders. „Gefällt bald lieg ich" – neun
Jahre später, im November 1944, wurde der Prophet seiner eigenen Vernichtung von einem SS-Mann ins Genick
geschossen, als bei der Evakuierung des Arbeitslagers
Heidenau * der von monatelangem schwerem Frondienst
völlig erschöpfte Dichter während eines Gewaltmarsches
zusammenbrach und am Weg liegenblieb. Gewiß hatte
der gestiefelte Exekutor diesen Schuß ganz gleichgültig
abgegeben: ein Krümmen des Fingers, ein geübter, längst
zum Reflex gewordener Handgriff am Fließband des
Todes, mehr nicht, und es wäre auch bei diesem mecha-
nischen Reflex geblieben, hätte man dem Schlächter zu
erklären versucht, daß der am Straßenrand Niederge-
stürzte, der – ein Deichwächter hat es überliefert – nun

* „Lager Heidenau, Žagubica fölött a hegyekben": „Lager Heidenau
oberhalb Žagubica in den Bergen", so steht es gleichlautend und fast
unerträglich durch die monotone Wiederkehr des deutschen Wortes
Lager unter der Niederschrift von fünf seiner letzten Gedichte.

mit Schlägen und Fußtritten noch einmal auf die Beine gezwungen wurde, um mit einundzwanzig Schicksalsgefährten das eigene Grab zu schaufeln, ein Dichter europäischen, ja Weltranges sei . . .

„Gefällt bald lieg ich": ein Krümmen des Fingers, ein flacher, längst zum Alltag gewordener Detonationshall unter vielen anderen Geräuschen, dann war dieser kahlgeschorene, in Lumpen gehüllte Körper in die Grube gestürzt, wurmige Erde hatte seinen Mund und seine Augenhöhlen gefüllt, und Wurzeln hatten begonnen, sich wieder in dies unbezeichnete Erdstück nahe der Stadt Győr zu senken, das nun den Leib eines der begnadetsten Poeten Ungarns in sich barg. Er hatte es vorausgesehen.

Dabei wäre vielleicht gerade er zum Poeten der heitren Freundlichkeit, zu einem modernen Minnesänger heidnisch-unbefangener Sinneslust berufen gewesen. In seinen frühen Gedichten spannt sich „auf prallen Beerentrauben herbstlicher Sträucher" seines „Lebens Lust"; er haucht darin seiner geliebten Fanni einen Silbermond auf die Augen und bestickt ihr Haar, damit sie nicht friere, mit einem Sternenstrauß; „grüße die Sonne", ruft er ihr zu, „mit geöffneter Hand grüße die Sonne", und „als wie in einem neuen Gott aus blauen Himmeln rauschen Orgeln" in ihm, so voll Seligkeit ist er. Zwar zieht sich durch sein erstes Buch – er nennt es „Heidnischer Gruß" – auch eine dunkle Strähne, die Trauer um die Mutter und den Zwillingsbruder, die im Mai 1909 bei seiner Geburt ihr Leben haben hingeben müssen, ein tragischer Tod, für den sich der Halbverwaiste und Bruderlose von Kindheit an verantwortlich fühlt und der ihn darum mit dem Gefühl einer Art Kains-Schuld belädt. Eine dunkle Strähne, gewiß, jedoch eine dunkle Strähne auf dem überhellen Grund der Lebenslust eines heiteren, gern ausgelassenen und verspielten, oft glückberauschten und in seinem prahlerisch-ausplaudersamen Liebesstolz mitunter etwas rührend täppisch wirkenden jungen Mannes.

Sein Leben verläuft zunächst, trotz manchen Schicksalsschlages, wenig beschwert: Nach dem Tod seines Vaters kann er, bei begüterten Verwandten aufgenommen, sein Abitur machen, eine Textilhochschule in der Tschechoslowakei besuchen und nach kurzem Versuch im kaufmännischen Beruf auf der Universität Szeged philologische Disziplinen belegen und nach Herzenslust das studieren, was ihm Spaß macht. Er hat früh literarischen Erfolg; die Gedichte des noch nicht Zwanzigjährigen werden in ernsthaften Journalen gedruckt und machen ihm in literarischen Kreisen bald einen Namen; er entdeckt die bukolische Welt Mörikes und Vergils; er überträgt Sappho und Rilke, Walther von der Vogelweide, La Fontaine, Shelley, Apollinaire, Trakl und viele andere der schwierigsten Autoren in sein geliebtes Ungarisch. Er lernt Paris und die Tatra kennen, lebt gesellig in froher Runde mit gleichgesinnten Freunden, liebt ungestüm und wird wiedergeliebt, und wenn ihn auch der Umstand bedrückt, finanziell völlig von seinem Onkel abhängig zu sein, so wachsen daraus noch keine Elegien. Ein moderner Anakreon also, und offenbar früh schon festgelegt – und da geschieht das zunächst Unerklärliche und doch Unabwendbare: In die arkadischen Gefilde dringt, plötzlich und immer schneller sich ausbreitend, Düsternis; der Himmel seiner friedvollen Fluren bewölkt sich, und in den Wolken beginnt es unheilverkündend zu grollen; die Idylle erweist sich als bedroht: Das trauliche Gesumm der Käfer verwandelt sich jäh in das Summen unsichtbarer Kugeln, in den frischgefallenen weißen Schnee fährt plötzlich ein Sturm und schreibt finstere Chiffren, im sonnigen Garten schnellen unversehens Schatten aus den

Stachelbeersträuchern und erschrecken Mensch und Tier, vom Firmament zischt Kälte, der Mond in der Traumnacht schleift eine blutige Spur: *Mit Pfeifen zerfällt der Frieden*: Die japanische Armee überschreitet den Wusung-Bach und fällt in China ein, und ein junger Dichter in Budapest spürt das Dröhnen ihrer Geschütze, als donnerten sie über die Donaubrücken. Und weiß seitdem, daß um die Kehle der Menschheit eine stählerne Faust gelegt ist, und sollte er dies damals nur geahnt haben, dann weiß er es mit unabdingbarer Sicherheit, seitdem der Krieg in Spanien tobt. Wenige Jahre später ist er schon Geschichtsschreiber ganz Europas:

> Hier und dort schmettert man an die Wand den
> Säugling, den zarten,
> Fackeln sind Kirchtürme, Öfen die Häuser, und
> ihre Bewohner
> braten darin und Fabriken wirbeln in Lüften als
> Rauch nur!
> Mit dem brennenden Volk rennt die Straße und
> stürzt dann ohnmächtig,
> aus dem brodelnden Bombenbett springen die
> Firste der Dächer,
> und wie auf Weiden Rindsfladen, geschrumpft, so
> liegen die Toten
> auf den Plätzen der Stadt . . .

Er hatte es vorhergesagt. Sein poetisches Gewissen war zu wach und zu gebieterisch, als daß er die Zeichen der Zeit auf die Dauer hätte übersehen oder gar ignorieren können. Freundschaftliche Beziehungen zu ungarischen und französischen Kommunisten mögen ihm, der 1930 als Student entsetzt und empört ins Qualdunkel des Dorfes geblickt hat und der nach einem Prozeß wegen literarischer „Gotteslästerung und Verstoß gegen die guten Sitten" beinah von der Universität gewiesen worden wäre, geholfen haben, sich schneller aus der bukolischen Idylle seiner frühen Schöpfungen zu lösen und den Alltag seines Landes ohne verliebte Märchenaugen anzuschauen. Er durchmusterte ihn gründlich und ernst, diesen Alltag, und nun, ernüchtert und wiederum aufgewühlt, erkannte er ihn als elend und erbärmlich, und zugleich sah er, daß sogar dieser Alltag noch bedroht war von der Barbarei nackter, bislang ungeahnter Greuel eines länderzermalmenden weltweiten Krieges. Er sah es und begriff wie kein anderer seiner Generation und Herkunft, daß er ein Dichter zwischen zwei Kriegen war, Dichter einer Ära, die ihrer selbst spottete, wenn sie sich noch eine Friedenszeit nannte, und die dabei sogar diesen kläglichen Frieden zu vertun im Begriff war. Er schloß die Lider, so sehr schmerzten ihn diese Gesichte; er sah eine Woge aus Stahl, Blut, Verruchtheit, Feuer und Finsternis die Welt überrollen; er ahnte sie, spürte sie, sah sie vor Augen: Er sah China auflodern und Spanien bluten und das uralte schwarze Kulturreich Äthiopien unter den Bomben geflügelter Mörder sich bäumen; er hörte das unheilverkündende Gebrüll und Stiefelgeknall aus Europas Mitte, er blickte über den Atlantik und sah den Ku-Klux-Klan foltern und schänden, und er schaute zurück nach Europa und sah die Faschismen den Kontinent überschwären, und da wußte er, was die Stunde geschlagen hatte, und sagte es seinem Volke. Mitunter, wenn ihn Ekel und Schmerz übermannten, redete er mit der flammenden Leidenschaft eines Empörten, in der Regel aber sprach er – und das gibt seiner Dichtung ihren einzigartigen Klang – mit der aufrüttelnd stillen, verhaltenen, ja müden Sachlichkeit eines Diagnostikers, der, scheinbar völlig gelassen, Ungeheuerliches feststellt –: scheinbar völlig gelassen, denn hätte nicht immer ein leiser, aber unüberhörbarer Ton äußersten Schmerzes, der sich manchmal wie Heiterkeit vernehmen ließ, und tiefer Liebe zu der gequälten Menschheit die nüchterne Prognose durchzittert, so wäre sie wohl unerträglich gewesen. Arkadien war nun nicht mehr der Märchengarten eines heidnischen Glücksreichs, in dem die Poesie sich ungestört von einer miserablen Wirklichkeit bewegen konnte; Arkadien war angesichts des Drohenden unter dem apokalyptischen Dröhnen des Krieges jählings zerstoben und zu einem Traumziel entrückt, das unter Qualen und Opfern erst wieder würde erkämpft werden müssen. Denn den Glauben daran, daß die Völker überdauern würden trotz vergifteter Hirne und zersetzter Seelen, trotz Schlachtgeschwader, Tanks und verkohlender Städte; den Glauben daran, daß die Menschheit nicht unentrinnbar dem Verderben ausgeliefert sei, sondern sich, wenn auch mit Gigantenmühen, retten könne, wenn sie es nur wolle, daß die pestilenzartige Zersetzung einer verrotteten Gesellschaftsordnung nicht gleichbedeutend sein müsse mit dem Untergang der Kultur, diesen Glauben ließ sich jener sanfte und stille, das Leben über die Maßen liebende Dichter, der in Budapest wie in Paris die Kraft bewußter Arbeitermassen bewundert und besungen und seitdem in seinen Landschaften immer wieder die Farbe Rot wie eine heimliche Fahne – und die Zensur gebot Heimlichkeit – gehißt hatte, sich nie und von niemandem rauben. Denn wenn in seinen Strophen die Barbarei auch Berge zerspellt und Lande vereist, so flammt in denselben Versen auch die Revolte, und die Natur, der es, wie er schreibt, Gesetz sei, immer aufs neue ihre grünen Dolche gegen die Tyrannei des Winters zu zücken, begrüßt ihn in einem seiner Gedichte mit Recht als ihren Verbündeten. Er wußte, daß es zu kämpfen galt und daß die wichtigste Schlacht, die geschlagen werden mußte, die

Schlacht um das Bewußtsein, die Schlacht um die Gewißheit des endlichen Sieges war. Die Menschheit *mußte* diese Katastrophe durchstehen, sie konnte es, sie hatte die Kraft dazu, das war sein Glaube, und er lebte in seiner Dichtung vor, wie Menschenwürde und Menschentugend, wie Liebe, Wahrheit, Treue und Lebensmut in der Schlangengrube, im Feuerofen noch bewahrt werden konnten. Er sah die Woge der Barbarei heranrollen, er erbleichte, aber er hielt stand; er schritt unter sausendem Stahl hin und sah den Frieden in einer Berghöhle säuglingsgroß schlummern; er schaute die Flammen der Hölle und sah hinter ihnen noch immer des Menschen Gesicht. Es war der Glaube an die Würde, mit der jedes Neugeborene schon gefirmt ist, der Glaube an die Kraft der Vernunft, an die heilige „Nüchternheit des 2×2", der ihn, auch noch im Lager, auch noch bei der Evakuierung, auch noch vor seinem Tod den schließlichen Sieg der Freiheit und des Friedens hoffen ließ. Es war ein Glaube, der ebenso erschütterte wie beflügelte, denn er mußte die Tag für Tag aufs neue erkämpfte und Tag für Tag qualvoll und trotzig behauptete Hoffnung immer wieder vor sich selbst verteidigen. „Alles schmerzt, sogar die Berührung der Luft", schreibt er am 27. Juni 1941 in sein Tagebuch, da Ungarn der Sowjetunion den Krieg erklärt. „O Herz halt aus, wehr dich, o Seele mein!" so ruft er sich ein anderes Mal Mut zu, und da zu fliehen ebenso sinnlos wäre, als im Land zu bleiben, rettet er sich in die ergreifende Schlußstrophe:

Behüte und beschütz mich, weißer Schmerz,
schneefarbenes Bewußtsein, geh nicht fort,
und nie beruß' die Angst, die flackernd brennt,
mit ihrem braunen Qualm mein reines Wort.

Das reine Wort – darauf war seine poetische wie moralische Existenz gegründet; ihm hielt er die Treue bis zum letzten Atemzug. Um dieses seines Wortes willen, das in jedem Vers rein von Lüge und Furcht wie ein Kristall strahlt, fühlte er sich von den Barbaren schon längst zum Tode verurteilt, denn er sah, daß die herrschende Gesellschaft den Dichter nicht mehr brauchte, ja daß der Poet für sie nur mehr „gut zum Verbrennen" war, weil er „der Wahrheit Zeuge ist". Er kannte den Preis solcher Zeugenschaft nur zu genau: Die Ermordung Federico García Lorcas durch die Faschisten, den Selbstmord Ernst Tollers und Jiří Mahens, das tragische Ende Attila Józsefs hat er empfunden wie seinen eigenen Lebensschluß. Doch für ihn, der auf das Wort eines Freundes, es sei bewundernswert, in solch wirren und bedrückenden Zeiten überhaupt noch schreiben zu können, gelassen geantwortet hatte, daß der Hund belle, die Katze miaue und der Dichter eben schreibe; für ihn gab es keine Wahl. Er blieb der Poesie, der Wahrheit, dem Menschen und der Hoffnung auf ein künftiges Arkadien treu; er kämpfte für sie auf seine Weise, er schrieb unter immer verschärfteren Zensurbedingungen und Schikanen, schrieb dennoch, nunmehr stellungslos in wachsender Armut sein Leben fristend („Heute verkauften wir mit Fanni meinen blauen Zweireiher und zwei Paar braune Schuhe, damit ich Gides Tagebuch kaufen konnte", trug er 1939 in sein Diarium ein); er mahnte, warnte, prophezeite, rüttelte auf, pries und verdammte. Wenn er die Wurzeln der Birken, die Fische im Bachgrund, die Stiere, Pferde, Hunde und die Ufer der Flüsse beschwor, den tief in den Eingeweiden der Erde eingefrorenen und versklavten Frieden zu erwecken und zu erlösen: wer, wenn nicht ein Tauber, konnte diesen Ruf als Mahnung an ihn selbst überhören oder mißverstehen? Denn jetzt sucht der Dichter bewußt das Ohr seiner Hörer; er will genau verstanden werden und fügt nun zur Last der Gesichte, die ihn bedrücken, die Strenge der Form und die Schlichtheit der Rede. Wenn in seinen früheren Strophen die Fülle der Bilder manchmal über das Maß auch der freien Rhythmik quillt, wenn er in komplizierten Arabesken und bizarren Tropen dermaßen schwelgt, daß ein Nachvollziehen mitunter kaum mehr möglich ist, müht er sich nun unablässig um eine ganz einfache und dennoch nicht minder kunstvolle Sprache. Der Liebhaber der ungebundenen Zeile erobert sich das klassische Versmaß: Er zwingt seine Berichte vom Zerbersten der Städte und Berge in die äußerste Disziplin verlangenden, keine Unregelmäßigkeit duldenden Doppelreihen des Alexandriners und bleibt dabei dennoch beinah im Plauderton; er übernimmt Formelemente des deutschen Minnesangs und beschreibt einen Gewaltmarsch; er redet das Volk an und experimentiert gleichzeitig mit gereimten Hexametern, und seine zweite Ekloge, diese große Auseinandersetzung zwischen dem Poeten und einem zur Mordmaschine gewordenen Bombenflieger, kleidet er teilweise in eine vor ihm ungekannte, höchst schwierig zu handhabende Art des Distichons, mit dem er den stumpfsinnigen Soldatenjargon ebenso exakt auszudrücken vermag wie alttestamentarische Leidenschaft.

In diesem selbstauferlegten, zu den höchsten Gipfeln der Poesie strebenden, mit zähestem Fleiß und einer unerbittlichen Selbstkontrolle durchgestandenen Reifeprozeß wuchs er zu einem der bedeutendsten und völlig unverwechselbaren Poeten seiner Generation. Er war der Ungunst der Zeit, in die er hineingeboren ward, nicht erlegen; er hatte ihr getrotzt und sie poetisch, und das heißt in diesem Fall auch moralisch, besiegt. Der Hund bellt, die Katze miaut und der Dichter schreibt – ihm war, was in den Zeiten der Kälte und Finsternis äußerste, übermenschliche Willenskraft erheischte, nur das Gesetz, dem man zu folgen hatte, wenn man nun einmal Dichter war. So schrieb er, schrieb noch im Rachen des Untiers, schrieb, von schwerster Arbeit erschöpft, seine schönsten und tiefsten Gedichte nachts im Lager in den serbischen Bergen, in das die Barbaren ihn wegen seiner jüdischen Abkunft ebenso wie seiner aufrührerischen Verse wegen geworfen hatten; er schrieb und beschrieb das Lager und die Evakuierung, beschrieb die einzelnen Stationen seines Golgathaweges in Bildern, die man nicht mehr vergessen kann, da sie die Kräuselung eines Weihers ebenso festhalten wie den Schaum auf den Mäulern der Ochsen und das viehische Heulen des Todes; schrieb und beschrieb seine Hoffnungen und seine Träume und den halb aufgerauchten Zigarettenstummel zwischen den Lippen, schrieb und beschrieb in seinem letzten Gedicht – seinen eigenen Tod. Als man, im August 1946, die sterbliche Hülle dieses unsterblichen Dichters dem Massengrab entriß, fand man in der Manteltasche ein Schulheftchen billigsten grauen karierten Papiers, an den Rändern eingerissen und dergestalt mit Blut getränkt, daß beim Durchblättern der Seiten ein dunkles Rechteck um einen hellen Kreis immer deutlicher sich abzeichnete, und das, neben einem Hinweis auf den Autor und der Bitte an den Finder, das Heftchen an eine bestimmte Budapester Adresse zu senden, in gestochen klarer, völlig korrekturloser Schrift den Text von fünf Gedichten enthielt: den getreu in Ton und Maß ungarischer Volksballaden gehaltenen Trauergesang „Wurzel" und vier kurze, streng geformte poetische Gebilde, die mit dem von ihrem Autor gewählten Gesamttitel „Rasglednicas", dem serbischen Ausdruck für „Ansichtskarten", wohl am exaktesten bezeichnet sind. Es sind in der Tat Ansichtskarten, deren fehlende Bilder durch die Texte vollkommen ersetzt sind, und sie beschreiben, genau lokalisiert und datiert, der geliebten Adressatin vier Stationen einer Reise, deren letzte der Tod ihres Absenders ist. Er, der nicht müde geworden ist, sein eigenes Ausgelöschtwerden durch Barbarenhand vorherzusagen, beschreibt nun im letzten Gedicht seine Exekution, nur diesmal nicht mehr als eine düstere Ahnung, sondern als einen realen Alltagsvorgang, dem man heute noch einmal zu entrinnen vermocht hat, aber morgen schon nicht mehr entkommen wird. Oder doch? Oder hat auch da noch Hoffnung geglommen? „Der springt noch auf!" schreit, in deutscher Sprache, in der vorletzten Zeile dieses Gedichts fassungslos ein SS-Mann, der das Feld der Zusammengebrochenen mit Genickschüssen niederstreckt. Der sprang noch auf – und schrieb. Es ist dies ein einzigartiges menschliches und poetisches Dokument, dieses blutgetränkte Schulheftchen billigen grauen karierten Papiers: Fünf Gedichte, ein paar Dutzend höchst kunstvoll geformter Zeilen schlichtester Sprache wurden zum Zeugnis eines Dichters, der sterbend schrieb und schreibend seine Mörder richtete; Zeugnis der Würde, Kraft und Macht der Poesie, abgelegt unter den Stiefeltritten und Schüssen totenkopfgezierter Schlächter in einem gottverlassenen Novembergestrüpp am Rand einer staubigen Straße, Zeugnis der Würde und Vernunft und Hoffnung des Menschengeschlechts, gegeben von einem aus höchst angespanntem Bewußtsein in die Agonie stürzenden fünfunddreißigjährigen Dichter, der damals außerhalb literarischer Kreise seines Vaterlandes so gut wie unbekannt war und der seinen Schrein im Herzen der Menschheit finden und als einer ihrer Großen verehrt werden möge, denn er war ihr getreuer Soldat und reiner Sänger: er, Miklós Radnóti.

Begrüßung in der
Akademie

Liebe Kinder, herzlich willkommen in diesem Haus und
diesem Saal, der sehr stattlich ausschaut, dafür aber eine
schlechte Akustik hat – deswegen die vielen Mikrophone.
Ich möchte ihn euch vorstellen: Es ist der große Versamm-
lungsraum, wenn ihr wollt: die Aula der Akademie der
Künste der Deutschen Demokratischen Republik, und
nun muß ich wohl ein paar Worte sagen, was eine Akademie ist oder was sie sein soll.
Vielleicht kommen wir am besten überein, wenn ich euch
die Geschichte ihres Namens erzähle.
„Akademie" – ihr hört, es ist kein deutsches Wort, es
kommt aus dem Griechischen. Dort, unter dem Volk, das
die Schlachten vor den Toren Trojas besungen und die
Schlachten vor den Toren Europas gegen die Perser geschlagen, lebte vor vielen Tausenden Jahren ein Held namens Akademos. Er ist nicht so berühmt geworden wie
andre Heroen; nur eine von seinen Taten ist überliefert,
doch diese eine wiegt sehr viele Anderer auf. Es ist
eben jene Begebenheit, die ich euch erzählen möchte.
Dieser Akademos lebte in einem Königreich, dessen
Herrscher sich von Jugend an mühte, seinem Volk ein
guter König zu sein. Er säuberte das Land von Räubern,
tötete menschenfressende Stiere und Drachen, gründete
Städte, stand Hilflosen bei und bekämpfte das Unrecht,
doch als er die Mitte seines Lebens überschritten hatte,
beging auch er eine schlimme Tat. Als er einmal in einem
Nachbarreich weilte und sich dort in ein junges Mädchen verliebte, entführte er die Schöne auf schnellem

Schiff und versteckte sie, heimgekehrt, in einer Fels-
schlucht. Die Brüder der Geraubten – sie hieß Helena,
und die Brüder hießen Kastor und Pollux – führten ein
Heer ins Reich des Entführers, und da dieser die Geraubte herauszugeben sich weigerte, brach ein Krieg aus,
der böse zu werden drohte. Schon gingen Dörfer in Flammen auf; Blut Unschuldiger spritzte auf Reben und Feigenbäume, und als der jähe Haß zwischen den Herr-
schern auch die Völker anzustecken drohte, beschloß jener Held Akademos, der ebenso tapfer wie weise war und
zudem Helenas Versteck kannte, schnell und auf eigene
Faust zu handeln: Er widersetzte sich seinem Gebieter,
löste die Geraubte aus ihrer Haft und führte sie ihren
Brüdern zurück. Mit dieser Tat diente er allen: Er diente
dem eigenen Volk wie dem, das sich aus Nachbarn in
Feinde verwandelt hätte, und er diente vor allem treu
seinem König, denn er half ihm, ein guter König zu sein.
Denn klug und gerecht ist man als Herrscher nicht nur
einmal und es reichte dann für den Rest des Regierens –
wer Macht ausübt, bewahrt solche Tugenden nur, indem
er sich immer wieder an ihren Forderungen und Maßstä-
ben bewährt.
So konnte, dank Akademos, der König werden, was er
erstrebte; die schlimme Tat brach unvollendet in sich
zusammen; der Krieg, der schon zu fauchen begonnen,
wurde erstickt, bevor er brüllte, und die Heere gelobten
beim Voneinandergehen feierlich, des Akademos Besitz-
tum stets zu schonen und seine Person nie anzutasten,
welche Wirrnisse immer auch eintreten mochten.
So geschah es, und nun zeigte sich abermals, wie weise
der Held Akademos war. „Der Friede ist so gut, daß man
noch Besseres aus ihm machen muß", sagte er sich, und
er beschloß, sein gefeit gewordenes Haus und Gut zu einer
Stätte zu verwandeln, wo die Menschen lernen sollten,

klüger – und sei es auch nur ein bißchen klüger –, gerechter – und sei es auch nur ein bißchen gerechter –, umsichtiger, tapferer, verantwortungsbewußter – und sei es von all dem nur ein bißchen –, kurzum: ein Quentchen mehr menschlich zu handeln. Er richtete eine Bildungsstätte für die Jugend ein – ihr wißt vielleicht, daß bei den Griechen auch die Ausbildung körperlichen Vermögens zur Bildung gehörte –; er zog Dichter und Gelehrte heran und veranstaltete Vorträge und Diskussionen in seinem Garten, in dem Standbilder von Menschheitsfreunden zum Nacheifern mahnten, von Herakles zum Beispiel, der pesthauchende Drachen und gepanzerte Geier bekämpfte und der sich auch nicht zu schade vorkam, Gebirge von Mist und Dreck aus dem Land zu schaffen, oder von Prometheus, der den Sterblichen gegen die Götter beistand und ihnen das Feuer vom Himmel holte. Diese Stätte der Bildung zu menschlicherem Menschsein lebte im Gedächtnis der Griechen fort; man hielt den Namen ihres Gründers in Ehren, und als Jahrhunderte später der Philosoph Plato einen Namen für seine Schule suchte, entsann er sich dankbar des Akademos und nannte seine Wirkungsstätte „Akademie".

Vielleicht habt ihr diesen Namen schon einmal von euren Eltern oder Verwandten gehört, vielleicht ist ein Vater auf einer Akademie Schüler oder eine Mutter dort Lehrerin. Es gibt viele Akademien in unsrer Republik, die sich bis in den letzten Winkel hinein müht, sich als eine große Akademie, als eine Stätte des Menschlicherwerdens zu begreifen und auszubauen. Wir haben Betriebsakademien und Dorfakademien eingerichtet; es gibt Akademien in unserer Armee; die Lehrer haben ebenso ihre Akademie wie die Architekten, die Bergleute, die Naturforscher und andere Wissenschaftler, und dieses Haus hier ist der Sitz der Akademie der Künste unsres Landes, einer Gemeinschaft von Frauen und Männern aller Zweige des Kunstschaffens von der Musik bis zur Literatur und vom Theater bis zur Maler- und Bildhauerei, die hierher berufen wurden, um die Erfahrungen ihrer Arbeit und ihres Lebens möglichst Vielen verfügbar zu machen.

Jetzt wißt ihr, was dieses Wort bedeutet, und wenn wir uns nun vornehmen wollen, im Geiste jenes Akademos zu handeln und einander gute Ratgeber zu sein, ist dazu als das Erste nötig, daß wir offen unsre Meinung sagen. Ich weiß, daß es manchmal so etwas wie Angst vor einer eigenen Meinung gibt, ja daß man glaubt, sie sei unwillkommen – eine solche Haltung ist unklug und schädlich. Die eigene Meinung ist ja etwas höchst Wertvolles; sie ist das, was man nach seiner Erfahrung für richtig hält, und auch die Erfahrungen junger Leben sind Schätze, die uns bereichern sollten. Ihr werdet jetzt eine Geschichte hören; ihr habt die Illustrationen gesehen, die Nuria Quevedo dazu gemacht hat, und dann wollen wir darüber sprechen, und zwar ganz frei von der Leber weg. Sagt ehrlich, was euch gefällt oder mißfällt, und wenn ihr dazu noch andeuten könnt, warum ihr dieses als gut und jenes als schlecht empfindet, werden wir alle etwas davon haben. Wir wollen ja voneinander lernen. Vielleicht könnte man sagen, daß eine Akademie nur dann ihren Namen verdient, wenn ihre Mitglieder ständig lernen, weil sie ja dann nur brauchbare Ratgeber sind.

Und ihr bester Rat ist darum wieder, nie mit dem Lernen aufzuhören. Jener König – er hieß übrigens Theseus, und er wurde nach seinem Tod als Halbgott verehrt –, jener König hat auch bis zum Ende seines Lebens gelernt. Vielleicht ist es ihn manchmal hart angekommen, aber er hat's halt auch dann noch getan.

Er ist ein guter Herrscher gewesen, und Akademos ein guter Berater.

So, das war die Vorgeschichte, und jetzt wollen wir endlich beginnen.

Über Wieland Försters
Tunesienbuch

Der Verlag hat mich gebeten, den Lesern dieses Buches etwas über Wieland Förster zu sagen. Der Wunsch macht mich verlegen, denn ich weiß nur wenig über sein Werk hinaus. Wichtige Plastiken von ihm sind allgemein zugänglich; Blätter seiner Hand liegen in den Kupferstichkabinetten; eines seiner Tagebücher hat der Leser soeben kennengelernt. Aber ich werde mitteilen, was ich weiß.

Ich kannte Förster schon eine Weile, ehe ich mit ihm zusammentraf, und schon die erste Begegnung mit seiner Arbeit prägte ein unverwechselbares Bild von Werk und Willen. Im Arbeitszimmer Erich Arendts sah ich eine Fotografie seiner „Passion": ein Gepfählter, der Rumpf um den Nabel zu einer ungeheuren Grimasse der Qual in die Därme gezogen und im brechenden Blick des auf die linke Schulter gedrehten klaglosen Gesichts der Anruf an jeden: Das könntest auch du sein. Denn dieser in die eigene Todespein sich Bettende war körperlich ein Mann der Menge; nichts, aber auch gar nichts deutete auf Auserwähltheit hin. Keine Menschengestalt eines Gottessohnes, kein Asketenleib bekennender Jünger und auch nicht die Reckenerscheinung von Helden, die ausgezogen sind, ein Volk vom Schwarzen König zu befreien – der Verlöschende war ein friedsamer, beleibter Alltagssechziger, ein Pfahlbürger im arglosen Sinn dieses Wortes, und sein Ende war nicht der notwendige Abschluß eines außerordentlichen Anfangs, er war das Los, das allen zuteil werden kann, wenn die Welt aus den Fugen gerät. Vielleicht war er einer Namensverwechslung mit einem Proskribierten zum Opfer gefallen, vielleicht vom Nachbar der Inquisition denunziert, vielleicht von einer Weißen Armee zum Spaß auf einen Zaunpflock gerammt, doch vielleicht auch einer der wenigen, die bei ihrem Einmarsch einen Flüchtling verborgen, und schließlich, wer weiß, doch der Beherzte, der den Dolch gegen den Tyrannen hob. Die überlieferte Athletengestalt hätte mich und dich ausgeschlossen; der Jedermannsleib schloß den Helden ein. Den Pfählern mochte er nicht mehr als ein aufgespießter Käfer gelten, doch noch in seiner äußersten Versehrung, der rechte Arm ausgerupft, der linke, schon abgestorben, im grauenvoll starren Lot in die Erde weisend, der Rumpf eine Trichterlandschaft der Qualen, die Beine zerschmettert, der Geschlechtsteil in beinah grotesker Krümmung den Bogen des Kopfneigens wiederholend, war er ein Zeichen des unverlierbaren Menschentums in allen Gemarterten von Spartakus bis Vietnam.

Der Fotografie gegenüber der Gipsabguß eines Mädchentorsos: breit gespachtelte Hüften, die Haut ohne Glätte, die Beine stämmig, die hochgezogne Brust sehr prall überm derben Leib, und dennoch von einer hinreißenden Anmut, Gleichnis für jenes Stück sinnlicher Schönheit, mit der die Natur alle Frauen beschenkt hat.

In diesen beiden unvereinbar scheinenden Gestalten sah ich von Anfang an Försters Werk, eine plastische Fassung des Ursonetts vom Elend und der Herrlichkeit des Menschen. Später Gesehenes bestätigte meine erste Empfindung: Triumph des Lebens in den Frauengestalten; Zeugnis vom Menschen in den Körpern der Männer noch in der Vernichtung, am unerbittlichsten im „Martyrium", einer Traube gedunsener, zu Klumpen gefolterter Rümpfe, die man beim ersten Anblick für ein botanisches Gebilde, einen Strunk oder einen Knorren halten mag, um sie dann auf erschütternd langsame Weise die Würde der Menschengestalt offenbaren zu sehen. Der Leser hat Ähnliches kennengelernt: „Dort fand man ihn: ganz schmal, ganz dünn, ganz zerbrechlich, die Arme eng an den Körper gepreßt..."

Jahre später erst traf ich Förster in Person. Es war beim sechzigsten Geburtstag Arendts, die Stühle reichten nicht aus, wir saßen dutzendweis auf dem Boden, und ich setzte mich neben einen Unbekannten, von dem ich glauben konnte, daß es Förster sei. Seine Anwesenheit war zu erwarten, und der Unbekannte entsprach dem Bilde, das ich mir nach Berichten gemacht hatte: Ein Mann um die Vierzig, zurückhaltend, leise; ein scharfer Beobachter, unerbittlich, auch spöttisch, doch keinesfalls zynisch, und so umgänglich wie selbstbewußt. Kein Trinker. Er war es; er saß auf dem abgewetzten Teppich, nippte an einem Glas Rotwein und schien sich Züge eines gegenübersitzenden kleinen, etwas verwachsenen Manns einzuprägen. Ich bat ihn um die Möglichkeit eines Atelierbesuchs, und er warnte mich lachend, mir unter seinem Atelier das vorzustellen, was man sich unter einem Atelier gemeinhin vorstelle, also etwas, wo Platz wäre, Raum, Höhe, Helle, Oberlicht, Sauberkeit, Technik, Ordnung...

Das Atelier war dann auch ein ehemaliger Tapeziererladen im Parterre eines Altbaus, eng, dunkel, kalt, vorm Fenster ein Laken, dahinter Kinderlärm und Kreischen der Straßenbahn. Ein Schuttgebirge, Abraumhalden, Hügel von Gips- und Steinbrocken, Teiche in Wannen, Trampelpfade; Dreifüße, Sackfetzen, Kübel, Skulpturen, Tonтröge, Plasthüllen, Kälte, Kippen, Plastik, Hocker, Milchtüten, ein Radioveteran, eine beulige Heizsonne, ein ausrangiertes zerschlissenes Sofa, ein Korbstuhl, ein Drehstuhl, eine Kiste mit schräg aufgenageltem Pultbrett, und zwischen dem Schutt und in den Winkeln übereinander

und auf dem Ofen und auf rohen Regalen gerümpelgleich
Köpfe, Torsi, Leiber: sein Werk. Gipsstaub, Lehmstaub,
Straßenstaub, Steinstaub; überm Sofa und in die grau-
grünen abgestoßenen Wände hinein Fotos von Picasso,
Chagall, Maillol und Arbeitsstudien von Dirigenten; in
Fotos eine Liegende von Laurens, Steine der Osterinsel,
die Eva der Kathedrale von Autun. Plakate seiner Aus-
stellungen; eine Spiegelscherbe; Farbreproduktionen von
Männerporträts Cezannes, Beckmanns und Modiglianis,
später dazu zwei Buntstiftzeichnungen seiner vierjähri-
gen Tochter: ein hohes Haus, die Schmalseite Sonne,
und unter einem Himmel voll Morgensternen, schweren
Kugeln mit wuchtigen Zacken, ein Kapitän auf phantasti-
scher Fahrt. Als Glasdachersatz um eine nackte Birne
zerlöcherte Pappe, im Schutt ein Scheinwerfer mit Stativ.
Ein paar Inselbücher, obenauf Faulkners „Bär"; der Kopf
Kodalys, der Kopf Suitners, der Kopf der Gelähmten, die
Porträtstele Arendts, Schmierblätter, Tusche, der Kopf
Felsensteins; an der Tür ein Pappschild: *Heizsonne aus!!*
Auf dem Boden sein Werkzeug: aus dem Griff gebro-
chene Messerklingen, Brettleisten als Spachteln, struppige
Pinsel und Bürsten, Bleistiftstummel; die Brecheisen,
Meißel, Feilen, Hämmer, Sägen und Scheren gipsverkru-
stet; Cremedosen, Drähte und Kabel, ein Beil. Es lag zu
Füßen einer Gestalt aus Ton, die den Raum beherrschte:
ein nackter, massiger Mann für das Tor eines Fried-
hofs, nach Försters Vorstellung einer aus dem Reich der
Lebenden, der dem Toten einen letzten Gruß erweist
und die Trauernden nach der Grablegung in den Alltag
zurückführt. Ich sah ihn frontal, er trat, aus dem Stand,
auf mich zu, und in seiner Miene war ein solch entschlos-
sener Ernst, daß ich vor ihm zurückschrak. Unter diesem
Eindruck sah ich ihn als Wächter. Er sah weit gradaus,
die Arme hingen zu beiden Seiten senkrecht nieder, sein

sehr großer Fuß schien der Erde verwurzelt, und seine Nacktheit war so selbstverständlich, als sei er jenem Bezirk entstiegen, darin man keine Kleidung trägt. Ich dachte, daß er einer jener sein könnte, von denen eine Grabinschrift aus den Perserkriegen berichtet:

> Griechenlands Sache stand auf des Messers
> Schneide, da haben
> wir, die hier liegen, es mit unseren Leibern
> geschützt.

Es bedurfte Sammlung, um standzuhalten, gar zu bestehen. Man wurde gewogen. Dann traten Züge von ernster Güte hervor, doch die Forderung nach Distanz wurde nicht gemildert. Kindern und Leidgeschlagenen mag er milder begegnen, doch welches Amt man ihm auch immer zuweisen wollte, das eines Wächters oder das eines Boten ins Leben: die Eignung zu beiden gewann er aus irdischer Tatkraft. Eine solche Verwandlung des Engels, der ja auch Bote, Grußüberbringer und Wächter zugleich ist, schien mir unsrer Zeit und unsrer Gesellschaft wohl angemessen. Später entzifferte ich auch die verwischte Kreideschrift hinter seinem Rücken, einen Vers Quasimodos:

> Und der Mann, der schweigend sich nähert,
> birgt nicht in seinen Händen ein Messer,
> nur eine Geranienblüte.

Um ihn und den Wänden entlang ein Dutzend Andere und doch ihm Verwandte: die Große Stehende; das Triptychon der Opfer; der zur Erdkugel geballte, in die Feuer Dresdens weisende Verzweifelte; Hero; der Gefangene; die Menschentraube; der Arkadische Akt; die Hemdausziehende; Porträtköpfe, Ölbaumstrukturen, Weidenstrukturen, Muschel und Fels, Ton, Gips und Bronze, und ich sah dies in einem einzigen Formenanprall und war von einer Art überwältigt, von der mir, da ich sie schildern will, immer nur die Wendung „erschüttert von Selbstverständlichem" einfällt – ich müßte besser „Natürlichem" schreiben, wäre dieses Wort nicht so verrufen und stünde es zudem für die Kunstnatur. Auch „elementar" stimmt nicht, obwohl es stimmt. Die Schwierigkeit des Beschreibens beginnt schon bei einer Charakterisierung des Nacktseins. Es ist undenkbar, sich diese Gestalten in Kleidung vorzustellen; es ist anatomisch, es ist aber auch ästhetisch und von hier aus auch moralisch nicht möglich. Frauenakte, zu denen man sich Schlüpfer oder Büstenhalter hinzudenken kann, hält Förster mit Recht für schlüpfrig; was er anstrebt, und was ihm bis ins Erregende gelingt, ist das große erotische Zeichen. Dazu ist sein Selbstverständliches von einer Art, die man ausgeklügelt nennen müßte: Figuren stehen auf dem Kopf oder auf den Schultern, wiegen sich auf dem Kreuz, sind, ohne zu liegen, zu einer Horizontale gestreckt, stürzen oder hängen mit den Füßen nach oben, und man akzeptiert es sofort. Seine Vitalität bewahrt ihn davor, Formales zum Selbstzweck zu erheben, es ist immer Ausgangssituation für Geistiges. Doch ich werde nicht versuchen, diese Kunst zu schildern.

Förster brühte mir einen Kaffee; er trank Milch, was ich seinen Schlafstörungen zuschrieb und weshalb ich ihn insgeheim bedauerte, bis ich herausfand, daß sie ihm schmeckte. Ich blieb nicht lange; ich hatte das Gefühl, daß er arbeiten wollte. Wir hatten bald voneinander festgestellt, daß es unsere Philosophie war, täglich ein festes Pensum zu arbeiten, auch sonntags, auch bei Krankheit, auch auf Reisen. Darum räumte er auch nie seine Werkstatt auf, die Zeit war ihm zu schade dafür. Nur daß unser Rhythmus beinah gegenläufig war: ich nach langem und meist gutem, man könnte angesichts Försters sagen: widerlich gutem Schlaf früh sofort am Schreibtisch; er nach qualvoll schlafleerer Nacht sich durch Kopfschmerz und bleierne Müdigkeit ins Atelier zwingend, mittags am Stein, nachmittags Ton oder Gips und bis in die Nacht dann überm Papier beim Zeichnen und Schreiben. So sahen wir uns nicht oft, und wenn, dann nicht lange. Er sagte bald, daß er meinen Kopf machen wolle. Manchmal waren wir auch einen Abend, meist bei ihm, zusammen; ich sah seine Zeichnungen, seine Aquatinten, seine Gouachen und nahm seine Gedichte und seine Prosa zum Lesen mit, ihm wiederum die Manuskripte meiner fertiggewordenen Geschichten zurücklassend. Seine Korrekturvorschläge trafen immer ins Schwarze. Wir entdeckten Übereinstimmungen: im Ästhetischen, in Maximen, in Lieblingsautoren, Thomas Mann etwa oder Conrad oder Kafka; wir stießen auf Unbenachbartes: ich bei ihm auf seine Besessenheit für Musik, er bei mir auf meine naive Schwärmerei für Mathematik, und wir stellten mit hilfloser Verblüffung seltsame Diskrepanzen und im einzelnen auch schroffe Gegensätzlichkeiten fest. Förster – Autodidakt auf fast allen Gebieten – ist in Dingen der Kunst gegen andere ebenso unbarmherzig wie gegen sich selbst, und diese Strenge verführt ihn, kaum Zwischenstufen anzuerkennen. Es ist eine Rigorisität des Alles-oder-Nichts, die ich gelten lasse, wenn sie, wie hier, ihr Verfechter zuerst auf sein Schaffen bezieht. Das hat beim Bildhauer allerdings Konsequenzen, die sein Kollege an der Schreibmaschine nicht ahnt. Da wie dort kann die Notwendigkeit, ein Detail zu ändern, zur Verwerfung der ganzen Anlage führen, doch während der Schriftsteller seinen Text nur durchzustreichen braucht und nichts ihn hindert, die vielleicht nur vorschnell verworfene Fassung erneut aufzunehmen, muß der Plastiker seine Gestalt zertrümmern, unwissend, ob das Künftige besser als das unwiderruflich Getilgte sein wird. Ich glaubte nicht richtig gehört zu haben, als ich auf die Frage nach dem Fortgang einer Arbeit die lakonische Antwort bekam, er habe sie gestern zusammengehauen. Im trockenen Ton dieser Mitteilung schwang eine Art Befreiung, als wäre dieser barbarische Akt der Abschluß einer lang schwärenden Krise. Er ist es auch: das Schiff kappt den Anker im falschen Hafen, doch der angestrebte liegt unsichtbar hinterm Horizont. Die Arbeit mit Stein oder Ton ist abenteuerlicher als die auf Papier. Sie scheint mir manchmal beneidenswert.

Ich saß ihm fünfmal je etwa zwei Stunden; wir sprachen wenig, obwohl es ihn, wie er sagte, nicht störe, sich bei der Arbeit zu unterhalten. Ich hatte mir vorgenommen, ihn zu beobachten, allein ich kam nicht dazu; er wollte mich lesend haben und gab mir ein Manuskript, von dem er glaubte, es werde mich interessieren – es war das Manuskript dieses Reiseberichts. Ich las es von Anfang an fasziniert; hie und da hatte ich eine Frage, gelegentlich schrieb ich einen Ratschlag an den Rand; manchmal, in Nachdenkpausen, sah ich ihm mit gesenktem Kopf schräg von unten her zu. Seine Arbeit war genaues Ansehn, sehr kurzes, konzentriertes Überlegen und dann Auftragen von Tonbatzen um ein Ur-Ei und ihre Verformung mit der Hand oder Instrumenten. Das Ei ist, nach Försters Meinung, die mir einleuchtend scheint, eines der beiden möglichen plastischen Grundmodelle; das andere ist, wie der Leser dieser Blätter vielleicht gemerkt hat, der Durchbruch, das Loch. Sein oberster Leitsatz ist nun, daß der Plastiker alles wagen dürfe, solange er jene Grundform nicht verletze; geschehe dies, breche die Plastik in sich zusammen. (Er demonstrierte diese These an einem Hühnerei und zeigte mir später, bei gemeinsamen Ausstellungsgängen, solche Verstöße im Konkreten, und ich begann etwas von Plastik zu begreifen.) Dieses Ei, das Ei Brancusis, das Weltei der Mythen, treibt als geheimer Wesenskern Formen aus sich heraus, denen Förster zubilligt, die Oberflächenstruktur einer Rinde oder einer Felsschicht zu haben. So trug er viel auf, erhöhte, vertiefte, kratzte Sigel ein, grub Rinnen und Flüsse, wölbte Brauen zu Wächten, Schläfen zu Hängen und das Kinn zum Kap. Er arbeitete leicht und verblüffend sicher, auch darin mein Gegenteil. Es sah spielerisch, fast tänzerisch aus. Er brauchte fünf Doppelstunden, um den Kopf zu machen, und dann acht Wochen, um das zu finden, was ihn abhielt, die Arbeit als gelungen anzusehen: ein fehlendes daumennagelgroßes Zwischenstück am Nacken, das die Massigkeit im wörtlichen Sinn erst abrunden sollte. Die Lücke war ein naturalistisches Detail, das einzige Stück unkorrigierter Natur. Er schloß sie, und das Porträt war vollkommen. Es war kein Abbild, es war ein Gleichnis, das Bild von bestimmten Möglichkeiten und den Hindernissen ihrer Verwirklichung; das Ich des Modells in der Sphäre des Wesentlichen. Schon nach der ersten Sitzung hatte ich vor dem Tonklumpen, der mein Porträt werden sollte, das Gefühl, in der Hand des berühmten Herrn Keuner zu sein, der einen Entwurf von mir machte, auf daß ich ihm, dem Entwurf, einmal ähnlich werde.

Der Zug von schmerzlich resignierender Ironie, der diese Plastik beherrscht, gilt vor allem dem lebenden Gesicht, dem schwächeren Abbild einer besseren Bronze. Er ist ein Zug, der beim Modell nicht an der Oberfläche liegt, er findet sich weniger in dessen Mienen als in dessen Zeilen. Vielleicht tritt er beim Arbeiten zutage; der Porträtierte ist ja bei einer Arbeit, beim Lesen, dargestellt. Auf jeden Fall – und nur deshalb erzähle ich davon so ausführlich – entspricht seine Übernahme in die Physiognomie der Art, mit der Förster eine Landschaft sieht.

Diese Art, eine ganz vitale und dabei doch höchst geistige, hat der Leser ja nun kennengelernt, und ich hoffe, er hat ihr Resultat ebenso erregend wie ich gefunden, da ich, im Nacken die Kälte, die Knie von der Heizsonne geröstet, im Drehstuhl saß und gierig las. Mit den Augen eines Plastikers ein unbekanntes Land zu durchstreifen war ein Abenteuer ohnegleichen und wäre wohl auch dann eins geblieben, wenn jenes Land nicht zur Zone gehörte, in der nach unsrer Vorstellung die Abenteuer sowieso zu Haus sind. Schön, daß auch diese Erwartung befriedigt wird und Förster ganz handfeste Abenteuer erzählt, doch spannender noch als Wüstenhochzeit und Altstadtgänge schien mir, die Erde selbst am Werk zu sehn. „Die Landschaft wird karger, widersetzt sich dem Pflug..., wird verdrängt von dornigen Flechten. Schafherden ziehen über die steinige Erde. Die Konturen der Hügel verhärten sich, und es ist, als ordneten sie sich um eine geheime Kraft. Sie wenden sich ab von der Ebene, verlieren die Weichheit der Form, ihre Flanken brechen auf und türmen sich zum Massiv." – „Mit ungezügelter Kraft stoßen durch die wogenden Berge der Hochebene schroffe Felsen, Massive von vibrierender Heftigkeit. Es ist, als hätte ein Gestirn von viel größerer Macht als der Mond ein Meer aus Fels in wildesten Aufruhr versetzt und es dann, gerade als die Wogen bereit, sich in den Himmel zu schütten, erstarren lassen." Solche Passagen findet man noch und noch; der Bildhauer macht einen Atelierbesuch bei der Natur, seiner Kollegin, und sieht sie aus Himmel, Erde, Sonne, Flora, Fauna, Fels und Meer einen Wohn- und Werkraum für jene Wesen schaffen, in deren Hände sie das Geformte zum Weiterbauen legen wird. Landschaft als Prozeß, Landschaft im Prozeß – beste Tradition der Künstlertagebücher. Darum sind diese neunzig Seiten, die doch so oft vom Starrsten der Welt, von Wüsten, Felsen, Marmor, Grabmälern und muselmanischen Feudaltraditionen, handeln, in solch unglaublicher Bewegung: Alles Zeitgenössische entfaltet sich aus der Geschichte, geologische Formationen gehn über in Architektur, vergangene Jahrhunderte sind im Alltag lebendig, und die Landschaft schreibt ihren Zug immer wieder in die Züge ihrer Bewohner ein. „Es gibt keine an sich häßlichen, keine an sich schönen Landschaften... Aber es gibt den Bezug der Landschaft zum Menschen." Das ist das Grundthema dieses Buches, der Mensch in der Landschaft und die Landschaft im Menschen, und wieder spiegeln beide Prozesse des Menschen Elend und Herrlichheit. Dieses Thema wird schon auf der Flugreise angeschlagen, und es ist die letzte Impression. Der Ausgesperrte und das Mädchen – ich sehe sie als Gestalten in der Kaaba seines Ateliers. Der Mensch in der Landschaft, das ist nicht nur der Bewohner, das ist hier auch der Reisende selbst.

Ich sollte von Wieland Förster erzählen, doch allem, was ich zu sagen hatte, wird der Leser wohl schon im Tagebuch begegnet sein: Formenbesessenheit, zähester Arbeitskraft, vitalem Geist und scharfer Beobachtungsgabe, auch verhaltener Ironie, doch nie Zynischem oder Gefälligem, und immer dem Mühen, den Dingen auf den Grund zu gehen und den Menschen als Mitte anzuerkennen. Diesem – 1967 entstandenen – Band sind Reproduktionen einiger Handzeichnungen und Gouachen Försters beigefügt; es lohnt sich, sie lang und genau zu betrachten. Denn wir sind ja drauf und dran, Landschaft (wenn nicht auch Kunst) zu verlernen; wir zwängen sie in Seh- und Urteilsschablonen wie Prokrustes seine Gäste ins Schinderbett und sollten jede Gelegenheit nutzen, in gute Schulen des Anschauns zu gehn. Das da ist eine – im Wort wie im Bild. „Das Zelt hat die Form einer einseitig geöffneten Kalotte. Den Eingang deckt ein Dornenwall. Die hohe Mitte, die weit unter dem Maß des Menschen liegt, wird durch einen Knüppelzaun gestützt, die Seiten von kurzen Stecken. So entstehen zwei ziemlich große Räume, die dem Wohnen und dem Schlafen dienen." Von einem, der kontrollierbar Exaktes so nachvollziehbar zu sehen und zu schildern vermag, kann man sich getrost auch ins Phantastische führen lassen, durch Träume und durch Fata Morganen, die real sind wie das Reale phantastisch: voll Menschensubstanz noch im ödesten Schott. Zum Konkret-Genauen das Phantastisch-Genaue: In den Felsen wölben sich Rümpfe und strecken sich Glieder, dämonische Wächter starren über die Wüste, im verschliffenen Sand vergehn Hero und Leander, und in einem Stück Ölbaumrinde erscheinen die Zeichen des Manns und der Frau. Die Reproduktionen sind gut, und wenn sie auch die Originale nicht voll ersetzen, so führen sie uns doch ein neues Mal auf die Reise, und wenn uns die Augen dabei etwas aufgehn, endet sie an einer Kastanie vorm eigenen Fenster, an der Zimmerwand hinter der Leselampe, im Abenteuer der nächsten Nähe, in der Herrlichheit noch des elendsten Dings.

Berlin, 1973

Ein Wort
an künftige Kollegen

Sie sind junge Schriftsteller. Ich möchte an Ihre Phantasie appellieren.

Ich möchte, daß Sie sich einen Augenblick die Flut von Lese- und Schau- und Hörstoff vorstellen, die sich über die Menschheit ergießt, diese Sintflut aus Papier, Zelluloid, Schallwellen und Bildröhrenstrahlen, in der wir zu versinken beginnen wie Atlantis im Meer. Die Schleusen sind offen Tag und Nacht, und wenn wir in unserem kleinen Land, das der ambivalenten Wohltat einer bestimmten Abschirmung teilhaftig ist, die Maßlosigkeit dieses Angebots auch nicht so entmutigend wie anderswo spüren, so spüren wir doch in aller Schärfe den merkwürdigen Widerspruch dieses Phänomens. Einerseits könnte selbst vom tapfersten Publikum nur ein winziger Bruchteil der allstündlichen Kunstofferte verarbeitet werden; andrerseits befriedigte auch das Gesamtangebot das Bedürfnis nach Kunst nicht einmal zum Teil. Der Quantität mangelt die Qualität, und zwar nicht nur im Sinn des Gütezeichens, sondern in jenem ursprünglichen Sinn, der das Wesen einer Sache bezeichnet. In dem Allzuvielen, was als Kunst firmiert ist – und zur Kunst möchte ich durchaus auch die Unterhaltungskunst zählen –, befindet sich allzuwenig mit Kunstwirksamkeit. Ein Buch, das uns fesselt, ein Vers, der uns aufwühlt und verrückt macht, ein Film oder ein Theaterabend, nach dem wir dann lang nicht mehr einschlafen können, sie scheinen in dem Maß sich zurückzuhalten, in dem die Fülle der Hervorbringungen wächst. So wird das Bedürfnis nach Kunst immer quälender, und wir ziehen uns auf das Erbe zurück, wobei ich durchaus einräumen möchte, daß wir, von Enttäuschung mißtrauisch gemacht, manchmal zu Ignoranten werden. Vor ein Schock neuer Titel als Wähler gestellt, wählen wir Jean Paul oder Novalis, doch das Gestern allein speist das Heute nicht. Die Fülle des auf uns Gekommenen macht uns die Dürftigkeit des Neuunternommenen nur um so schmerzlicher bewußt. Um zum Ausgangsbild zurückzukehren: Die Sintflut ergießt sich; in den Kellern lagert kostbarer Wein, aber wir brauchen frische Quellen, und die sickern so spärlich, daß wir dürsten und vor Durst sogar manche übersehn.

Dieser Zustand, einmal zustande gekommen, reproduziert sich unablässig, es ist eine merkwürdige Art ästhetischer relativer Verelendung, krisenhaft kraß im marktbeherrschten Teil dieser Welt, aber spürbar doch auch in dem anderen. Und da wäre nun meine Frage an jeden von Ihnen: Werden Sie diese Sintflut an Gedrucktem oder Ausgestrahltem vermehren, oder werden Sie Ihrer kunstbedürftigen Mitwelt ein Quentchen von dem geben, was sie verlangt? Anders, ins Subjektive zielend, gefragt: Wollen Sie Schriftsteller werden, weil das ein Job ist wie jeder andre, ein Job, der was abwirft, wenn man Richtiges liefert, oder werden Sie Schriftsteller, weil Sie anders nicht können? Bitte stellen Sie sich diese Frage ganz ehrlich in ebendieser Zuspitzung, und zwar in Ihrem eigenen Interesse: Die Dinge werden dadurch klarer, und wenn man weiß, was man voneinander will, vermeidet man Mißverständnisse. Ein ansonsten recht sympathischer junger Mann zum Beispiel brachte mir einmal ein Bündel Gedichte, eines schlechter als das andere, und als ich ihm mit Geduld zu zeigen versuchte, daß und warum sie schlecht seien, wurde er unwirsch und sagte wörtlich: „Was wollen Sie – da und da werden Sachen gedruckt, die sind auch nicht besser als die meinen, warum soll ich dann nicht auch gedruckt werden?" Die Prämissen sind leider unabweisbar; die Schlußfolgerung geht in die Moral. – Der junge Mann war Pragmatiker. Er ist übrigens heute gedruckt, und auch die Germanistik hat ihn schon erfaßt – wohlwollend natürlich, des Themas wegen. Sein Fall war insofern noch glimpflich, weil vollkommene Talentlosigkeit vorlag. Doch manchmal gibt es eine Selbstzerstörung, und dann kommt einen doch Trauer an.

Ihre Debütsituation läßt also zwei Fragestellungen zu, und Sie müssen sich über die Ihre klarwerden. Die eine lautet, was und wie Sie schreiben müßten, um die besten Publikationsaussichten zu haben, und dazu kann ich Ihnen wenig sagen, ich kann nur auf bestimmte Sprechstunden und Seminare verweisen, wo Sie instruktiver beraten werden als hier. Die andere Fragestellung, zu der einzig ich sprechen möchte, wäre die, ob Sie leben könnten auch ohne zu schreiben, ob Sie schreiben müssen oder nicht. Dazu gibt es ein altes Wort, und das ist mein Rat für jeden Beginnenden: Ein Buch, das man nicht schreiben *muß*, das soll man ungeschrieben lassen. Dieser Satz ist hart und unpopulär, doch er bündelt Menschheitserfahrung. Er weist genau auf den Punkt hin, wo sich Literatur von dem zu scheiden beginnt, was man Betrieb nennt, wobei ich mit Nachdruck sagen möchte, daß diese Grenze quer durch alle Genres und Konsumtionsmöglichkeiten läuft und nicht etwa eine sogenannte hohe Kunst von einer unterhaltenden niederen oder gar „Elite" von „Masse" trennt.

Nun liegt bei solch radikaler Fragestellung die Gefahr der Selbsttäuschung nah – natürlich wird man sich, und vor allem anderen, gern sagen: Ich muß schreiben! Mein Leben hängt daran! – Wie kann man solchen Selbsttäuschungen entgehn? Vielleicht könnten hier, so seltsam es klingen mag, gerade jene Schwierigkeiten helfen, über die Sie fast alle so übereinstimmend geklagt haben: die Schwierigkeit mangelnder Freizeit und mangelnden Verständnisses seitens Ihrer übergeordneten Leitungen. Ich empfehle Ihnen also ernsthaft, aus Ihrer Not eine Tugend zu machen: Fragen Sie sich, wenn der Kaderleiter Ihnen die Bitte nach mehr Schreibzeit abschlägt, ob der Mann nicht recht hat, ja versuchen Sie, ihm beizutreten, und jedenfalls müssen Sie ihn verstehen. Ehrlich gesagt, mich wundert, daß Sie alle der Kaderleiter so wundert. Was um Gottes willen soll er denn sonst tun als eben das, worüber Sie klagten! Natürlich ist er daran interessiert, daß Sie – junge Techniker, Ingenieure, Laboranten, Programmierer, Projektanten, Lehrausbilder und ähnliche hochqualifizierte Spezialisten – in seinem Betrieb eben das machen, weswegen er Sie eingestellt hat, und nicht einen Roman oder ein Opernlibretto! Der Betrieb rechnet doch mit Ihnen; er hat Sie doch aufgenommen, damit Sie dort eine Arbeit leisten, deren zukünftiges Ergebnis schon heute Bestandteil seines Plans ist – und nun fragen Sie sich mit aller Eindringlichkeit: Ist die Aufgabe, an der Sie da arbeiten, ist diese Formel, diese Faser, diese Legierung, diese Konstruktion, dieser Schaltplan, ja meinetwegen auch nur dieser Hilfsdienst, ja sogar jener verfluchte Aktenkram von Fragebogen, Bericht und Statistik – sind sie in ihrer konkreten Gestalt und Bedeutung nicht doch gesellschaftlich effektiver als Ihre Grille, Buchstaben auf weißes Papier zu setzen und das Ganze dann fünffach abzuklappern? Hat der Kaderleiter da nicht recht, wenn er Ihnen die kalte Schulter zeigt? Sie werten sich selbst ab, wenn Sie glauben, der freut sich, daß Sie in die Literatur fremdgehn wollen, und als Endziel Ihrer Entwicklungsakte steht kaum „Schriftsteller" oder „Librettist". Doch Ihr Kaderleiter ist ja konziliant, und so lädt er Sie ein, Platz zu nehmen und ihm zu erklären, was Sie da so zu schreiben beabsichtigen – und nun wage ich ein Paradoxon: Wenn Sie ihm nachvollziehbar erklären können, was Sie schreiben wollen, wenn Sie es ihm so plausibel zu machen vermögen, daß er aufspringt und sagt: Gut, das sehe ich ein, ich stelle Sie frei! – dann, ja dann können Sie um ziemlich hohe Beträge wetten, daß das Endprodukt Ihrer Mühen ein Buch von der Sorte derer sein wird, die ungeschrieben hätten bleiben sollen. Denn ein eigenständiges Werk – und nur solche gehören der Literatur an – ist durch Erklärungen nicht ersetzbar, und schon gar nicht vor seiner Existenz, und am allerwenigsten von einem noch unbekannten Autor, dann ist es schlechthin unvorstellbar, oder es ist zweite Hand. Bei einem Schriftsteller, der bereits legitimiert ist, sieht man bestimmte Entwicklungslinien und kann sich Weiterführungen denken; bei einem Debütanten aber sieht man nichts, ihn stellt erst das fertige Werk vor, sonst niemand, aber eben dies Werk ist ja noch nicht da. Diese Unersetzbarkeit, dieses Nicht-Aufgehen in Erklärungen ist geradezu ein Kriterium literarischer Qualität. Machen Sie ein Gedankenexperiment mit einem beliebigen Stück Literatur: Nehmen Sie an, es sei noch ungeschrieben und Sie wären sein Autor und versuchten nun, andren begreiflich zu machen, was dieses Buch bedeuten wird. Es gelingt Ihnen nicht einmal vor sich selber, und bei diesem Gedankenspiel sind Sie noch in der bevorzugten Lage, das Buch bereits gelesen zu haben – da Sie das Ihre zu schreiben beginnen, kennen Sie es ja selber noch nicht! Machen wir's konkret – nehmen Sie „Nackt unter Wölfen" vor seinem Geschriebensein, und stellen Sie sich vor, Sie wären Bruno Apitz und gingen zu Ihrem Kaderleiter und wollten erklären, was das so würde: „Ein Roman, Kriegsende, Buchenwald..." – „Wo soll das spielen? Nicht in unserm Betrieb?" – „Nein, ein KZ-Roman." – „Aber junger Freund, davon gibt's Hunderte!" – „Ja aber das ist eine einmalige Sache – da wurde ein Kind versteckt und gerettet..." – „Wissen Sie, da gab es wahrhaftig größere Taten, und außerdem, schaun Sie mal an, wenn wir hier unsern Plan erfüllen, dann nützt das konkret ein paar zehntausend Kindern..." Sie können sich dies Gespräch beliebig lang denken, am Ende steht nie auch nur annähernd die Vorstellung dessen, was dieses Buch in unser Leben getragen hat. Wir wären sehr viel ärmer, wenn wir es nicht hätten, aber solange wir es nicht hatten, war uns dieses Ärmersein nicht bewußt. Berühmt ist Goethes Konfession, er hätte Schiller ernsthaft von der Arbeit am „Wallenstein" abgeraten, wenn ihm der Freund davon erzählt – er hätte, der Goethe, sich nicht vorstellen können, daß da draus etwas werden sollte, doch als er das fertige Stück bekam, hat er alles darangesetzt, es auf die Weimarer Bühne zu bringen. Das Werk hat sich erst erklärt, als es da war, aber dann überwältigend. Ähnlich jeder Roman von Bedeutung, jede Erzählung, jedes Gedicht, jedes Stück, jeder Film, jedes Hörspiel – machen Sie vom „Siebten Kreuz" bis zum „Galilei" oder Konrad Wolfs Film „Ich war neunzehn", machen Sie von den „Zweiundzwanzig Balladen" bis zum „Vogel Frühling", machen Sie von Homers „Odyssee" und des Aischylos „Prometheus", über Eichendorffs „Taugenichts" und Kafkas „Schloß" und Gorkis „Mutter" bis zum „Lohndrücker" Heiner Müllers und der Landnahme-Ode von Volker Braun die Probe aufs Exempel, und Sie werden sehen, daß sich keines dieser Werke vor seiner Existenz durch eine Absichtserklärung auch nur andeuten ließ. Sie sind an das Schöpfer-Subjekt gebunden, und dieser Schöpfer ist unersetzbar, bis in unsere Vorstellungskraft hinein. Ohne den „Gefesselten Prometheus" des Aischylos wäre der gesamte Bau unserer Kultur ein anderer, als er nun einmal ist, wir hätten Goethes Gedicht nicht noch Shelleys Drama noch Beethovens Ballett, doch von diesem Dichter sind achtzig Stücke verlorengegangen, und diese unvorstellbare Lücke spüren wir nicht, weil wir das, was sie ausgefüllt hätte, uns nicht vorstellen können. Und so ist es halt auch um Ihr werdendes Werk bestellt: Wenn es *Ihr* Buch ist, das in die Welt muß, weil dieses Buch noch nicht drinnen ist und die Welt es braucht – und das ist ja das Muß Ihres Schreiben-Müssens –, wenn das so ist, dann können Sie Ihr Buch nicht erklären, und könnten Sie's, wäre es nicht Ihr Buch. Dann könnten Sie plausibel machen: Mein Roman (mein Hörspiel, meine Erzählung etc.) soll eine Geschichte werden so ähnlich wie die vom X. Y., nur in unserem Betrieb spielend und dies und jenes Problem aufgreifend und im Lichte des jüngsten Plenums behandelnd – könnten Sie Ihr Vorhaben etwa so skizzieren und also Ihr beabsichtigtes Werk in bereits existierende überführen, so würden Sie damit eingestehen, von vornherein Surrogat zu schaffen. Die Beschwörung des berühmten Nützlichkeitseffekts ist dann nur ein weiterer Selbstbetrug, denn solche Abklatsche – und dazu meist auch noch von schlechten Originalen genommen – stiften eher Schaden als Nutzen, sie verderben den Leser, statt ihn zu bilden, und leisten einer Bequemlichkeit Vorschub, die immer mehr Vorgekautes verlangt. Ein Publikum kultivieren heißt dessen Identifikationsvermögen schärfen und stärken und weiten, nicht umgekehrt. Zwar sind die Zeiten vorbei, da, wenn jemand einen Roman der Herrenhemdenindustrie erstellte, sofort die Miederbranche nach „ihrem Buch" die schallende Forderung erhob, doch wenn die Theorie

den Erinnerern solcher Plebiszite, an deren Zustande-
kommen sie ja wahrhaftig so unschuldig nicht war, heute
recht indigniert zuruft, daß dies alles ja urgraue Vorzeit sei
und also keine Ausgrabung verdiene – in der Praxis,
„unten", beim Kaderleiter, in Beiräten, in Perspektivbe-
sprechungen, in Kulturkommissionen, in Förderungsplä-
nen, bei Vertragsschlüssen und Vorschußaushandlun-
gen und Dutzenden ähnlicher Situationen grünen solche
Vorstellungen kräftig, denn ihre Wurzeln sind ungerodet
geblieben, und die heißen in ihrer tiefsten Tiefe: Instru-
mentalcharakter von Literatur, und das heißt wieder deren Reduzierung auf Publizistik oder Didaktik, und das
wieder heißt für die Literatur, der Gesellschaft statt
durch Reichtum und Stärke durch Verarmung und Schwäche dienen zu sollen. Die Theorie dieser Art Selbst-
entmannung bezieht übrigens manche Argumente aus den
bei uns gern am geistigen Revers getragenen späten Schriften des sonst vortrefflichen Walter Benjamin.

Ein Buch, das darauf reduziert werden kann, die Probleme eines Industriezweigs abzuhandeln, gehört in dessen Fachverlag; mit Literatur hat es, trotz aller Bedeutung jener Probleme, nichts zu tun, und Bücher solcher
Art sind auch nicht die, die zu schreiben es einen nachts
aus dem Schlaf reißt... Das ist theoretisch ein alter Hut,
aber wenn man den Bereich der Fachindustrie verläßt
und statt „Miederbranche" einen andern Begriff wählt,
etwa „Förderung des Massensports" oder „Sauberkeit der
Geschlechtsbeziehungen", so wird derlei durchaus gern
getragen. Doch so wirken Bücher nicht, wenn sie wirken,
und wie sie wirken, ist in solcher Konkretheit wenig vor-
aussehbar. Literatur wirkt auf den ganzen Menschen,
auch dadurch unterscheidet sie sich von der Wissenschaft und deren Kalkül, und gerade das erwarten wir
ja. Von der Wissenschaft verlange ich Spezifiziertes – in

der Apotheke frage ich nach Kopfschmerztabletten oder Hühneraugenpflaster, doch ich kenne niemand, der etwa sagt: Ich will heut meinen Willen zur Zivilverteidigung stärken! und nach einem Roman dieses Themas fragt. Einschränkende Ankündigungen verstören; doch wenn ein Buch unerschrocken die drängende und also mitunter auch qualvolle Problematik dieses unsres deutschen Staates behandelt, wird es letztlich auch die Bereitschaft stärken, für eine Gesellschaft, deren moralische Erprobbarkeit sich im Maß ihrer Wahrhaftigkeit gegen sich selbst ausdrückt, gerade in Notzeiten einzustehn – was aber um Gottes willen wieder nicht heißt, daß jenes Problem hier „klug verpackt" sei. Lassen wir's.

Wenn Sie also Ihr beabsichtigtes Buch ins Thematische oder Problemhafte auflösen oder gar mit bereits Vorhandenem kongruent machen können, dann gehört es zu jenem Überfluß, der nicht Fülle, sondern Überflüssigkeit bedeutet. Natürlich gibt es thematische oder storyhafte Übereinstimmungen und Überschneidungen, zweifelsohne greifen Sie Fragen der Zeit auf, selbstverständlich werden literarische Arbeiten auch mit direktem Bezug auf andre geschrieben, als Gegenentwürfe, Parodien, Variationen, doch wenn es eben *Ihr* Buch ist, argumentieren Sie entgegengesetzt zum Abklatsch, dann sagen Sie: „Das wird zwar dasselbe Thema wie beim Y. Z., aber natürlich wird's ganz was Andres!" Und sofort wird des Partners Interesse erlahmen. „Wie anders? Warum? Erklären Sie!" Verlegenes Schweigen, Schulterzucken. – „Na, ich sehe, Sie wissen's selbst nicht recht. Da gehn Sie mal wieder in Ihr Labor, und wenn Sie durchaus was aufschreiben müssen: Ihr freier Tag hat sechzehn Stunden, und wenn der nicht reicht, nehm'se noch die Nacht!"

Sie sehen sich also im Teufelskreis: Es drängt Sie zum Schreiben, dazu braucht man Zeit, die muß der Kaderleiter geben, dazu müssen Sie ihm Ihr Buch nachvollziehbar begründen, doch eben das könnte nur jenes Buch, das zu schreiben Sie die Zeit nicht haben – der Teufelskreis ist perfekt; wie ihn sprengen? Indem man schreibt; dennoch; und trotzdem. Es ist der Widerspruch allen schweren Anfangs, ganz ähnlich wie ihn jene berühmte Losung am schweren Anfang unsrer Gesellschaft und unseres deutschen Staates zu fassen vermochte: „Wir können nicht besser arbeiten, ohne besser zu leben – wir können nicht besser leben, ohne besser zu arbeiten". Das war ein ehrliches, klares Wort, und solche Klarheit ist immer nötig, um Teufelskreise zu durchbrechen – Selbsttäuschung, Jammern, falscher Trost zementieren sie nur. Auch Sie werden Ihren Widerspruch nur austragen können, wenn Sie sich erstens darüber klar sind, daß mit ernsthafter Doppelarbeit an einem bestimmten Punkt ein Widerspruch aufbricht und aufbrechen muß, und wenn Sie zweitens ihn dann als Kriterium nehmen, an dem sich Ihr Schreiben-Müssen bewährt. Sie werden nun sagen: Der hat gut reden, der ist arriviert! Glauben Sie mir, ich kenne diese Misere aus eigner Erfahrung: Jenes Wort, daß man die Nacht nehmen solle, wenn die vierundzwanzig Stunden Tagwerk nicht reichen, das habe ich mehr als einmal gehört, und mein Arbeitstag im ungeliebten und dem Schreiben unholden Hauptberuf zählte damals nicht acht Stunden wie der Ihre, der war laut Einstellungsvertrag im Dienst der Firma unbeschränkt. Und als ich mein erstes Prosabändchen dann fertig hatte, bekam ich eine scharfe Rüge: Man hatte sich's anders vorgestellt... Als ich – kollisionshaft – freier Schriftsteller wurde, war ich fast vierzig, und fünf Bücher und ein Film lagen vor. Kein ganz leichter Weg, doch ich bin meinem Schicksal heute noch dankbar, wenngleich auch nicht allen seinen Vollstreckern.

Dazu noch ein kleiner praktischer Rat: Wenn es einen manchmal bitter ankommt, dann soll man sich vorstellen, wie etwa zur Exilzeit geschrieben wurde, unter welchen Bedingungen, unter welchen Härten, mit welchen Sorgen, in welcher Verzweiflung. Lesen Sie „Transit" von der Seghers, und Sie werden bescheidener.

Aber Widerspruch ist Widerspruch, und ich will ihm von seiner Härte nichts nehmen. Im Einzelfall kann er auch tödlich sein, auch der sogenannte nichtantagonistische. In Klammern, und an die Adresse der Philosophen: Ich wäre dankbar, wenn man mir eine bündige Erklärung des Unterschieds von antagonistisch und nichtantagonistisch gäbe; der gängige verweist auf den Austragemodus: gewaltsam dort, gewaltlos hier; doch diese Alternative scheint mir das Wesen nicht zu erfassen. In der Praxis hat man wieder häufig den Eindruck, sie fasse den nichtantagonistischen Widerspruch als widerspruchsfreien Widerspruch auf: Widersprüche schon, dafür sind wir Marxisten, aber keine so widerspruchsvollen bitte... Ich bin nur ein bißchen schwanger, erklärte die Jungfrau; und im höflichen Ungarn sagte mir einmal jemand, als ich das Bild meiner Enkelin zeigte: „O dann sind Sie ja beinah Großpapa!" Dies in Klammern; zur Sache zurück.

Wenn Sie schreiben *müssen*, beginnen die Widersprüche, die liegen nämlich schon in dieser Koppelung: *schreiben müssen* – Schreiben ist nicht etwas, das man muß, doch nur, wenn man es muß, ist es Schreiben. Im Müssen liegt auch Risiko, denn es ist unsymmetrisch, ihm entspricht beim Rezipierenden nicht etwas, das gleich intensiv jenes Werk verlangt. Die Widersprüche dieses harten Handwerks wachsen nicht nur aus Differenzen mit Kaderleitern und Mangel an Freizeit, machen Sie sich darüber keine Illusion. Es ist überhaupt für den Schriftsteller nicht schlecht, sich von Illusionen zu befreien und Vorstellungen sich abzugewöhnen, als ob ausgerechnet sein Arbeitsfeld das einzig konfliktlose in der Gesellschaft sein müsse. Es ist es mitnichten, und nun wage ich ein weiteres Paradoxon: Bestimmte Tendenzen unsrer Gesellschaft, Konflikte zu schwächen oder ihnen auszuweichen, verschärfen die Widersprüche nur noch mehr, oder genauer: sie verhärten ihr Aufbrechen, und das ist schlimm, denn dann eitert's nach innen. Ein Beispiel: Es ist heute in der Masse jungen Leuten leichter, mit Erstlingen in Gedichtform gedruckt zu werden, wenn diese Gebilde bestimmten außerliterarischen Forderungen genügen, als durch eigenständige und also unübliche poetische Aussagen sich einem Publikum mitzuteilen. Diese Härte gegen die Talente versuchen wir nun dadurch zu mildern, daß wir die Publikationsmöglichkeiten für Zweithänder erweitern. Damit aber wird die Versuchung, bereits Bekanntes in literarischer Form zu wiederholen, auch für starke Begabungen groß und sehr groß, und es braucht Willenskraft, um zu widerstehen. Dann gibt es Selbstverkrüppelungen und Selbstzerstörungen, die später schwer heilbar sind – bestimmte Organe, einmal abgeschnitten, wachsen auch dann nicht nach, wenn sie psychischer Art sind. Diese Praxis verbiegt zudem alle Maßstäbe, und die Gesellschaft lügt sich selbst in die Tasche. Wir jubeln jeden Monat um Monat neue Namen in die Welt hinaus: Seht doch! Welch Blühn! Welche Fülle! Welch Reichtum! – doch wenn man das Endergebnis bedenkt: wieviel enttäuschte Hoffnungen, wieviel ästhetische Investruinen! Natürlich findet in jeder Gesellschaft und jeder Kultur Auslese und also auch Aussonderung statt, das ist ein notwendiger Prozeß, nur geht der normalerweise von unten nach oben, vom beschränkten Wirkungskreis zum größeren, während es bei uns im Vollen beginnt und dann jäh versickert. Ich halte es nicht für richtig, daß SINN UND FORM ziemlich regelmäßig Gedichte Beginnender zur Diskussion stellt (wenn die nicht so überzeugend sind, wie es etwa Bobrowskis Erstlinge waren), doch was soll SINN UND FORM denn anderes tun, als eine gräßliche Lücke – nein: nicht zu schließen, sondern ein wenig erträglicher machen zu wollen. Die Ungarn haben, ich glaube: sieben Zeitschriften von Bezirkscharakter, literarische Zeitschriften wohlgemerkt, die Traditionen fortsetzen und um die sich Schulen formieren, das sind gute Sprungbretter, da sind sinnvolle Chancen – bei uns geht's nur zentral oder gar nicht, und dann ist eben zentral gar nichts. Ich würde es für durchaus begrüßenswert ansehn, wenn junge Leute ihre Zeitschrift – bescheiden, ganz bescheiden – in Leipzig oder Magdeburg oder Halle machten. Ich könnte mir Betriebszeitungen vorstellen, in denen Literatur zu Wort kommt, und es wäre keine Schande, dort zu beginnen. Das „Poesiealbum" von Bernd Jentzsch war ein guter Einfall. Wir brauchten solche Einfälle auch für junge Leute.

Doch wenn Sie schreiben müssen, werden Sie schreiben, und habe ich Sie bisher entmutigt, so möchte ich Sie jetzt ermutigen. Wenn es *Ihr* Buch ist und wenn Sie sich diese Einsicht so schwer gemacht haben als eben möglich, dann werden Sie schreiben, und dann schreiben Sie in der Überzeugung, daß es in der Welt nichts Wichtigeres gibt. Ihr Buch soll etwas Neues bringen, einen neuen Aspekt, eine neue Erfahrung, eben die Ihre, und da mögen sich Widersprüche auftun und Konflikte aufbrechen: Sie schreiben, und wenn dann jemand fragt, ob Sie etwa Ihr Tun für etwas hielten, ohne das der Sozialismus zugrunde ginge, dann können Sie ruhig und unbeirrt sagen: Der Sozialismus geht durch kein Buch zugrunde, durch kein geschriebnes und kein ungeschriebnes, doch

ohne mein Buch wird er ärmer sein! Dann mag man
Sie größenwahnsinnig nennen, doch wenn es *Ihr* Buch ist,
kann es keiner ersetzen, dann kann es nur einer hervorbringen: Sie! An der Formel kann auch ein andrer arbeiten, den Computer kann ein zweiter füttern, die Schalt-
pläne ein dritter zeichnen, doch Ihr Buch schreiben können nur Sie allein! Möglicherweise wird es mißlingen,
möglicherweise werden Sie scheitern, auf jeden Fall werden Sie erfahren, daß man sein Ziel niemals erreicht und
immer sein Ideal unterbietet – doch das ist schon eine
andre Sache, das sind dann größere Härten als die des
Beginns. Zunächst einmal werden Sie schreiben, und
wenn Sie sich dabei selbst geholfen und Konflikten nicht
aus dem Weg gegangen, wenn Sie nüchtern Ihre Schwierigkeiten anschaun und angehn und wenn Sie dann weiter
Hilfe brauchen: ich bin überzeugt, Sie finden sie.

Literatur und Kritik

Liebe Freunde, werte Kollegen, das Thema ist mir beim Ausarbeiten in solchem Maße über den Kopf gewachsen, daß ich mir wie im Dschungel vorkomme: ringsum ein Dickicht und drin ein Verlorener. Ich muß mir also eine Gasse freihaun und könnte die Zeit meines Diskussionsbeitrages mühelos mit der Aufzählung all dessen zubringen, was ich in meinen dreißig Minuten nicht behandeln kann noch behandeln möchte. Zunächst: Ich bin kein Wissenschaftler und vermag weder historische Längsschnitte noch philosophische Definitionen anzubieten, ich werde nicht einmal wissenschaftlich objektiv sprechen, sondern ganz einseitig und parteiisch aus der Sicht eines Mannes, der neun Stunden täglich am Schreibtisch sitzt und sich Literatur zu machen bemüht, Literatur für die Gesellschaft, der er mit seiner Arbeit dienen möchte und deren Rückäußerung zu seinem Bemühen er in der vielfältigsten Form erfährt oder nicht erfährt, doch in jedem Fall auf sich wirken fühlt. All diese gesellschaftliche Reaktion auf die Literatur wirkt ja als Literaturkritik; sie weist, diese gesellschaftliche Reaktion, in ihrer Gesamtheit bestimmte fördernde oder hemmende Tendenzen und Züge auf, und eben diesen Geist der Gesamtheit möchte ich bei allem, was ich sage, im Auge behalten wissen, nicht nur, sogar nicht einmal in erster Linie, die professionelle Kritik in der Fachzeitschrift. Darum habe ich auch der Versuchung widerstanden, mich ins konkrete Detail zu begeben, obwohl diese Versuchung drängend war, und zwar durchaus nicht etwa nur im

Negativen. Die letzten zwei Jahre haben unser literarisches Leben und darin auch die Kritik vorangebracht: Wir streiten, wir haben Maßstäbe in Gestalt hochqualifizierter Rezensionen – es gibt allerdings auch so etwas wie Antimaßstäbe –, wir haben offene Debatten mit Meinungsverschiedenheiten und damit auch verschiedener Wirkung von Meinungen – das, dem der eine begeistert oder schmunzelnd zustimmt, läßt einen andern vor Wut die Wände hochgehen, und des einen Uhl ist Gott sei Dank auch im Sozialismus des andern Nachtigall, aber erwarten Sie bitte von mir jetzt keine Stellungnahme dazu. Natürlich bin ich in all diesen Fehden *auch* Partei und mache aus meinem Herzen keine Mördergrube, aber hier möchte ich nicht meine Meinung zu Meinungen, sondern meine Meinung zur Sache vortragen, und die Rolle eines Schiedsrichters liegt mir nicht, noch steht sie mir zu. Schiedsrichter in solchen Debatten sollte überhaupt kein einzelner sein, denn ein letztinstanzliches Urteil kann hier nur die schöpferische – oder eben unschöpferische – Praxis selbst treffen, wobei treffen sowohl sprechen wie vollstrecken heißt. Und eben um dieser Praxis willen bitte ich Sie, Kollegen wie Kritiker, um Erlaubnis, so gut wie ausschließlich – also ganz unausgewogen – über Erscheinungen oder Tendenzen im Gesamtsystem der Kritik zu sprechen, in denen ich etwas Hemmendes sehe, und ungerecht wenig über das Positive, das sich in bemerkenswerten, zum Teil hervorragenden Einzelleistungen manifestiert. Ich habe mir, der Kürze wegen, Thesen ausgearbeitet, von denen ich aber einige, um jedes Mißverständnis auszuschließen, etwas breiter erläutern möchte.

1. Unter Literaturkritik soll die Gesamtheit bewußter gesellschaftlicher Rückwirkung auf die Literatur verstanden werden.

2. Literaturkritik wird – wie Literatur – in der Regel individuell geleistet; sie hat – gleichfalls wie die Literatur – über die persönliche Färbung hinaus vielfältige objektive Aspekte und wirkt in durchaus verschiedenen Richtungen. Es wäre unsinnig, sie auf einen Aspekt festlegen zu wollen, zum Beispiel auf den des Erläuterns zum Publikum hin oder den einer Art dramaturgischer oder lektoreller Hilfe zum Autor hin. Es ist auch durchaus nicht so, daß Kritik in jedem Fall dem betroffenen Schriftsteller nützen oder selber Literatur sein müsse, doch bei all ihrer Vielfältigkeit hat sie im einzelnen wie als Gesamtsystem ja doch eine Funktion, um deretwillen sie überhaupt da ist und der alle ihre Aspekte untergeordnet sein sollten, und diese Funktion könnte meiner Meinung nach ja nur darin bestehen, Literatur als gesellschaftlich wirkende Kraft zu fördern, was wiederum zur Voraussetzung hätte, daß sie, die Kritik, sich über Wesen, Mittel und Möglichkeiten von Literatur so im klaren ist, daß sie ihr Amt verantworten kann. Gefühlsäußerungen, seien sie ablehnender oder auch zustimmender Art, Beschwerden oder Erwartungen, genügen da kaum, und sie genügen um so weniger, je mehr die Kritik Autorität beansprucht oder ihr Autorität von vornherein zugestanden wird. Die Kritik *sei* eine öffentliche Macht – nur so, als gesellschaftliche Autorität, kann sie, wofür ich plädiere, administrative Maßnahmen aus dem literarischen Leben verbannen –, doch diese Macht verpflichtet vor allem zur Sachkundigkeit. In welcher Richtung Kritik auch wirkt – ob zum Publikum, zur Wissenschaft oder zum Autor hin – und mit welchen Mitteln und aus welchen Positionen heraus sie das immer auch tut – in jedem Fall sollte sie eines leisten, nämlich der Gesellschaft *Literatur* bewußt machen. Kommt der Kritik einer dieser beiden Angelpunkte, Gesellschaft *oder* Literatur, aus dem

Griff, verliert sie sich in sterilen Extremen: in willkürlichen Geschmacksurteilen zum einen oder in einem vom Autor als wesensfremd empfundenen Reglementieren zum anderen.

3. Gemessen an der Bedeutung und an den Möglichkeiten sozialistischer Literatur und gemessen an der historischen Chance, das in der kapitalistischen Gesellschaft pervertierte Verhältnis von Literatur und Kritik zugunsten eines sozialistischen Partnerverhältnisses zu überwinden, wird meiner Meinung nach – und ich wiederhole: Einzelbeispiele bedeutenden Wirkens stets und nachdrücklich ausgenommen – die Kritik als Gesamtkomplex ihrer Funktion nicht gerecht.

4. Der Hauptmangel im Gesamtsystem der Kritik scheint mir in einer Tendenz zu bestehen, an der Spezifik der Literatur vorbeizusehen.

5. Das spezifische Element der Literatur müßte wohl das sein, das durch keine andere Bewußtseinskategorie ersetzt werden kann und in keiner anderen Sphäre des Überbaus auflösbar ist, denn was durch anderes vollständig ersetzbar oder in einem anderen Medium restlos auflösbar wäre, hätte keine eigene Existenznotwendigkeit.

6. Dieses spezifische Element, über dessen Existenz und Bedeutung allgemein Übereinstimmung besteht, wird gewöhnlich nur von der Form her zu bestimmen versucht, nämlich als die besondere Weise einer auch von der Wissenschaft oder der Ideologie leistbaren Aussage. Diese besondere Weise wird gern „das Poetische" genannt, in der sprachlichen Ausdrucksfähigkeit des Schriftstellers beheimatet gesehen und an solchen Kriterien wie „Wohlklang", „Herzenswärme", „Schönheit" und ähnlichem gemessen.

7. Eine Bestimmung des Wesens der Literatur nur von der Form her scheint mir unzureichend.

8. Ebenso unzureichend scheint es mir, den Inhalt eines literarischen Werkes nur von der Ideologie her zu bestimmen, denn Literatur geht in Ideologie nicht auf, weil der Mensch in Ideologie nicht aufgeht. Der Mensch, dies merkwürdige Geschöpf, ist eben nicht nur ein gesellschaftliches Wesen, er ist von der Gesellschaft *wie* von der Natur her bestimmt, eine widersprüchliche, doch unauflösbare Einheit, die eben nur in der Einheit dieses Widerspruchs den *ganzen* Menschen ausmacht mit all seiner Lust, all seinem Glück und all seinen Qualen, mit seinen Schmerzen, Verzückungen, Ängsten, Sehnsüchten, Träumen, Besessenheiten. Eine Sternnacht, ein Hügel, ein Fluß, eine jähe Wehmut – *nur* Ideologie? Oder daß ein Häherschrei dich verwirrt und daß dann eine Bewegung den Tag in den Traum stürzt, oder der Tod eines Kindes, oder ein Morgen voll Aufbruch und Lust, in den Wind zu stürmen, oder eine der wüsten Fratzen, die plötzlich durchs Hirn grinsen und dich vor dir selber schaudern lassen – das alles ist doch *nur* ideologisch nicht bestimmbar noch faßbar, aber dies alles ist Gegenstand der Literatur. Nichts, aber nichts Menschliches sei ihr fremd – aber auch nichts Gesellschaftliches! Ich möchte beileibe nicht mißverstanden werden, ich habe nicht die geringste Neigung, die Rolle der Ideologie und ihres höchst notwendigen Kampfes herabzusetzen – im Gegenteil, ich möchte diesen Begriff schärfen und vor dem Verschwimmen im Grenzenlosen bewahren. Natürlich haben auch Gefühle ihren ideologischen Aspekt oder können ihn bis zu einem eminenten Maß gewinnen, und daß andererseits ein starkes Gefühl ganz aus dem Ideologischen zu wachsen vermag, weiß ich aus eigener Erfahrung, aber trotz solcher breiten Gemeinsamkeiten und Verflechtungen sind Ideologie und Literatur meiner Meinung nach nicht deckungsgleich, und sie stehen auch nicht im Verhältnis von Ober- und Unterbegriff zueinander, also nicht im Verhältnis von Herrin und Magd. *Beide* haben die Aufgabe, ihrer Gesellschaft zu dienen, doch jede mit ihren Mitteln und auf ihre Weise. Soweit, im Theoretischen und im Prinzipiellen, ist das alles sicherlich anerkannt, in der Praxis aber, am einzelnen Werk und vor allem bei Summen und Bilanzen, besteht die starke Tendenz, Literatur auf ihren ideologischen Aspekt zu reduzieren, und diesen meist nochmals auf Heldenwahl oder Thema. Das Ergebnis sind seltsame Wertordnungen, laut denen dann irgendeine beflissene ephemere Arbeit durchaus vor einem bedeutenden Werk rangiert, das seine Erprobbarkeit im Hier und Heute nicht in Form eines Werbeschilds vor sich her trägt, und diesen Rangordnungen entsprechen Kampagnen, bei denen man sich mitunter verzweifelt fragt, ob – von der Überzeugungs- und Stimulierungskraft solcher Kampagnen einmal ganz abgesehen –, ob also ihren Verfechtern solche elementaren Tatsachen der literarischen Praxis wie Entstehungsdauer eines Romans oder eines Filmszenariums überhaupt bekannt sind – und die Arbeitszeit an einem Stück Literatur hängt ja auch nicht immer direkt von dessen Seitenzahl ab. Oder es werden, zumal bei der Wertung von Lyrik, bestimmte Gefühle in ein moralideologisches Koordinatensystem gelegt, für das Gedichte nicht bestimmt sind und das darum als Bett des Prokrustes erscheinen muß. Was soll es, wenn einer der bedeutendsten Lyrikbände deutscher Sprache der letzten Jahre in einer solchen Bilanz damit abgetan wird, daß man der Autorin – ich spreche von Sarah Kirsch und ihren „Zaubersprüchen", die ja inzwischen auch ein erfreuliches Echo finden –, daß man diesem zauberhaften Buch also Schwermütigkeit vorwirft und durch diese Denunziation bereits die Kritik geleistet glaubt? Dieser Auffassung von

Literatur liegt ein merkwürdig animistischer Glaube zugrunde, der nämlich, daß Gleiches durch Gleiches verursacht werde: Mut durch das Verspeisen eines Löwenherzens, Feigheit durchs Essen eines Hasenherzens, und also auch Schwermut im Leben durch Schwermut in der Literatur und Frohsinn in allen Lebenslagen durch Frohsinn in Büchern oder besser: durch das, was sich oder was der Kritiker so für Frohsinn hält. Abgesehen davon, daß hier das Verhältnis von Leben und Literatur auf dem Kopf steht, geht es auch im Leben gewöhnlich nicht so zu, daß Leid dadurch überwunden wird, daß einer möglichst schallend lache, sondern dadurch, daß es geteilt wird, daß der zu Boden Gedrückte erfährt, daß auch anderen solche Last auferlegt ist und andere sie bewältigt haben – zum Beispiel durch Artikulation im Gedicht, nicht durch Proklamierung prinzipieller Bewältigbarkeit. Gerade diese Menschenhilfe ist ein Wesenszug der Literatur, und ich wiederhole: Nichts, aber nichts Menschliches sollte ihr fremd sein, damit auch sie dem Menschen nicht fremd sei, oder um es mit einem Helden der Seghers zu sagen: Literatur ist da, um den Menschen nicht allein zu lassen, denn er ist öfter allein, als ein oberflächlicher Optimismus so glaubt. Jener Held der Seghers, ein deutscher Emigrant, hat 1940 im nazibesetzten Paris ein Manuskript gefunden und gierig gelesen, doch dann ist die Geschichte mitten im Satz abgebrochen – und nun weiter mit den Worten jenes Mannes: „Ich erfuhr den Ausgang nie. Die Deutschen waren nach Paris gekommen, der Mann hatte alles zusammengepackt, seine paar Klamotten, sein Schreibpapier. Und mich vor dem letzten fast leeren Bogen allein gelassen. Mich überfiel von neuem die grenzenlose Trauer, die tödliche Langeweile. Warum hat er sich das Leben genommen? Er hätte mich nicht allein lassen dürfen. Er hätte seine Geschichte zu Ende schreiben sollen. Ich hätte bis zum Morgengrauen lesen können. Er hätte noch weiterschreiben sollen, zahllose Geschichten, die mich bewahrt hätten vor dem Übel... Jetzt aber war er tot... Und ich allein! So elend wie zuvor."

Der so spricht ist einer, dem die Flucht aus einem KZ gelungen ist... Und er war am Rand der Verzweiflung gestanden und hatte aus jenem unvollendeten Manuskript eine, wie er sagt, „ziemlich vertrackte Geschichte" gelesen, in der die Menschen „in üble undurchsichtige Dinge verwickelt" waren – und siehe da, diese Geschichte, sie hat ihn aufgerichtet; denn er hat in ihr seine Erfahrung bestätigt und sein Alleinsein geteilt gefunden. In einer Welt, die auf meinen Schmerz nur mit Heiterkeit antwortet, kann dieser Schmerz zur Verdüsterung wachsen, und wenn man mir dann noch einzureden versucht, daß mein Leid eigentlich gar nicht existiere oder eine ideologische Fehlleistung sei, kann der Schmerz böse werden, eine schwärende Wunde. Natürlich – und ich bitte um Entschuldigung, daß ich so etwas Triviales überhaupt aussprach –, natürlich beabsichtige ich mit diesem Beispiel keineswegs, der Elegie einen Vorzugsplatz einzuräumen und die Spielarten unbeschwerten Lachens vom Ulk bis zur Gemütlichkeit als minderwertiger einzustufen – es gibt im Leben wie in der Literatur keine Rangordnung der Gefühle; es kommt im Leben alles darauf an, wie menschlich sie bewältigt werden, und in der Literatur, wie wahr sie ihren Ausdruck finden. Es ist mein fester Glaube, daß der ganze Mensch von der Literatur ernst genommen werden sollte, erst dann wird auch der Leser ernst genommen, als ganzer Mensch mit all seinen Gedanken und Gefühlen, den vorwärtsweisenden wie den bedrängenden, ernst genommen mit seiner Erfahrung und im Zutrauen zu seiner Urteilsfähig-

keit und zu der Kraft seines Handelns in der von Widersprüchen bewegten Welt. Der Grad solchen Ernstgenom-
menwerdens und kein andrer, am wenigsten der des Ge-
schmeicheltwerdens, sollte die Einstellung der Gesellschaft zur Literatur bedingen und sich in der Kritik mani-
festieren, und wenn dadurch die Kritik in Widerspruch zu
jenem Teil der Gesellschaft gerät, der Schmeicheleien
nicht von sich weist und von Büchern nichts als Bequemlichkeit fordert, so sollte sie, die Kritik, sich darauf besinnen, daß sie nicht nur in der Literatur, sondern mitunter auch in der Gesellschaft etwas durchzusetzen hat. Literaturkritik hat wohl immer ein Maß Gesellschaftskritik
eingeschlossen wie vorausgesetzt – eben jenes Maß, das
seiner Gesellschaft dienen und ihr nicht nach dem Mund
reden heißt, was am penetrantesten dadurch geschieht,
daß man alles Gelungene in der Literatur dem Einfluß
der Gesellschaft zuschreibt und alles Mißlungene oder
Nichtgeleistete ausschließlich im Versagen des Schriftstellers sucht. Das heißt es sich wahrlich zu leicht gemacht und zu zynisch dazu! Zu leicht auch die gefährliche
Formel: Das ist nicht typisch! oder: Das ist ja nur eine
Randerscheinung!; zu leicht ein tagesbezogenes Nütz-
lichkeitsdenken, und zu leicht auch, fast schämt man sich,
es noch zu sagen, die Reduktion der Kritik aufs An-
merken des berühmten Richtigliegens, in welchem Zusammenhang an ein Wort Goethes zur Literatur erinnert werden darf: „Das Richtige ist nicht sechs Pfennige wert,
wenn es weiter nichts zu bringen hat." Zudem existiert bisweilen noch ein Unterschied zwischen Richtigliegen und
Richtigsein.
Ein Name ist gefallen, ein Wort drängt heran, ein Her-
zenserguß: „Schlagt ihn tot, den Hund! Es ist ein Rezen-
sent." – Nun, wir haben alle Voraussetzungen, daß dieser fromme Wunsch immerhin eines Goethe einer über-

wundenen Vergangenheit angehöre, denn in der sozialistischen Gesellschaft stehen Literatur wie Kritik nicht unter der Peitsche ständigen Neu-und-anders-sein-Müssens um jeden Preis, dieser letzten, mörderischsten Konsequenz horizontverengender Arbeitsteilung. Sie sind, Literatur wie Kritik, im Begriff, wieder lebensnotwendige Organe der Gesellschaft zu werden, und die Gesellschaft sollte im Interesse ihrer eigenen Funktionstüchtigkeit an der aller ihrer Organe interessiert sein, auch wenn dies Funktionieren bisweilen dann so molestierend wie jagender Puls oder Herzstechen ist. Dasselbe sollte fürs Verhältnis von der Literatur zur Kritik wie umgekehrt gelten. Unser, der Schriftsteller, Wunsch fürs nahende Weihnachtsfest sei darum eine potente Kritik statt einer prinzipiell positiven, eine sachkundig engagierte, unbequeme, gnadenlose Kritik, eine Kritik, die aufdeckt statt zudeckt und zuspitzt statt abstumpft, eine Kritik, die uns zu schaffen macht, die uns anspornt, die uns durch Gedankentiefe und Maßstäbe fordert, kurzum: die uns ernst nimmt und an der Potenz der Literatur interessiert ist, auch wenn sie, die Kritik, dann nüchtern statt überschwenglich im Lob und scharf anstatt schonend im Tadel ist. Wer wie ich das Glück guter Lektoren hat – und Lektoren sind ja unsere allerersten und allerunbedanktesten Kritiker –, der weiß, wovon ich rede.

Werte Kollegen, ich habe damit bereits vier weitere meiner Thesen recht breit behandelt; ich rekapituliere sie kurz und fahre summarisch fort:

8. Literatur geht in Ideologie nicht völlig auf.

9. Literaturkritik schließt Gesellschaftskritik in sich ein.

10. Gesellschaft, Literatur und Kritik sollten wechselseitig an ihrer Funktionstüchtigkeit interessiert sein.

11. Das Wesen der Literatur in ihrer Gesamtheit ist Widerspiegelung der Gesamtheit menschlicher Existenz ohne

Aussparung in einer gegebenen Gesellschaft. Ihr Gegenstand wie ihr Prüfstein ist die menschliche Erfahrung in dieser von Widersprüchen bewegten Welt. Diese millionenfach existierende Erfahrung ist der gemeinsame Treffpunkt von Leben, Literatur und Literaturkritik.

12. Das Wirken von Widersprüchen *in ihrer Einheit* ist ein Prozeß, der von der Gesellschaft und in ihr von jedem einzelnen bewältigt werden muß, aber nicht lösbar im Sinne des Lösens von Tagesaufgaben und auch nicht lösbar im Sinn der Schaffung eines widerspruchsfreien Zustandes ist.

13. Die Literatur auf die Darstellung bereits gelöster Fragen oder die Propagierung von Lösungsmethoden zu verweisen heißt Literatur auf Didaktik zu reduzieren, wobei das Didaktische ein wertvolles Element der Literatur sein kann, aber eben immer nur ein Element und nicht das Ganze.

14. Die wirkenden Widersprüche einer Gesellschaft sind die während des Gesamtbestehens dieser Gesellschaft wirkenden Widersprüche. Mich beschäftigt seit längerem die Frage, ob die Literatur es nicht vor allem mit ihnen zu tun habe. Man könnte vielleicht diese Widersprüche, aus denen meiner Meinung nach auch heute noch Tragik wachsen kann, zum Unterschied von den nur sporadisch auftretenden zufallsbedingten Widersprüchen die notwendigen Widersprüche nennen.

15. Die Aktualität einer literarischen Arbeit sollte von der Kritik nicht an der Übereinstimmung mit einer Tagesfrage, sondern an der Gültigkeitsdauer gemessen werden. Nicht: heute grad passend und morgen schon wertlos, sondern: wirkungsvoll für lange Zeit.

16. Die Totalität der Gesellschaft kann nur von der Totalität der Literatur, das heißt vom gesamten Ensemble ihrer Schöpfer wie mit dem gesamten, sich ständig ver-

feinernden und erweiternden Instrumentarium ihrer Mittel wiedergegeben werden. Zu dieser Gesamtheit leistet jeder Schriftsteller seinen individuellen Beitrag.

17. Der individuelle Beitrag eines Schriftstellers zur Literatur ist eben jener, den nur *er* und kein anderer leisten und den er nicht anders als nach der Gesamtstruktur seiner Persönlichkeit (Herkunft, Werdegang, emotional-geistiger Charakter, Neigung, Erfahrung und ähnlichem) leisten kann.

Wäre die Kritik unzulässig mit dem Verlangen überfordert, den von ihr behandelten Schriftsteller in eben dieser seiner Spezifik zu kennen und von seinem Schaffensziel und seinen Möglichkeiten auszugehen? Sie sollte es vielleicht mindestens dann tun, wenn sie den Anspruch erhebt, ihm helfen zu wollen, und sie sollte meiner Meinung nach eines *nicht* tun: generelle Musterschablonen aufstellen oder vom einzelnen Schriftsteller und dann wieder von jedem einzelnen seiner Werke das fordern, was nur die Gesamtheit der Literatur, ja oftmals nur die Gesamtheit der Gesellschaft, ja mitunter sogar auch *die* nicht zu leisten vermag. Die sozialistische Gesellschaft hat in einem schwierigen Prozeß ökonomischer Erkenntnis gelernt, daß Wirtschaftsgesetze auch im Sozialismus nicht beliebig dekretierbar, sondern objektiver Natur sind und daß man sie wohl ausnutzen und immer besser handhaben, aber nicht willkürlich festsetzen kann. Im Technischen ist das evident: Eine Bessemerbirne, so trefflich sie ist und so gut ich ihr zurede – sie produziert keine Taschenuhr, und die wiederum bereitet kein Roheisen auf, durch welche Beschränktheiten aber nichts gegen das eine wie gegen das andere folgt – sie sind sogar aufeinander angewiesen. Literatur wirkt vielfältig auf die Gesellschaft, und ihre Entstehungsbedingungen sind kompliziert. Ich habe in Jena bei Zeiss den Feinschliff einer riesigen Linse gesehen – der Schleifer machte vier, fünf Handbewegungen allerhöchster Präzision, dann mußte er für längere Zeit pausieren, weil seine Körperwärme das Werkstück zu verspannen begann. Ungeduld hätte nur verdorben – andrerseits wieder will Eisen heiß geschmiedet sein. Es gibt da keine Willkür, sondern konkrete Gesetze, deren Verletzung kein vorwärtsdrängender Widerspruch ist. Analoges gilt fürs Ästhetische. Literatur – nicht identisch mit Geschriebenem überhaupt – ist ein höchst komplexes Gebilde, das nicht nur von *einem* Faktor bedingt wird, am wenigsten vom bloßen Verlangen bestimmter Wirkung, so achtbar auch dessen Motive sind. Nun gibt es da manchmal Forderungen, die sich gegenseitig im Unrealisierbaren aufheben, also etwa: ein tief aufwühlendes Werk, nur die Fragen müssen alle schon gelöst sein – das geht beim besten Willen sowenig zusammen wie etwa: ein vielstöckiges Haus, um Baugrund zu sparen, aber ebenerdig, damit's keinen Lift braucht! Oder Vielfalt der Handschriften, aber streng nach den Mustern, oder Reichtum der Gefühle, doch jedesmal in solcher Verteilung, daß insgesamt doch wieder nur strahlender Eugen-Roth-Optimismus herauskommt – der Ruf nach der Schablone verbirgt sich gern hinter Theorien von der richtig zu wahrenden Proportion. Etwa so: Daß ein Roman- oder Filmheld beim Aufstieg in höhere Positionen an Solidaritätsgefühl verliert – natürlich dürfe man das gestalten, doch nur mit der Doppelzahl Gegenbeispiele, wo solches Verarmen nicht der Fall sei, so daß am Schluß der Sachverhalt, um dessentwillen der Autor zur Feder gegriffen hat, nicht mehr als eine Episode bildet, über die sich dann keiner mehr erregt. Und wenn sich die Mehrheit der Gesellschaft schmerzlich an einer Härte des Lebens reibt und ich handle dieses Problem ab an einer Figur, die diese Reibung nicht zu spüren bekommt, so kann ich zwar stolz verkünden, daß ich vor keinem Thema zurückschrecke, doch meine Arbeit hat ihre Wirkung verloren, wenn sie sich nicht gar ins Gegenteil kehrt. – Entweder *und* oder ist auch im Ästhetischen sowenig möglich, wie es im Leben möglich ist. Ich kann mich mitunter gegen den Eindruck nicht wehren, daß bestimmte Forderungen an die Literatur aus einer für uns höchst ehrenvollen, aber allzu hohen, irreal hohen Einschätzung des geschriebenen Wortes herrühren, die manchmal fast so aussieht, als könnten die Härten und Lasten und – ich scheue das Wort nicht – die tragischen Züge unsres Heute und Hier dadurch aufgehoben werden, daß die Literatur sie verschweigt oder wegbeschwört, während sie doch bewältigt werden müssen.

Es hat bei uns vor sehr langer Zeit Diskussionen darüber gegeben, ob sich der Schriftsteller als einen Arzt der Gesellschaft auffassen solle, als Diagnosesteller oder Therapeuten, und ich möchte diese Diskussion um Gottes willen nicht neu entfachen, doch *eines* sei der Schriftsteller ganz bestimmt nicht: ein Kurpfuscher nach Methode Coué. Wir Schriftsteller dieses Landes und dieser Gesellschaft sind Partei, Partei des deutschen Staats unsrer Wahl und der Gesellschaft unsres Wirkens; wir wünschen so leidenschaftlich wie jeder andere Bürger, daß unser Leben all die Vorzüge des Sozialismus ausprägt und ungehemmt entfaltet, die er seinem Wesen nach in sich trägt; dieses Ziel steht jedem von uns gerade bei kritischen Zeilen vor Augen, und niemand von uns wird leugnen, daß es durchaus *auch* eine Aufgabe, und eine würdige Aufgabe, der Literatur ist, das gesellschaftliche Ideal zu zeichnen, wobei es über konkrete Züge dieses Ideals Meinungsverschiedenheiten geben kann, doch in jedem Fall wäre das Ideal als Vorgegebenes zu zeichnen, als Ziel, als

Sehnsucht, als Verlangen, als Stern, als Ideal eben, und nicht als bereits existierender Alltag, dessen Größe wir ebensowenig wie dessen Härten vermindern können, ohne die Literatur selbst preiszugeben. Denn der Sozialismus ist ja gegenüber dem Kapitalismus nicht etwas mechanisch um ein Stück Höhergehobenes, nicht etwas, das dem Wesen nach auch früher da war und nun in jedem Bezug gleichermaßen eine Spanne weiter oder höher gerückt wäre – die Geschichte ist keine Treppe und die Gesellschaft nicht eine Art Kohleeimer, den ein Weltgeist von Stufe zu Stufe hebt, so daß er, der Eimer, auf jedem neuen Absatz einen Grad höher als auf dem vergangenen steht. Der Sozialismus ist ein *Anderes,* er ist das notwendige Andere, das auf den Kapitalismus folgen muß, auf daß die Menschheit nicht in der Barbarei versinke, er ist die historische Alternative, die eben als Alternative der alten Gesellschaft überlegen ist, woraus jedoch nicht zwingend der Schluß folgt, daß sich diese Überlegenheit gleichmäßig und allseitig eo ipso erweist. Der Kapitalismus war nicht in jeder Lebenssphäre etwas Besseres als der Feudalismus, er brachte neben enormen Fortschritten auch empfindliche Rückschläge, doch er hatte insgesamt einen Vorzug: er war notwendig und darum nicht aufzuhalten. Und wenn der Sozialismus sich von allen vorhergehenden Ordnungen qualitativ unterscheidet, so folgt daraus zwingend zunächst nur eines: daß er das doppelt und dreifach notwendige Andere ist, ein Anderes, dessen *Wie* die Gesellschaft insgesamt sowohl erst schafft wie erkundet, wobei sie positive wie negative Überraschungen erlebt. Dafür, daß dies Andere in die Welt trete, hat die Menschheit bis zum heutigen Tag einen ungeheuren Blutzoll entrichtet, und nun fragt sie nach dem menschlichen Dasein in diesem welthistorischen Anderen, und wir sozialistischen Schriftsteller haben die

Pflicht, ihr die ehrliche, unerschrockene und um nichts verminderte Wahrheit zu sagen, gemäß einer Tradition sozialistischer Literatur, die von Gorki bis Brecht Werke von Weltrang hervorgebracht hat. Diese Wahrheit bedingt unsre Verantwortung; sie ist unser ureigenstes Thema, und seine Gestaltung kann uns keiner abnehmen, kein Gott, kein Kaiser noch Tribun, und am wenigsten der uns feindlich Gesinnte, der überall dort spricht, wo wir schweigen, und dem keins unsrer Eisen heiß genug sein kann.

Also *18*. Wunschdenken, so gut es auch immer gemeint sei, bringt Gesellschaft wie Literatur nicht weiter.

19. Eine theoretische Wurzel des Wunschdenkens sehe ich in einer ungenügenden Ausarbeitung einer Theorie des Widerspruchs als Triebkraft gesellschaftlicher Entwicklung, vor allem der Rolle nichtantagonistischer Widersprüche, die nach meiner Meinung zuwenig als Einheit gesehen werden, sowie im Fehlen einer umfassenden dialektischen Theorie des gesellschaftlichen Fortschritts.

20. Eine notwendige Folge des Voluntarismus im Gesamtsystem der Kritik ist der Verlust literarischer Maßstäbe, der unerträglich zu werden droht.

21. Maßstäbe für literarische Werke können nur aus der Literatur selbst gewonnen werden – aus der bestehenden wie der entstehenden.

22. Maßstäbe sind weder Schablonen noch Regeln.

23. Die Maßstabslosigkeit führt zu einer permanenten Unterforderung der Literatur wie der Literaturwissenschaft.

24. Literaturkritik ist ebenso wie Literatur eine Summe von individuellen Leistungen. Die Scheu vor persönlichem Urteil und subjektiver Prägung macht die Literaturkritik ärmer und nicht etwa geschlossener.

25. Und damit dem Ende zu: Was uns fehlt, ist die Entwicklung von etwas, was ich Kultivierung der Kritikpraxis nennen möchte und wozu die Klärung solcher Fragen gehört wie: Kollegialität und kritische Schärfe; Autorität der Kritik und Kritik der Autorität; Möglichkeiten und Grenzen von Polemik; Gleichheit aller vor der Kritik; Öffentlichkeit der Kritik und klare Trennung von Kritik und Administration; sodann Rechtsfragen wie unbedingte Möglichkeit von Repliken und sachlichen Richtigstellungen in der gesamten Presse und eine klare Begriffsbestimmung der Beleidigung und Verleumdung im literarischen Leben, die weder Platz für Wehleidigkeit noch für Ehrabschneidung läßt. Wir sollten hier die Dinge sehen, wie sie sind: Literatur und Kritik zielen auf Prinzipielles und können darum Meinungsverschiedenheiten hervorrufen, die bis in die persönliche Sphäre wirken, doch auch Feindschaften sollten in Grenzen gehalten werden, nämlich in denen der Literatur. Appellationen an außerliterarische Instanzen sollten aus der Praxis verschwinden. Schließlich plädiere ich allseits für ein Maß Humor. Ein Mitglied des Produktionsstabes der DEFA – kein Schriftsteller – hat mir erzählt, daß in einer Stadt im Norden unserer Republik Plakate zu sehen waren, die einen örtlich bekannten Schauspieler zeigten und dazu ein Bekenntnis: *Ich bin gegen Leiden und Legenden*, und der Kollege der DEFA – nicht Plenzdorf – wollte nun übelnehmen und warf die Frage nach dem Erlaubtsein solcher Bekundungen auf. Ich halte so ein Plakat für durchaus erlaubt, nur müßte dann die Möglichkeit bestehen, einen anderen Kopf in effigie danebenzuhängen, etwa den meinen und etwa mit der Antwort: *Im Leben nicht, in der Kunst allemal!*

26. Die Literatur, die Gesellschaft und sogar die Kritik sollten lernen, Kritik zu ertragen – vielleicht anfangs als ein Übel, dann vielleicht als ein notwendiges, und dann später, vielleicht, schon nicht als ein Übel mehr.

Vademecum für Leser von Zaubersprüchen

Zu einem Gedichtband der Sarah Kirsch

Gedichtbände sind Städte, und sie entstehen auch so: Barock oder Klassizismus die einen, am Reißbrett konstruiert und, bis in scheinbare Zufälligkeiten dem Bauwillen einer Idee unterworfen, mit Herrschergewalt dem Land aufgeprägt. Andere sind gotische Kerne mit Mauern und Toren und Katzkopfpflaster; in Widersprüchen krummgassig um ihre Zentren gewachsen, der Landschaft entsprossen, Geschichte verkörpernd, und noch die kleinste Kummerkaue spiegelt auf ihrer stumpfen Lehmwand den Glanz aus den Fenstern der Kathedrale, und es streift sie ein Schatten des Rolands vom Markt. Und dann gibt es großgemeindete Vororte, Sammelsurien vereinzelter Bauten, Stückwerk im Kleinen, Flickwerk im Großen, und selbst ein zufällig schönes Landhaus wird von der umstreuten Konfektion ebenso unters Maß genommen, wie es deren Schäbigkeit manifestiert. Die Masse des Mittelmäßigen schlägt in neue Qualität nur nach unten um; da lobe ich mir noch die Einzelvillen, die freilich setzen Baugrund voraus. Dann gibt es Saniertes und Modernisiertes; Aufgeputztes und Übertünchtes; Scheinfassaden; Potemkinsche Dörfer; Disney-Land und Neon in der Wüste; schlechtes Neues aus geplünderten Foren, und der eine und andre Stein bezeugt auf Mitleid und Wut erregende Weise die einstige Wucht. Öde Goldgräberstädte und Laubenkolonien, einander zum Verwechseln ähnlich; Kasernengelände, da riecht es nach Pissoir und Männergehorsam; echte Quartier latins und fades

Sankt Pauli; erbärmlich jede Reservation. Häfen; die „Menschheitsdämmerung" ist das Berlin des zweiten Jahrzehnts dieses Jahrhunderts; Rilkes Gedichte sind eine habsburgerländische Kleinstadt, von der ein Satan die Dächer abdeckt, und jeder Band Vítězslav Nezvals ist Prag mit seinen schwarzen Kirchen und dem lila Gewitterfirmament. Da gibt's Kleinstädte, die wurden Verkehrsknotenpunkte: man fühlt sich nicht wohl in ihnen, doch man muß sie passieren; da gibt es die gräßlichen Mietshäuser mancher Anthologien und daneben, gleichem Geist entsprungen, den schwülstigen Kitsch schlecht beratner Verfügungsmacht, die Überflüssiges nicht nur erzwingt, sondern richtungweisend machen möchte. Da erfreun, immer seltner, anspruchslos liebenswerte Dörfer; da gibt es – gewöhnlich im dicksten Wald – Experimentierviertel und Laborgelände, auch Häusermuseen, zu Lehrzwecken zusammengetragen wie die Dorfmuseen in Rumänien und Lettland, die sind instruktiv, auch wenn man drin nicht wohnt, und ganz selten ist hinreißender Kitsch geworden.

Welchen Ort will man durchwandern? Dem Besucher steht's frei, der Erbauer ist in seine Kräfte gebunden wie der Städtebauer in seine Zeit. Zum Barock gehören Größe und Planungsgewalt, zur Gotik Zentren, Spannung und schwieriges notwendiges Wachsen. Imitation zeugt nur Imitiertes, und das Kainsmal des Falschen trägt dann jede Fassade: Neobarock und Barock sind nicht identisch, und ein hervorragendes Merkmal der Neogotik ist Dürre und Widerspruchslosigkeit.

Wo können Hexen wohnen, wenn sie es sind? Im Winkel einer gotischen Stadt, wo anders, und dies Buch hier ist eine, und eine echte – man wird ihm nicht ganz gerecht, wenn man es unterm Aspekt des Zopfstils sieht. „... asym-

metrisch; die Ornamente gleichen sich nicht. Wo ein
Pferd springen müßte, weidet ein Stier; hier Weinlaub,
da Rosen. Ein Bogen ist breiter und niedriger als der
vorige..." Diese Sätze über die „Kirche in Mzcheta"
kennzeichnen das Ganze in Form wie Inhalt: Man verfehlt den Charakter solcher Kosmen, wenn man sie, durch
ihre souveräne Komposition verführt, als einheitlichen
Planvollzug auffaßt. Ihr Wesen ist aus dem Grundriß
nicht abzulesen, auch wenn dieser drei Bezirke zeigt. Dächer gehn über Mauern hinweg; unterirdische Gänge und
Stollen; zeitlich danach ist nicht örtlich dahinter, und die
Zentren stehn selten zentral und durchdringen einander
wie die Kräfte eines Tonnengewölbes. Solche Städte soll
man kreuz und quer durchwandern, sie laden ein, in Winkel zu spähen und Details in Fresko und Fries zu entdek-
ken, darum wird man ein Vademecum nicht verschmähen, das weniger als einer der üblichen Stadtführer sein
möchte und dem dadurch vielleicht ein Mehr gelingt:
weniger, insofern es Auswahl, mehr, insofern es Aus-
schweifung ist. Eine Warnung: Wir betreten Zauberge-
lände. Der Wanderer wappne sich gegen Magie.

Anziehung

*Nebel zieht auf, das Wetter schlägt um. Der Mond
versammelt Wolken im Kreis. Das Eis auf dem See
hat Risse und reibt sich. Komm über den See.*

Vor den Mauern der Stadt, am See, das einsame Haus.
In solcher Gegend ist's nicht geheuer. Der Scharfrichter
wohnt da, verrufenes Volk. Das da ist das Hexenhaus.

Mit dieser Annonce wird nicht zu einer Mut-, sondern zu

einer Hexenprobe eingeladen: Nicht Charakter, sondern Zunft soll erkundet werden. Im Bestehn auf den Schollen werden sich die Leiber scheiden; im Bestehn vor diesen drei Zeilen scheiden sich die Geister.

Bei solchem Wetter kommt nur über den See, wer zur Gilde gehört. Heil übers Festeis zu gehn gelingt jedem Tölpel, und nach dem Tauwetter sind auch Boote mietbar. Doch nun, da das Wetter umschlägt: Komm über den See. Erreichst du mein Haus, bist du unsresgleichen.

Nicht das Schwierige wird verlangt, sondern das Unmögliche, das zugleich das Selbstverständliche ist.

Eine exklusive Zunft, ein Geheimorden? Nun – die Einladung geht an jeden, und der See ist nicht abgezäunt. Du mußt nur hexen können, das ist alles.

Wo aber lernt man's? – Komm über den See!

Die Hexen wollen Rache nehmen. Jahrhundertelang hat man mit *ihnen* die Probe gemacht: nackt zusammengeschnürt und aufs Wasser geworfen: Schwimmst du oben, wirst du verbrannt, gehst du unter, wirst du ertrinken.

Doch die Hexenverbrenner sind aufgeklärt. Wer glaubt denn heute noch an Gespenster!

Der Himmel ist klar, das Boot stößt ans Ufer. „Da bin ich! Nun sage, wie klug ich bin! Ich habe die Gefährdung durchschaut und anderes Wetter abgewartet! Wo bist du? Nun öffne mir deine Arme!"

Und irgendeine wird sie ihm schon öffnen. Irgendeine ist immer da.

„Aha", sagt danach der Unerschrockne, „fauler Zauber, ich hab's ja geahnt! Eine Umarmung wie jede andre! Dafür hätte ich meinen Kopf wagen sollen, meine heile Haut, meine trockenen Socken?"

Und er fährt zurück, mit sich sehr zufrieden.

„Es gibt keine Hexen", sagt er laut. Und dann dehnt er sich, und dann gähnt er ein bißchen.

Ich bin doch ein Mordskerl! denkt er stolz.
Die Ruferin tanzt auf den Wellen und grinst.

Sieben Häute

Die Zwiebel liegt weißgeschält auf dem kalten Herd
Sie leuchtet aus ihrer innersten Haut daneben das
Messer
Die Zwiebel allein das Messer allein die Hausfrau
Lief weinend die Treppe hinab so hatte die Zwiebel
Ihr zugesetzt oder die Stellung der Sonne überm
Nachbarhaus
Wenn sie nicht wiederkommt wenn sie nicht bald
Wiederkommt findet der Mann die Zwiebel sanft
und das Messer beschlagen

Torbögen, durch die man das offene Treppenhaus sieht und hinter dem Treppenhaus die offene Küche mit dem schwarzen Herd vor dem milchigen Fenster, und Torhof, Treppe und Küche sind leer, wiewohl der Herd glüht.

Was die Hexen früh lernen müssen: Prozesse, die man nicht abbrechen darf, auch eben dann nicht abzubrechen, wenn sie unerträglich werden. Zwiebeln schneidet man weinend, oder gar nicht. Der Sinn jeder schöpferischen Krise besteht in eben solcher Erprobung, und jede Liebe weiß davon, wenn sie Liebe ist.

Freilich: Nicht alles Quälende ist des Durchstehens wert. Eine sichere Probe wäre Gewöhnung. Ans Zwiebelschneiden gewöhnt man sich nicht, dafür endet es einmal, und am Ende dampft die Zwiebelsuppe. Schlechte Qual endet nie, jedoch man gewöhnt sich, und das Ende ist schlechte Gewöhnung, sonst nichts.

Aber Durchstehn von Qual allein ist zu wenig: Man muß danach auch noch kochen können.

König Lindwurm; das Märchen von den sieben Häuten: Sie sind aus Leder, aus Kupfer, aus Eisen, der Verwunschene steckt als Kern in ihnen, und alle sind sie seine Haut. Die Häute müssen abgepeitscht werden, anders gibt es keine Erlösung, und verflucht sei, wer's anfängt und wieder abbricht, weil er das Jammern des Wunden nicht mehr erträgt.

Nimm die Peitsche und peitsch dich selbst heraus!

Ein Dieb, so erzählt eine morgenländische Sage, stahl einen Topf Salz. Vor die Wahl gestellt, zur Sühne das Salz aufzuessen, fünfzig Sohlenhiebe zu dulden oder hundert Piaster Strafe zu zahlen, wählte er lachend das Salz. Nach drei Löffeln würgend und blau im Schlund, bat er um die Hiebe; fünf Hiebe lang schrie er, dann zahlte er. Hier liegt die Klugheit nicht im Durchstehen, sondern im richtigen Wählen, und die nächste im Abbruch der schlechten Wahl. Hätt er das Salz gefressen, wär er krepiert. Zwiebelschneiden ist davon das Gegenteil.

Fällt jemand auf, daß im Ausgang des Gedichts nicht mehr nach dieser Hausfrau gefragt wird? Auch bleibt durchaus offen, warum sie weglief – gleichgültig; es gibt dafür keinen Grund, versteht ihr, auch die Sonne ist kein Argument. An dieser hat der Mann nichts verloren, oder er ist ihr ebenbürtig.

Schmeckt man – um im kulinarischen Bild zu bleiben –, schmeckt man die sichere Klugheit im Rhythmischen ab, die eine große Pause zwischen die Wörter „*bald*" und „*wiederkommt*" gesetzt hat und so eine Prädikatwiederholung nicht schal macht, sondern pointiert? Ich kann mir vorstellen, daß hier Geduld vonnöten war, vielleicht Geduld, bis man heulte, wiewohl es so selbstverständlich ausschaut.

Jeder kann Zwiebeln schneiden; nicht einmal Zwiebel-schneiden kann jeder.
Und man muß danach auch noch kochen können.

Schwarze Bohnen

Nachmittags mahle ich Kaffee
Nachmittags setze ich den zermahlenen Kaffee
Rückwärts zusammen schöne
Schwarze Bohnen
Nachmittags ziehe ich mich aus mich an
Erst schminke dann wasche ich mich
Singe bin stumm

Manches romanische Haus hat niedrige Türen. Man schilt es, denn solche Portale sind unbequem. Oft gelangt man dann in Gewölbe. Dem hier folgt ein sehr düsterer Gang.

Daß man nicht zweimal in denselben Fluß steigen kann, ist überall dort, wo Dialektik gelehrt wird, eine Binsenweisheit geworden, und die taugt dann in der Praxis dazu, bestimmte Konturen zu verwischen und mühsam abgegrenzte Begriffe in vag Allgemeinem aufzulösen, in unserem Fall das, was die Alltagsmeinung, und nicht nur sie, irreversible, also unumkehrbare Prozesse nennt. Schmelzen von Eis und Einfrieren von Wasser ist beliebig, und beliebig oft, umkehrbar, Überführen von Strahlung in Wärme nicht, und die Wassermetamorphose bleibt von der Energieumwandlung als reversibel auch dann unterschieden, wenn man auftrumpft, daß jenes und dieses Eis im Sinn Heraklits nicht dasselbe Eis sei. Die Binsenweisheit verschleift das Besondere, darum wird sie so gern Allgemeingut.

Nun treten in jenem Irreversiblen nochmals Sonderungen auf: Abläufe, danach äußerlich derselbe Zustand wie vordem hergestellt scheint. Solcherart ereignet sich Irreversibles nur im Sozialen. Von ebendem handelt das Gedicht.

Physikalisch-mechanisch irreversibel: Kaffee mahlen; man kriegt die Bohnen nicht mehr als Bohnen zusammen, auch mit Leim nicht (wunderschön kommt das im Akzent heraus: in der ersten Zeile ist es Kaffée, in der zweiten Zeile ist es Káffee; das gleiche Wort ist trotz gleicher Schreibweise nicht mehr dasselbe, im Phonetischen nicht, und im Geistigen schon gar nicht: Kaffe). Hier wird nun behauptet, daß man es doch hingekriegt hätte, doch würde, nähme man diese Behauptung als Bericht tatsächlicher Leistung, im Folgenden so viel mehr Unwahrscheinliches behauptet, daß an *diesem* gemessen die erste Aussage nicht anders zu werten wäre als die, Eis in Wasser und Wasser in Eis verwandelt zu haben. Denn in den folgenden Zeilen würde dies erzählt: Man war stumm in der Vorfreude der Erwartung, noch bekleidet, und noch ohne Lippenrot. Er wird kommen, nichts gewisser als dies, eher stürzte das Tal in den Berg hinauf, als daß er mich heute allein lassen würde! Man sang, man zog sich aus, Rouge, und ein Spiegel; und dann einen Nachmittag allein. Nun ist man wieder stumm, und das „stumm" solchen Endes wäre dasselbe „stumm" des Beginns? Man zog sich, bekleidet, aus, zu empfangen; man zieht sich nach sinnloser Nacktheit an: Anfang und Ende in äußerer Gleichheit; doch dazwischen – und hier im Gedicht liegt der knappste Zwischenraum dazwischen, interpunktionsloses schmalstes Spatium –, dazwischen liegt das, was einst Wendepunkt eines Lebens geworden sein wird. Nichts mehr kann dann bleiben, wie es gewesen, und auch mit demselben Kleid am Leibe ist es nicht mehr dasselbe Bekleidetsein.

Was will es dagegen schon heißen, gemahlenen Kaffee zu Bohnen zurückzusammensetzen zu können? Jede Zauberanfängerin im zweiten Semester wird darin geprüft, doch dann muß sie das Schwere lernen: die Einsicht, wo ihre Grenzen sind. Auch Hexen sind nicht allmächtig, gerade sie nicht. Auch für sie gibt es irreversible Prozesse – im Physikalischen kaum, doch im Sozialen. Hier ist das Ende ihrer Kunst.

Und nun kommt unser Binsenweisheitler: „Jeder erlebt mal eine Enttäuschung, und von jedem wird man halt mal enttäuscht. Das Leben geht weiter, nun hab dich nicht so!" Gewiß, gewiß; wie richtig, wie richtig. Nur gibt es Enttäuschung und Enttäuschung, denn *dieser* ist eben nicht jeder, sonst wär's ja nicht dieser, verstehst du das nicht? Das Leben geht weiter – wer zweifelt daran? Nur ist es, *geht* es weiter, dann anders, als es gewesen. – „Na und? Es ändert sich doch alles, das ist ein Gesetz! Man steigt nicht zweimal in dens . . ."

Wie wahr.

Man hat dieses Gedicht nur als Beschreibung tödlicher Langeweile bestimmter Sommersonntagsnachmittage interpretiert. Man hätte, oder die Schreiberin hatte da also nichts Beßres zu tun gehabt. Singen, ihr Guten, wäre schon Beßres, allein man kann es dann nicht mehr.

Gewiß, aus solchen, und wiederholten, Enttäuschungen kann auch die tödliche Langeweile wachsen, und sie beschreibt dies Gedicht ja *auch*. Doch das ist meist nicht das Ende von Hexen. Deren Ende ist Bösesein. Sie sind's nicht von Haus aus, doch sie können es werden. Sie wehren sich lange; sie unterliegen.

Es sind auch noch andere Schlüsse möglich, Schlüsse, nach denen das Herz auch physikalisch nicht mehr das Herz ist, das es vordem war: zerlöchert oder von anderem Pulver versehrt. Das, allerdings, *ist* die tödliche

Langeweile, und was ihr vorausging, war die Krankheit zum Tode. Und nun wage keiner zu sagen: „Jeder stirbt einmal!" Es gibt Selbstmorde auch in *dieser* Gesellschaftsordnung. Sie sind nicht dieselben als anderswann.

Ich wollte meinen König töten

Ich wollte meinen König töten
Und wieder frei sein. Das Armband
Das er mir gab, den einen schönen Namen
Legte ich ab und warf die Worte
Weg die ich gemacht hatte: Vergleiche
Für seine Augen die Stimme die Zunge
Ich baute leergetrunkene Flaschen auf
Füllte Explosives ein – das sollte ihn
Für immer verjagen. Damit
Die Rebellion vollständig würde
Verschloß ich die Tür, ging
Unter Menschen, verbrüderte mich
In verschiedenen Häusern – doch
Die Freiheit wollte nicht groß werden
Das Ding Seele dies bourgeoise Stück
Verharrte nicht nur, wurde milder
Tanzte wenn ich den Kopf
An gegen Mauern rannte. Ich ging
Den Gerüchten nach im Land die
Gegen ihn sprachen, sammelte
Drei Bände Verfehlungen eine Mappe
Ungerechtigkeiten, selbst Lügen
Führte ich auf. Ganz zuletzt
Wollte ich ihn einfach verraten
Ich suchte ihn, den Plan zu vollenden
Küßte den andern, daß meinem
König nichts widerführe

Der Dom; das Legendenmosaik, und sein Rot und sein Violett wallen jeden Abend über die Stadt.

Dieses Gedicht – eines der bedeutendsten und schönsten, die unsere Zeit hervorgebracht hat – besitzt den Vorzug gültiger Lyrik: Es widersetzt sich dem völligen Auflösen ins Rationale, wiewohl es ebendazu stachelt, und dies um so drängender, je deutlicher jener Rest hervortritt, dessen Bedrängnis zuletzt doch in Genugtuung umschlägt. Dazu muß man Wort um Wort vorangehn.

   Ich

Erster Satz im Roman, erstes Wort im Gedicht – ließen sich Werktypen nach ihnen bestimmen? „Die erste Zeile schenkt Gott, das übrige ist Sache des Dichters" – ich weiß nicht mehr, wer diesen Ausspruch getan hat, ich weiß auch nicht, ob ich richtig zitiere, ich weiß nur aus meiner Leseerfahrung, daß im ersten Gedichtwort ein Keim gelegt ist, dessen Stringenz der Entfaltung wenn auch nicht immer das Ganze, so doch Wesenhaftes des Ganzen bestimmt. *Ach*; *all*; *als*; *am*; *auch*; *da*; *daß*; *du*; *es*; *Gott*; *hier*; *ich*; *in*; *ist*; *kein*; *mein*; *nicht*; *noch*; *nun*; *so*; *sag*; *schon*; *schön*; *seht*; *sei*; *so*; *und*; *was*; *wenn*; *wie*; *wir*; *wo*; *zu* – jedes Register der Gedichtanfänge weist diese Einsilber, und dazu die bestimmten und den unbestimmten Artikel, als die meistgewählten Eröffnungen auf. Könnte man nun wie im Schach klassifizieren? Hat man es längst getan? Will es einer versuchen? „Auf C_2 – C_4 spielt man am besten E_7 – E_5" – „Wer ein Gedicht mit *ich* anfängt, sollte..." Ergötzlich-entsetzlicher Gedanke; doch vielleicht führt der Abweg auch zum Ziel.

Ich: rigoroseste Subjektsetzung; wenn ein Gedichtanfang fragwürdig, einer Frage würdig ist, dann dieser: Wer ist's, der hier redet, wer sagt hier: „ich"? Impulsive Antwort: Der Dichter, wer sonst – doch dagegen verwahrt sich erfahrungsgemäß sofort und gereizt gerade der Dichter (Eröffnungen der Art: „Ich, Bertolt Brecht..." sind äußerst selten), und der Poetologe stimmt ihm hier bei: Man unterscheide, geläufigerweise, das gedichtete Ich vom dichtenden Ich – doch wer, um Himmels willen, ist nun wieder „man", wer unterscheidet da jenes von diesem und dieses von jenem? Wenn der Autor – durch eine Überschrift etwa – es selbst tut, kann das wenig beweisen: Ein Ich sagt *ich*, sagend oder stillschweigend als unterstellt unterstellend, daß dies „Ich", das sein Ich sagt, nicht sein Ich sei – er kann da doch wohl nicht mehr als drauf hinweisen, daß er's gern so hätte oder auch nicht so hätte, aber ein Subjekt sagt nun einmal von sich nur Subjektives aus, und das ist zunächst nichts als eine Behauptung, und von denen gab's oft genug logischen Unfug. „Alle Kreter sind Lügner, sagte der Kreter" – dieser Zirkelspaß ist allbekannt. Wenn irgendwo, dann wird hier an eine objektive Instanz appelliert, und die könnte ja nur – wenn man zustimmt, daß die Musen tot sind – der Leser werden, aber wie könnte das geschehen? Wie will der Außenstehende den Streit über Schöpfer und Geschöpf entscheiden, die beide ihm nur vermittelt sind, und zwar wechselweise voneinander: das Geschöpf von seinem Schöpfer, und der Schöpfer von seinem Geschöpf? Wie will er da trennen oder nicht trennen, wie will er da ein „je nachdem" anwenden – nach welchem „dem" denn, nach welchem Prinzip, nach welchem Kriterium? Er könnte das noch am ehesten als Theologe tun, wenn er einer wäre, die plagen sich nämlich mit solchen Problemen, oder vielleicht als geschulter, diagnostizierender Psychologe, am besten aber als intimer Kenner des Schreibers, der weiß, wie das mit dessen zwei Ichs ist, doch dagegen verwahrt sich erfahrungsgemäß sofort und gereizt wiederum der Dichter mit dem Bemerken, er habe nicht für Wissenschaftler und auch nicht nur für seine Bekannten, er habe für jedermann, und das will heißen für den naiven, den kunstaufnehmenden, den poesieempfänglichen Leser geschrieben – aber woraus, zum Teufel, geht denn nun wieder dieser differenzierende Verallgemeinerungsanspruch hervor? Aus dem Wort des Beginns am wenigsten: Wer *ich* sagt, tritt doch mit dem Anspruch und zugleich der Bescheidung auf, seine Erfahrung zu sagen und sonst nichts als sie; er spreche, betont er, von keinem als von sich, doch damit spricht er ja auch für keinen als für sich – mit welchem Recht spricht er eigentlich da überhaupt? Mit seinem Menschenrecht freier Meinungsäußerung, sicher, aber mit welchem poetischen Recht? Das, was er da sein Gedicht nennt, ist doch erst mal nichts anderes als eine beliebige andre subjektive Aussage und etwa von der eines Wahnsinnigen oder eines Zwecklügners durch nichts und im Wesen auch nicht durch die Form unterschieden. Ein solches Gebilde kann erst durch einen Dritten, den Leser, in den Rang eines Gedichts erhoben werden, denn nur dadurch, daß ein Andrer die Erfahrungen des (schreibenden oder geschriebenen) Ichs als eigne bestätigt und für sich, als einen des Artikulierens oder *so* Artikulierens Unfähigen, ausgedrückt sieht, gewinnt jene Hervorbringung gesellschaftlichen Charakter, und ohne den ist Literatur nicht Literatur. Gerade der subjektivste Anfang verlangt so drängend wie kein andrer das objektive Korrelat. Ob gedichtetes oder dichtendes Ich: eines muß mit dem lesenden Ich zumindest ein Wegstück Erfahrung teilen, und dieses Gemeinsame heißt doch wohl: Wir . . . Nichts schien selbstverständlicher, als mit *ich* zu beginnen, doch nichts versteht sich weniger von selbst. „Ein anständiger

Mensch fängt mit *ich* keinen Brief an" – solche Weisheit hat schon ihren tiefen Sinn. Das scheint auch der Naivste zu ahnen; der Debütant schrickt vor so einem Anfang zurück, und der souverän Gestaltende wird zögern, ihn einzusetzen, und ihn jenen Gedichten vorbehalten, von denen er fühlt (glaubt; hofft; ahnt; erwartet; weiß?), daß er mehr als *ich* sagt, wenn er rigoros sich zum Ich bekennt.

Wie verhalten sich Hexen in so einem Fall?

Ich – im ersten Teil dieses Buches beginnen fünf von fünfzehn Gedichten mit diesem Pronomen; im zweiten Teil keines; im dritten Teil mit seinen sechsundzwanzig Stücken nur eines, und das ist das andere, das verborgene Zentralgedicht. Das Schlußgedicht trägt dieses Wort dann als Titel; sehr selten ist es (als Personal- wie Possessivpronomen) gänzlich vermieden, und eines der beiden Stücke, in denen konsequent und ausschließlich *wir* und *unser* gesagt wird, ist auch thematisch ein mißlungener Neubau, der nicht in dieses Gefüge gehört.

Ich wollte

Imperfekt: Zeitwort und Zeitort des Erzählers; es weist in die Vergangenheit, doch mit einer der deutschen Sprache eigenen schwierigen Ungenauigkeit. Manche Sprachen, das Tschechische etwa, unterscheiden vollendete von unvollendeten Verben: Wird (mit und in einem einmaligen Tätigkeitsakt) die Handlung abgeschlossen, oder dauert sie als eine Art charakteristischer Zustand des Täters – oder im zweiten Fall besser: des Tuenden – an? „Ich sang" – sagt das ein Ungeübter, der, von Bitten bestürmt, in einer weinfrohen Gesellschaft einmal eine Strophe zum besten gegeben, oder sagt das die Diva, die Kehlkopfkrebs von der Bühne riß? Das Tschechische kann hier im Verb unterscheiden, doch im Deutschen: Burleske wie Tragik hinter dem Samtvorhang des-selben Wortes. „Ich wollte" – einmalige Willensanstren-gung, Affekt der Entschlußkraft, oder langandauernde Spannung? Nun, die Frage mag sich bald müßig ausneh-men, denn schon die nächsten Zeilen werden ein Atten-tat, also doch wohl eine einmalige Handlung, erzählen, aber vorläufig bleibt die Frage offen, und ob sie sich gänz-lich schließt, lehrt erst der Schluß.

Doch abgeschlossen oder nicht – jenes Verb bringt sofort äußerste Spannung, da es den Anfang direkt mit dem Ende verknüpft. „Ich wollte" – da reizt das Wie des Ausgangs schon mehr als das Was des Anstrengungsziels. „Ich wollte" – gelingt es, oder gelingt es nicht? Ein un-erhörtes Tempo wird angeschlagen – und ein langer Weg, so sieht man, die Seite hinabblickend, erschrocken, steht einem bevor. Hält man ihn durch? Im Roman schlägt man schnell nach, wie's ausgeht: Kriegen sie sich, oder kriegen sie sich nicht? Beim Gedicht bleibt nichts, als weiterzu-lesen, und schön wär's, ging's konjunktivisch unerfüll-bar weiter: „Ich wollte, ich wäre" – ein Vöglein zum Beispiel, da wüßte man, er würd' es nie werden; das Wie wäre also klargestellt, und man widmete sich be-ruhigt dem Was. Aber hier:

meinen König

Meinen König, nicht: einen König, und auch nicht: den König, also weder die Inkarnation eines Machtprinzips noch den Herrscher des Landes, in dem ich lebe, sondern jenen, der mein König ist – was der Territorialfürst zwar auch sein könnte, aber von vornherein nicht sein muß. In diesem „mein" herrscht unbedingte Freiheit und in diesem „König" unbedingte Notwendigkeit. Zu „meinem König" kann sich keiner ernennen, als „mein König" kann keiner eingesetzt werden, „meinen König" kann mir niemand aufzwingen, und versuchte es roheste Gewalt, würde ihn vielleicht meine Stimme so nennen, doch nie mein Gedicht. Dieser König kann eine Person oder eine Idee sein oder auch ein Drittes; der Gläubige nennt Christus so und die Hexe den Satan; es könnte eine Gang und es könnte ein Land sein, das Eis des Nordpols, der Ozean, das Denken, das Sirren des Sands in der blauen Wüste, die Kunst, eine andre Besessenheit; es mag für den Nachbarn das Törichteste, Lächerlichste, ja Widrigste sein – ist es mein König, bin ich sein Lehnsmann, und die Freiheit der Wahl ist die Pflicht zum Dienst. Denn auf das Dienenkönnen kommt es an; nur wer einen Dienst ermöglicht, kann König, nur wer ihn leisten will, Lehnsmann sein. Ob der Geliebte immer „mein König" wäre? Es müßte der So-Geliebte sein; doch auf jeden Fall ist „mein König" immer der So-Geliebte, der jeden Nebenbuhler besiegt. Kein andrer wäre seinesgleichen. „Mein König" ist immer Singular.

töten

„Töten" ist hier nicht identisch mit „morden"; es ist nicht auf physische Vernichtung als Grundabsicht aus. Die See, wenn sie mein König ist, kann als See wohl nicht getötet werden; sie läßt sich nicht einfrieren noch verdampfen. „Meinen König töten" kann nur heißen, den, der mein König ist, als eben meinen König entthronen, ungeachtet seiner in Körper oder Idee leibhaftigen Existenz, und nur wenn mein König etwas Lebendiges wäre, könnte dies auch durch Mord geschehen.

Ich wollte meinen König töten

Nichts klingt ungeheuerlicher; nichts scheint leichter als dies.

Ungeheuerlich: Wenn „mein König" mein König ist, habe

ich ihn wählen müssen, weil mein Leben ohne ihn sinnlos wäre. Eine solche Bindung löst nur ein Tod. „Mein König", das ist kein Karnevalsprinz, kein Bohnenkönig, kein Herrscher auf Abruf, auch nicht ein zeitweiliger Notstandsdiktator, und am wenigsten der Erkorene einer Laune. Als all dies könnte er beginnen; ich mag schon als Kind auf ihn gestoßen sein; er mag sich mir jählings offenbart haben; ich mag ihn durch einen Zufall entdeckt oder erst nach langem Um- und Irrweg endgültig zu ihm gefunden haben: Wenn er mein König geworden ist, habe ich ihm einen Treueid geschworen, und fortan gehört mein Leben ihm.

„Bis daß der Tod euch scheide...": weil *ich* es will. Ist mein König ein Lebendiges, kann ich ihn und er mich überleben, wie aber der König einer Idee oder Dämonie? Er mag mich verschmähen, und ich diene ihm weiter; dann hat er mich wohl seit je verschmäht, das ist hoffnungslos und so alltäglich. Was aber, wenn *ich* entrinnen will, sei es, daß ich den Dienst nicht ertrage, sei es aus einem andern Grund? Nur mein Eid könnte mich daran hindern, und mein König entbindet mich nicht.

Was also bleibt?

Seinen Treueid brechen, und eben dies heißt seinen König töten, denn dies heißt ja: sein Königtum über mich zerstören, damit ich meines Diensts ledig sei. Das aber ist einzig mir anheimgegeben; „mein König" hat außer mir keinen Vasallen; nur durch mich ist er ja „mein König" geworden, und mag er Tausender Andrer König *auch* sein: *mein* Vasallentum ist allein *mein* Entscheid.

Ich brauche nur zu wollen, und ich bin seiner ledig.

Was könnte leichter sein als dies?

> *Ich wollte meinen König töten*
> *Und wieder frei sein*

Wenn einer mein König ist und ich sein Vasall bin, dann ist mein Dienst sowohl Zwang als Freiheit; es entfaltet sich in ihm der Widerspruch, dessen Keim ja schon in meiner Wahl lag. Meine Bindung an meinen König ist der freie Wille meines Zwanges; die Bindung meines Königs an mich der Zwang meiner Freiwilligkeit. Dies Verhältnis nun scheint und erscheint mir stets dann, wenn die Härten des Diensts überwiegen, und das tun sie gewöhnlich, nach der Richtung zum Zwang hin verschoben: Ich sehe als Widerpart meines freien Willens meinen Dienst an, der doch beides, Zwang wie Freiwilligkeit, ist, und in diesem Augenblick schon trennt sich von meinem Willen und verselbständigt sich etwas, was fortan „meine Freiheit" heißt. Meine Freiheit mein Dienst – so wird mir der Widerspruch von Zwang und Freiwilligkeit nun bewußt, der als Harmonie seiner Einheit „mein tiefstes Glück" hieß, und das waren jene Augenblicke, die mein Leben nicht mehr vergißt. Doch das Wesen des Widerspruchs ist widerspruchsvoll. Die Harmonie ist nicht sein Alltag; er drängt danach, ausgetragen zu werden, und dieses Drängen ist die Spannung, die ihn und mich mit ihm zusammenhält, damit ich das Werk meines Lebens vollbringe, das anders nicht vollbracht werden kann. Ebendarum bin ich Vasall geworden, ebendarum habe ich Dienst und König gewählt. „Die Freiheit des Künstlers ist, daß er keine hat", rief Barlach aus, dieser Ritter der Königin Kunst ohnegleichen, und er fügte hinzu: „das verstehe, wer will!" Seinen König wählen heißt *seinen* Widerspruch als Antrieb zu seinem Lebenswerk wählen und mit ihm die Spannung zwischen den Polen: tiefste Verzweiflung und höchstes Glück. Beides sind Grenzstationen: Dort begehrt man ins Nichtsein des Todes, hier ins Nichtsein ewiger Lust zu gehen, was auch nichts andres als sterben hieße.

Denn man lebt nur mit seinem Widerspruch.

Freilich: Beginnt er sich zu verschärfen, tritt das Element des Zwangs immer mehr hervor, und bei einem bestimmten Grad beginnt dann die Krise, genauer: die als quälend ins Bewußtsein tretende Krise, denn es gibt auch jenen als Krise nur schwer erkennbaren Zustand der Entschärfung, da dir alles, und mühelos, zu glücken scheint. *Diese* Krise ist die bedrohlichere: Wenn *sie* erstarrt, ist's um dich geschehen: Faulbett der Selbstzufriedenheit, Faulbett der Manier, Faulbett des Errungenen, Faulbett des glatten Funktionierens, es ist die sterilisierende Krise, und ihr Ende heißt Senilität. Die andere, die quälende, ist in der Regel produktiv. In ihr tritt das Element des Zwangs weit über das Element des freien Willens; das bringt über schwierige Strecken voran, doch die Einheit der beiden Gegensätze, der Dienst, der schon vordem als identisch nur mit dem Zwang erschien, wird nun als unzumutbar empfunden; der Zwang schlägt um in Sklaverei; das Vergangene verklärt sich zur Freiheit, und als Freiheit erscheint all das, was nicht Dienst ist; die Einheit des Widerspruchs bricht auseinander, und diese Verändrung verdüstert den Thron.

Höre mein Lehnsmann, sagt da eine Stimme: Ein Fremder ist zwischen uns getreten. Er will mich töten: Beschütze mich! Sieh: Ich bin ganz in deiner Hand! – Töte ihn! tönt eine verworrene Stimme, denn siehe, er ist in deiner Hand! In meinem Namen: Töte ihn! Ich bin der Kaiser Freiheit, und mein Zepter ist mächtiger als das seine! In meinem Reich wirst du glücklich sein!

> *Ich wollte meinen König töten*
> *Und wieder frei sein. Das Armband*
> *Das er mir gab, den einen schönen Namen*
> *Legte ich ab und warf die Worte*

Weg die ich gemacht hatte: Vergleiche
Für seine Augen die Stimme die Zunge
Ich baute leergetrunkene Flaschen auf
Füllte Explosives ein – das sollte ihn
Für immer verjagen. Damit
Die Rebellion vollständig würde
Verschloß ich die Tür, ging
Unter Menschen, verbrüderte mich
In verschiedenen Häusern – doch
Die Freiheit wollte nicht groß werden

Denn die Freiheit kann nie mein König werden, sie ist ein Medium, mehr nicht. Mein König wird mich fordern, solang ich ihm diene: Daß er mir mein Lebenswerk abverlange, das eben ist sein Königtum, und daß ich mein Lebenswerk vollbringe, deshalb wurde ich sein Vasall. Die Freiheit aber ist *meine* Forderung, und das ja nur, solange ich sie nicht habe, und ich will sie haben als Freiheit zu meinem Werke; Freiheit zu nichts ist leeres Sein. Sie ähnelt darin der Gesundheit: Fehlt sie mir, strebe ich, sie zu erringen, und dieses Streben (der Diktator für eine bestimmte Notzeit) kann mich beherrschen; habe ich sie, ist mein Streben erfüllt, und wenn ich weiter keines hätte, wäre ich bedauernswert. Auf den Dienst, der ein Werk ermöglicht, kommt es an: auf Königs-, nicht auf Götzendienst. Daß ich gesund bin, kann, unter Umständen, meinem Lebenswerk unentbehrlich sein, und ich habe auch ein Recht auf Gesundheit, jedoch ich müßte und würde sie opfern, wenn mein Werk dies Opfer von mir verlangte. „Meine Gesundheit" könnte nie jemandes König, sie könnte höchstens sein Fetisch sein, ebenso wie „mein Wohlbefinden", „meine Ruhe", „mein Seelenfrieden", ja selbst: „mein Leben", und ähnlich ist es um die Freiheit bestellt. Sie ist Menschenrecht, und als solches ein Banner, doch ein Banner ist stets nur das Banner des Königs, sonst flattert im Augenblick des Sieges nur ein Fetzen Stoff in meiner Hand.

„Strebe ich denn nach meinem Glück? Nein, ich strebe nach meinem Werke!"

> *Ich wollte meinen König töten*
> *Und wieder frei sein. Das Armband*
> *Das er mir gab, den einen schönen Namen*
> *Legte ich ab und warf die Worte*
> *Weg die ich gemacht hatte: Vergleiche*
> *Für seine Augen die Stimme die Zunge*
> *Ich baute leergetrunkene Flaschen auf*
> *Füllte Explosives ein – das sollte ihn*
> *Für immer verjagen. Damit*
> *Die Rebellion vollständig würde*
> *Verschloß ich die Tür, ging*
> *Unter Menschen, verbrüderte mich*
> *In verschiedenen Häusern – doch*
> *Die Freiheit wollte nicht groß werden*
> *Das Ding Seele dies bourgeoise Stück*
> *Verharrte nicht nur, wurde milder*
> *Tanzte wenn ich den Kopf*
> *An gegen Mauern rannte.*

Der König hat sich ganz in die Hand des Vasallen gegeben, er hat sich in seine sicherste Burg zurückgezogen: in die Seele seines Lehnsmanns, und in dem Maß, da der Lehnsmann gegen seinen König wütet, wütet er gegen sein eigenes Ich.

Der König aber scheint unvernichtbar – es sei denn, man zerstöre sich selbst. Und eben das tut man.

> *Ich wollte meinen König töten*
> *Und wieder frei sein. Das Armband*
> *Das er mir gab, den einen schönen Namen*

Legte ich ab und warf die Worte
Weg die ich gemacht hatte: Vergleiche
Für seine Augen die Stimme die Zunge
Ich baute leergetrunkene Flaschen auf
Füllte Explosives ein – das sollte ihn
Für immer verjagen. Damit
Die Rebellion vollständig würde
Verschloß ich die Tür, ging
Unter Menschen, verbrüderte mich
In verschiedenen Häusern – doch
Die Freiheit wollte nicht groß werden
Das Ding Seele dies bourgeoise Stück
Verharrte nicht nur, wurde milder
Tanzte wenn ich den Kopf
An gegen Mauern rannte. Ich ging
Den Gerüchten nach im Land die
Gegen ihn sprachen, sammelte
Drei Bände Verfehlungen eine Mappe
Ungerechtigkeiten, selbst Lügen
Führte ich auf.

Die Selbstzerstörung hat begonnen: In dem Maß, als der Widerspruch in der Krise die Einheit seines Gegensatzpaares zerbricht, beginnt jeder Maßstab zu zerbrechen, und alles kommt unter sein Niveau: Königtum wie Vasallentum. Der Vasall legt Dossiers an, und sogar Lügen verschmäht er nicht – und der König? Die Seele tanzte, da er sie berührte ... Nein, der König kommt nicht herunter: Die See, die Kunst, der So-Geliebte, das Sirren des Sands in der blauen Wüste, Christus, der Satan, mein Land, das Denken, wie könnten sie denn herunterkommen – was da seine Maße verliert, ist nur das Königtum, dem ich Vasall bin und das als „mein König" nur ein Abglanz der Majestät des Königs in seiner Leibhaftigkeit ist. Der König bleibt groß, wie er je gewesen; *mein* König wird Lügen nicht verschmähen: Die Kunst lügt nicht; meine Kunst lügt; wir gleichen uns an. So geht es nicht weiter; so geht es weiter: eine Möglichkeit des Widerspruchs ist ja eben sein Herunterkommen: Unausgetragen und ungelöst, durch äußere Mittel zusammengehalten, siecht er dahin und schleppt sich weiter, sein Zerbrechen wird Faulen und Zerbröckeln, doch man täuscht sich, wenn man das Ende nah hofft: auch verkümmert bleibt er ein Widerspruch. Die Krise wird zum Dauerzustand, und man täuscht sich auch über ihr Kleinerwerden: Der Widerspruch schrumpft, an der Umwelt gemessen, es schrumpft seine Größe nach außen, und es schrumpft seine schöpferische Leistung, aber wir schrumpfen ja mit ihm. Er wird kleiner, da wir kleiner werden, und wir verkümmern, da er verkümmert, doch da wir das im selben Maße tun, verringert sich sein Quälendes nicht. Man stumpft nur ab, und man gewöhnt sich. Es ist halt so, beginnt man zu sagen, und man täuscht sich dabei ein drittes Mal. Was so ist, bleibt nicht, man täuscht sich über seinen Tiefpunkt, den eigenen wie den seines Widerspruchs. Bis dort hinab ist der Weg noch weit, viel weiter, als man wähnt und hofft.

Und zudem: Ist der Tiefpunkt denn mein Ziel? Ich bin doch nicht zu ihm aufgebrochen. Ich wollte meinen König töten . . . Und eigentlich: War dies denn mein Ziel? Ich wollte meinen Widerspruch lösen. Nun bin ich drin tiefer verstrickt denn je. – Man blickt zurück, doch dahin ist kein Pfad mehr. Man wollte vorwärts und kam herunter. So kann man nicht mehr weiterleben.

Ein Ende muß gemacht werden; von selbst wird es nicht. Man kann seinen König nicht verjagen. Er geht nicht fort, wenn man sagt: Geh fort! Er nimmt den Ring nicht zurück, den man ihm zurückgibt; er duldet, daß man anderen Dienst nimmt. Daß man ihn töten wollte, genügt nicht: Man muß ihn töten. Das aber heißt: Sein Werk verraten.

> Ich wollte meinen König töten
> Und wieder frei sein. Das Armband
> Das er mir gab, den einen schönen Namen
> Legte ich ab und warf die Worte
> Weg die ich gemacht hatte: Vergleiche
> Für seine Augen die Stimme die Zunge
> Ich baute leergetrunkene Flaschen auf
> Füllte Explosives ein – das sollte ihn
> Für immer verjagen. Damit
> Die Rebellion vollständig würde
> Verschloß ich die Tür, ging
> Unter Menschen, verbrüderte mich
> In verschiedenen Häusern – doch
> Die Freiheit wollte nicht groß werden
> Das Ding Seele dies bourgeoise Stück
> Verharrte nicht nur, wurde milder
> Tanzte wenn ich den Kopf
> An gegen Mauern rannte. Ich ging
> Den Gerüchten nach im Land die
> Gegen ihn sprachen, sammelte
> Drei Bände Verfehlungen, eine Mappe
> Ungerechtigkeiten selbst Lügen
> Führte ich auf. Ganz zuletzt
> Wollte ich ihn einfach verraten
> Ich suchte ihn, den Plan zu vollenden
> Küßte

Die Stringenz des Gedichts ist schonungslos. Ihr Bezug ist evident: Markus 14, 43-46: „Und alsbald, während er noch sprach, kam Judas, einer von den Zwölfen, und mit ihm eine Schar mit Schwertern und Knütteln, ausgeschickt

von den Hohepriestern und Schriftgelehrten und Älte-
sten. Der ihn überlieferte, hatte ihnen aber ein Zeichen gegeben und gesagt: ‚Der, den ich küssen werde, der ist's;
den nehmt fest und führt ihn sicher ab.' Und wie er kam,
ging er sofort auf ihn zu und sagte: ‚Rabbi‘, und küßte
ihn. Da aber legten sie Hand an ihn und nahmen ihn
fest."

Ich wollte meinen König töten
Und wieder frei sein. Das Armband
Das er mir gab, den einen schönen Namen
Legte ich ab und warf die Worte
Weg die ich gemacht hatte: Vergleiche
Für seine Augen die Stimme die Zunge
Ich baute leergetrunkene Flaschen auf
Füllte Explosives ein – das sollte ihn
Für immer verjagen. Damit
Die Rebellion vollständig würde
Verschloß ich die Tür, ging
Unter Menschen, verbrüderte mich
In verschiedenen Häusern – doch
Die Freiheit wollte nicht groß werden
Das Ding Seele dies bourgeoise Stück
Verharrte nicht nur, wurde milder
Tanzte wenn ich den Kopf
An gegen Mauern rannte. Ich ging
Den Gerüchten nach im Land die
Gegen ihn sprachen, sammelte
Drei Bände Verfehlungen eine Mappe
Ungerechtigkeiten, selbst Lügen
Führte ich auf. Ganz zuletzt
Wollte ich ihn einfach verraten
Ich suchte ihn, den Plan zu vollenden
Küßte den Andern, daß meinem
König nichts widerführe

Welche Möglichkeit, die Krise zu lösen: die schöpferische Möglichkeit! Du hast alles getan, deinen König zu töten; er hat sich in deine Hand gegeben, und nun, da es den letzten Stoß gilt, gibst du dich in deines Königs Hand! Denn dies ist der tiefe Sinn einer Krise: den Widerspruch auf die Spitze zu treiben, gleichgültig, was danach geschehe, denn geschehn muß danach das Notwendige, und das ist: der neue Widerspruch! Ich mußte meinen Widerspruch lösen; ich mußte meinen König töten; ich konnte meinen König nicht töten, denn mein Dasein ist nichts ohne ihn! Nun heißt es: Er oder Ich, und ich sage: Er, und ich küsse den Andern, mag danach geschehen, was immer geschieht! Damit endet dieses Gedicht, und es muß hier enden: Es ist Gleichnis, und nicht Allegorie. Aber daß es geschrieben wurde, sagt eines: Daß der Andere der Eine gewesen: der König in ganzer Majestät, und ich war sein treuester Vasall ... Mein Tod oder mein König, und jedes: meine Freiheit; es ist die Krise zum Tode gewesen, und nur wer sie durchsteht, ist des Königs Vasall. Le roi est mort, vive le roi ... Der auszog, seinen König zu töten, hat seinen König wiedergewonnen: erneut, erneuert, und: *mein König!* und ich, erneuert, erneut: *meines Königs Vasall!* Ihm zu dienen wie je: mein Werk und mein Leben; und mein Dienst aufs neue: meine Freiheit mein Zwang ... Der Widerspruch hat sich reproduziert, aber nicht als Wiederkehr des Alten. Keiner ist geblieben, wie er gewesen: mein König nicht, sein Vasall nicht, sein Dienst nicht, sein Werk nicht: Die Krise zum Tode war schöpferisch.

Sie hätte auch tödlich enden können.

„Ich wollte" – vollendet? unvollendet? Vollendet als Niezuvollendendes. Was sprachbedingt ungenau schien, hat sich als höchst präzis erwiesen. Ich wollte meinen König töten – es ist getan, und ich werde es stets wieder wollen müssen. Den Widerspruch meines Lebens lösen heißt das Leben seines Widerspruchs immer wieder erneuern. Die Krise ist nichts als ein Ausdruck des Schöpferischen. Freilich:

> *Ich bin*
> *Der schöne Vogel Phönix*
> *Aber durch das*
> *Flieg ich nicht wieder*

Wenn es Vogel Phönix ist: Lebenslang.

Wie aber, durchfährt es plötzlich den Leser: wie aber, wenn dieser unvergleichliche Kuß des Andern am Anfang jenes Prozesses gestanden hätte und diese Zeilen nur geschrieben wären, um Untreue zu rechtfertigen? Eine höchst geistreiche Apologie – könnte man dieses Gedicht nicht auch *so* lesen? Was spräche dagegen?

Dieses Gedicht spricht dagegen, und zwar vehement. Ausrede läßt sich *so* nicht erfinden, so hinreißend und so erschütternd nicht. Und man kann hier auch gleich Unterstellungen abtun, die dieses Gedicht als eine Art politischer Schlüssellyrik nehmen. Sie verstehn den gesellschaftlichen Bezug von Dichtung auf ärgerlich schadenstiftende Weise. „Mein König" wird so weder inthronisiert noch getarnt; hier wird, nebenbei, überhaupt nichts getarnt, hier wird mit erschütternder Aufrichtigkeit und höchster Kunstpräzision ein innerer Prozeß abgebildet, der – und das eben ist ja das Wesen der Lyrik und überhaupt der Literatur – in seinem Symbolgehalt auch zur Anwendung auf Soziales freisteht, wenn dort analoge Prozesse erscheinen, und in den gewiß auch soziale Erfahrung eingeflossen ist. Doch solche Züge werden eben dann verdunkelt und mystifiziert, wenn Unangemessenheit sie auf ihre Dimension zurechtgestutzt. Dann wird ein Bekenntnis radikaler Liebe *zu* seinem König aufs oberflächlichste mißverstanden und dadurch Gesellschaft wie Literatur herabgesetzt. Ein König, der sich auf solche Beflissenheit stützen müßte, hätte *diese* Verse nicht verdient, und sie wären seinetwillen auch nie entstanden.

Dichtendes Ich, gedichtetes Ich – das Ich des Lesers fragt nicht mehr danach. Hier ist *seine* Erfahrung Wort geworden; hier vermochte Lyrik einen Prozeß schwierigster, weil ebenso lapidarer wie differenzierter menschlicher Wirklichkeit so einfach und unausschöpfbar zu fassen, wie das Zeichen $\sqrt{2}$ oder $\log 2$ eine Zahl faßt, die, wiewohl von schärfster Exaktheit, in Ziffern allein unausdrückbar ist.

Und nun geschieht etwas Seltsames: Gerade durch diese Exaktheit verführt, wird die Versuchung übermächtig, das Gedicht als Allegorie zu lesen, also zu fragen: Wer wären die Häscher, wer schwänge die Geißel, wer schlüge schließlich den Verratnen ans Kreuz? Damit zerstörte man das Gleichnis. Lyrisch präzis heißt nicht: platt identifizierbar; es heißt: das Gleichnis mit höchster innerer Genauigkeit.

Eben das leistet dieses Gedicht. Das Gleichnis hält stand, und dies um so geschmeidiger und zäher, je mehr man ihm zusetzt. Es ist ja nicht wahr, daß man Gedichten nicht zusetzen dürfe. Ich gestehe: Dem da habe ich zugesetzt, und es mir.

Jedes Gedicht lädt ein, es zu töten. Gelänge es, wäre wenig verloren. Gelingt es nicht, ist viel gewonnen: Man erführe, als Besiegter siegend, die magische Macht der Poesie.

Eu

Eu Regen Schnee Gewitter Hagelschlangen

. . .

Mit ihr in eure Kammer gehst Eu Gott!

Nur in dieser Stadt: An zwei Kapitälen ein Blatt jener Blume, um die Oberon Puck in die Winde warf.

„Eu" – eine neue Interjektion. Wie hatten wir ohne sie leben können; wie kommt's, daß sie vordem keiner gefunden hat? Aus einem Idiom, das endgültig ins Witzblatt verbannt schien, wurde lyrische Wirklichkeit gezaubert, und gleich eine voll ebenso entzückendem Charme wie düster-entschloßner Verhaltenheit. Franziska verschmilzt hier mit Hekate, und drohende Wut kann draus ebenso klingen wie naiv-staunendes Überraschtsein.
Eu – welche Schöpfung, welch Sprachgewinn! Merket: Im Hervorbringen einer Partikel kann mehr poetische Erfindungskraft stecken als im Gesamtwerk so manches Poeten.
Diese Silbe wiegt Dutzende Bände auf.

> *Don Juan kommt am Vormittag*
>
> *Don Juan kommt am Vormittag*
> *So schrieb er im Telegramm was*
> *Mich nachdenken ließ ich hatte den Mond*
> *Eingeplant und Fontänen nun blieb*
> *Nicht viel Zeit nicht mal die Augen*
> *Größer malen die Füße nicht waschen*
> *Ich stand wo sie anfängt die Stadt sah ihn*
> *Im wehenden Mantel auf einem Rennrad*
> *Den weißen Schal von der Schulter flattern*
> *Herannahn die Lippen zersprungen und tief*
> *Lagen die Augen ich fragte ihn*
> *Weshalb er so früh sei sicher später*
> *Ein Rendezvous mit einer Schönheit*
> *Achwasdummheit er stellte das Rad*
> *Schräg in die Luft er nahm den Hut ab*

Legte uns beide ins Gras das rings
Üppig zu werden begann zog Vögel
Aus Metall auf die fingen zu singen
An daß es schallte Variationen
Über ein Thema von Mozart ich kenn das
Sagte er und alle Platten-
Spielersysteme Schönberg und
Ich werd dich jetzt das wird aber gut sein

Der Pranger am Markt; gehörnte Maske, und am Pfahl: Hals- und Fußeisen solidester Schmiedekunst. Wen diese gezackten Bänder halten, der kommt nicht mehr frei.

Variation über ein Thema von Mozart: eine Mythengestalt im tiefsten Heruntergekommensein. Es ist lehrreich, die Merkmale dieser Endgestalt herzuzählen: Mechanisiertheit, Rationalisiertheit, Konfektioniertheit; und vor allem: Reduzierung auf die Sphäre der Konsumtion.
Don Juan: Vor der Lust des Verbrauchs stand die Lust des Eroberns: „Ein Weib verführen und entehrt entlassen". Dieser will nur noch Verbraucherfreuden; daß die größere Lust im Erobern liegt, weiß er nicht mehr, denn Eroberungsmühn hat er längst nicht mehr nötig. Er und seine Opfer, sie haben sich gegenseitig heruntergebracht: Donna Elvira (oder, wenn man der würdigsten Don-Juan-Deutung, der E. T. A. Hoffmanns, folgen will: Donna Anna) bietet sich an auch noch nach der Entlassung, und Don Juan verschmäht sie auch dann nicht: *mein König* in äußerster Schäbigkeit. Vormittags, und als Risiko Portospesen, das ist Don Juan; mit eingeplantem Mond und gewaschenen Füßen, das ist Donna Elvira. Das eine ist des andern würdig: Elvira verliest selbst Leporellolisten, nein, schlimmer noch: sie fragt sie ab, und kein Gouverneur mußte vorher durchstochen, kein Sbirrenhaufen

zersprengt, kein Rächer überlistet sein. Nicht die Erde, nur das Gras tut sich auf, zu verschlingen, und der Opernschluß des „Sieg des Guten" erlebt hier die höllischste Parodie. Dazu, selbstverständlich, Musik aus der Dose.

Und dennoch ist es Don Juan, auch ohne den Steinernen Gast und ohne Zerline. Man kann ihn an zwei Attributen erkennen: mytho-ikonologisch: am wehenden Mantel; charakterologisch: am Rennrad, dem letzten Stück Wagefreudigkeit.

Dieser Don Juan ist eine Folie, von der sich viele Stücke dieses Buchs abheben, so auch der große Mythos von „Playboy und Cowboy". Hier sind Don Juans optimale Möglichkeiten von heute gezeichnet, und dies mit einer traumklar offenherzigen Großmut, die beste Frauenmöglichkeit ist. Man hat dieses Buch in das Modegerede von Emanzipation gestellt. – Nun: Die nobelste Selbstbefreiung wäre die Befreiung zur Wahrheit gegen sich selber und sein Geschlecht. Dies Gedicht ist wahrhaftig auf eindringlichste Weise: Es zeigt Don Juan nicht als Argument, sondern als Spiegel. Die ihn amalgamierte, schreckt nicht zurück, ihn zu gebrauchen. Die ihn brauchen müßten, schaun nicht hinein, doch sie emanzipieren sich, und vor allem uns, und schimpfen auf die Spiegelmacher.

Umgang mit Schäbigem kann zurückwirken; dann entsteht schäbige Poesie. Dies hier ist ein großes Gedicht, souverän seine Wahrheit, unheimlich seine Nuancierungskraft; es bietet sich an, daß man's mißverstehe. Die Schlußzeile ist der Tiefpunkt möglichen Liebesgesprächs: Die im Deutschen nun einmal vulgär klingenden Verben für den Geschlechtsakt wären in diesem Kontext ein Grad Humanisierung des Sprechers, doch da es um Mechanisiertheit geht, verlöre, würden sie ausgesprochen (lautlich klingen beide Verben an), das Gedicht um viele Grade an Humanität wie Sprachgestalt.

Hier könnte der Ort sein, ein paar Worte zu jener Form zu sagen, die man euphemistisch „freie Rhythmen" nennt. Diese hier lassen den spanischen Dramentrochäus durchrattern (wie durch andere dieses Buches, je nach Funktion, der Blankvers Shakespeares oder Dantes Terzinenjambus oder auch Vossens Hexameter tönt), doch selbst wenn sie ohne diese geistreiche Beziehung zum Urstoff blieben – hier wäre ihre Verwendung erlaubt. Denn eben um das Gestattetsein geht es. Man greift fehl, wenn man diese Versart nur formal als Versart zu fassen versucht und Hebungen und Senkungen abzählt. Ob man sich ihrer bedienen darf, ist eine Inhaltsfrage; man muß etwas zu sagen (oder zu stammeln oder zu heulen, zu keuchen, zu prophezeien, meinetwegen auch: zu schweigen) haben, was anders sich nicht ins Wort bringen ließe. Daß man jedes Gebilde freier Rhythmik auch zusammenhängend als Prosa hinschreiben kann, beweist noch wenig – solcherart hinschreiben könnte man auch ein Sonett oder eine sapphische Strophe, und beim Hexameter fiele es kaum auf. Der entscheidende Einwand bestünde von Fall zu Fall in dem Nachweis, daß schon die Prosaform überflüssig gewesen wäre, geschweige also die des Gedichts. Überflüssige Lyrik ist schlechter als schlechte: Diese kann noch als Lehrbeispiel dienen; nur mittelmäßige zu gar nichts mehr. Wenn ich eine Hexe in Diensten hätte – die hexte mir aber Berge Gedichtetes weg! Doch so wird munter weitergeschrieben: Sie haben nur Längstgewußtes zu sagen, deswegen fühlen sie sich berechtigt, auch keine Formen zu beherrschen. Es ist ein bißchen gar zu wenig. Wenn solche Stimmen verstummen, ist weniger als nichts gewesen: Ärgerliches.
Wer freie Rhythmen gebrauchen will, muß sich legitimieren. Ein Hinweis auf Bobrowski genügt nicht.
Aber nicht nur Don Juan und Donna Anna sind im Ver-

lauf einer polarisierenden Entwicklung heruntergekommen: Viele Leser verschmähn die Mühe des Eroberns von Gedichten ebenso wie viele Dichter die Mühe des Eroberns der Leser. Jene: Ich werd dich jetzt lesen, nun tu dich schon auf, und beim ersten Mal, und sofort, und keine Sperenzchen, und die Gedichte, die sich ihnen da auftun, sind auch danach. Der Gegenpol: Jene Art der Verschlossenheit, die aus der Not des Unvermögens eine Tugend des Grundsätzlichen macht. Dort: die Leere, und nichts davor; da: die Barriere, und nichts dahinter.

Jene Leser: heruntergekommene Don Juans; jene Dichter: heruntergekommene Donna Annas. Freilich sind sie nicht gleichzusetzen. Aber sie sind Endprodukte.

Bliebe ein Blick auf die Donna-Elvira-Gebilde, jene Gedichte, die sich jedem öffnen, ohne mehr zu bieten als bereitwillige Leere. Ihre Merkmale sind die Standardkennzeichen allen Heruntergekommenseins. Mit dem eigenen Inhalt ist auch die eigene Form verlorengegangen; die Konfektioniertheit ist offensichtlich; das Element der Rationalisierung steckt im Kalkül aufs Opportune, und die Mechanisiertheit ist im Prinzip auch da, nur: im Handbetrieb kommt's billiger. Der Computer müßte programmiert werden, aber das wäre eine Art Stilbruch: Solche Gebilde bewegen sich – den Schöpferakt eingeschlossen – nur in der Sphäre der Konsumtion.

Nachricht aus Lesbos

Ich weiche ab und kann mich den Gesetzen
Die hierorts walten länger nicht ergeben:
Durch einen Zufall oder starren Regen
Trat Wandlung ein in meinen grauen Zellen
Ich kann nicht wie die Schwestern wollen leben.

Nicht liebe ich das Nichts das bei uns herrscht
Ich sah den Ast gehalten mich zu halten
An anderes Geschlecht ich lieb hinfort
Die runden Wangen nicht wie ehegestern
Nachts ruht ein Bärtiger auf meinem Bett.

Und wenn die Schwestern erst entdecken werden
Daß ich leibhaft bin der Taten meines Nachbilds
Täterin und ich nicht meine Schranke
Muß Feuer mich verzehren und verberg ichs
Verrät mich bald die Plumpheit meines Leibes.

Der andere Zentralbau: Der Turm. Quadern; nach dem Markt hin Scharten, und Gewölbe und sich verengende Gänge tief hinab in die Unterwelt.

Ein Gleichnis im historischen Gewand: Sappho; Lesbos; eine lüsterne Überlieferung. Sie ist falsch: Die Mädchenzirkel auf Lesbos, deren berühmtesten Sappho leitete, waren Vorbereitungskurse zur Hochzeit; sie lehrten, einschließlich der erotischen, frauliche Kultur und entließen die Absolventinnen in die Arme des Bräutigams.

Hoch das Dach
> *Hymenaios!*
Erhoben, ihr Zimmerleute!
> *Hymenaios!*
Es kommt der Bräutigam, gleich dem Ares!
> *Hymenaios!*
Viel größer als ein großer Mann!
> *Hymenaios!*

Dies – eine Strophe der Sappho – eine historisch-authentische Nachricht von Lesbos; „Lesbos" ist eine Männererfindung, und sie wurde von Männern begierig tradiert. Doch wenn die Logik in ihrer großherzigen Strenge den

Schluß vom Unwahren auf Wahres als insgesamt wahre Aussage wertet, darf auch der Dichter das Recht geltend machen, von der Kolportage zur poetischen Wahrheit zu gehen. Sein Lesbos wird *Lesbos* und wahr selbst als „Lesbos" sein, wenn das Gleichnis nur in sich wahr ist und eine Erfahrung artikuliert. Der Einwand mancher Geschichtslehrer soll ihn dann am allerwenigsten kümmern; die leben in dem Wahn, daß Dichtung nur geschaffen werde, ihnen Fachunterrichtshilfe zu geben. Unterrichtshilfe gäbe sie schon: sie lehrt Erfahrung. In diesem Fall: nicht mit Homoerotik, sondern mit dem Linearen, und nicht nur die Mathematik profitierte davon.

Erfahrung mit dem Linearen, abgebildet im Gleichnis: Lesbos, ein Frauenstaat mit Gesetzen, die Liebe zum andern Geschlecht verbieten und mit dem Feuertod bedrohn. Gegen dieses Gebot die notwendige Revolte, und, dem Wesen solcher Despotie nach, notwendig individuell. Im individuellen Charakter stimmt sie mit der mißlungenen Rebellion gegen den, der „mein König" ist, überein, sonst ist sie deren genaues Gegenteil: nicht Entfaltung, sondern Verkümmerung menschlicher Kräfte; nicht frei gewählte Bindung als Antrieb zum Vorwärtsschreiten, sondern Feßlung ans Überkommne und damit Stagnieren; nicht innerer Widerspruch, sondern äußeres Hemmnis: die Indoktrinierung der Widerspruchslosigkeit als oberstes Gesellschaftsprinzip. *Lesbos:* Nicht die gleichgeschlechtliche Liebe wird attackiert, sondern die Formung des Menschen nach einem Bilde, das weniger als ein Menschheitsbild ist, weil der ganze Mensch in ihm nicht aufgehen kann. *Lesbos:* die zwangsweise Festlegung aller auf den Sonderfall des Verlangens wie Begnügens im Gleichgearteten und die Erhebung dieses engen Verhältnisses zur ausschließlichen Norm. Was mir schon als Kind einen Stich ins Herz gab: „He, Sie sind hier in Deutschland, hier wird deutsch gesprochen!" Im Geistigen das, was Dogmatismus, im Ästhetischen das, was Klischierung und Provinzialismus, in jedem Menschenbereich das, was für ebendiesen Bereich das Unschöpferische heißt. *Lesbos* ist die Verurteilung zur Sterilheit.

Noch einmal: Man darf nicht vergessen, daß es hier um das Gleichnis und nicht um Sexualmoral geht. Gerade Hexen teilen nicht die Meinung, daß Liebe nur der Fortpflanzung dienen und Homoerotik darum verpönt werden müsse; nur: bei zwangsweiser Zuordnung zum gleichen Geschlecht stirbt die Menschheit aus, und schon vorher ihr Menschsein. Die gleichgeschlechtliche Frau ist um nichts schlechter oder besser als die heterosexuelle, nur eben andersgeartet, und würde es ihr verwehrt sein, die Lust nach ihrer Art zu finden, verarmte ihr Menschsein. Es mag nun Naturen geben und gibt sie, und sie sind um nichts schlechter oder besser als andre, nur andersgeartet, die geistige und ästhetische Lust ausschließlich aus der Wiederbegegnung mit ihrem eigenen Naturell ziehen, das aufs unbeschwert Spaßige und harmlos Ergötzliche aus ist, aufs humorig Problemlose und gemütsfroh Verklärende, nicht auf Wachstum, sondern auf Selbstbestätigung durch stetes Reproduzieren der Illusion, daß ihr Horizont darum der Horizont aller sein müsse, weil er die eigene Welt vollkommen begrenzt. Sie sollen Befriedigung finden und finden sie ja, nur müssen sie sich aus dem Irrglauben lösen, daß ihr Verlangen und Begnügen dem aller Mitmenschen kongruent ist. Freilich gehört grade dieser Irrtum zu ihrer Selbstbestätigung, darum zwingen sie Andere gern zu dem, was ihr eigenes Glück tatsächlich ist, und sei es mit dem Scheiterhaufen. *Ihr* Glück fänden sie allerorten; aber: Es soll das aller sein. Sie sind besorgt ums Allgemeinwohl, vor allem, was Bildung anbelangt. Um einen alten Witz abzuwandeln:

„Wissen Sie, Deutsch ist die einzige Sprache, die etwas taugt, da versteht man ein jedes Wort!" Dies wäre ein Irrtum selbst dann noch, wenn statt „man" da „ich" stände, aber es zeigt die Prätention.

„Eindeutig muß das Gedicht sein... Und Neues will ich sehen! Von den nicht direkt politischen oder weltanschaulichen Gedichten wünsche ich mir, daß sie lebensbejahend sind, daß sie positive Wirklichkeitsbeziehungen erkennen lassen, daß in ihnen Sinnesfreude sind und vergnüglicher Spaß am Phantastischen". Das ist so ein kleines Scheiterhäuflein, denn dieser Wunsch, der als individuelles Verlangen auch mit grammatikalischen Fehlern ein gutes Recht wäre, soll ja nicht dadurch befriedigt werden, daß entsprechende Lektüre für den Wünscheäußernden bereitgestellt würde, sondern daß nichts andres entstehe als eben das, was seinen Wunsch deckt...

Das Zitat ist eine Kritik an den „Zaubersprüchen" und läuft auf Inhibierung hinaus, und damit auf ein Klima des Unschöpferischen. Alles eine Richtung: eben das Lineare; letzten Endes: die Widerspruchslosigkeit. Doch auch im Gleichen entsteht ein Widerspruch: der gegen das Gleiche.

„Nicht liebe ich das Nichts das bei uns herrscht..." Natürlich hat dieses Bild in einem Gleichnis, das in der erotischen Sphäre daheim ist, auch einen sexuellen Bezug, doch nicht nur diesen. Das Nichts ist der widerspruchslose Widerspruch. Das Nichts ist das Fehlen des Anderen. Ob linear oder platt – es ist das Zuwenigdimensionale. Daß es „den Schwestern" genügt, ist kein Beweis. Es muß, um gesellschaftsbestimmend zu sein, allen Elementen der Gesellschaft genügen können.

Nichts gegen die „Schwestern", nur: sie sind nicht das Maß aller.

Auch in dieser Gesellschaft sind Hexen daheim.

Der böse Blick

Auf die Postille gestützt nah am Herde
Seh ich ihn sitzen, das Aug auf den Knochen
Dessen, das einstmals ein Vogel gewesen ist
Zahm und nicht die bewegliche Sorte
Die uns im Freien den Himmel verschönt.

Allerorten: Stein- und Schnitzwerk von der Art der Hasenrosette im Dom zu Paderborn: Drei Hasen, laufend im Kreis, und insgesamt nur drei Ohren, und jeder Hase trägt doch deren zwei.

Das ist beste Hexenkunst.

Ein Stilelement dieses Buchs ähnelt jenem Steinscherz, der nun genau beschrieben sei: Ein Fensterrund, drei Hasen im Kreis am Innenrand laufend, die Köpfe gegen die Mitte gerichtet, und die Mitte des Kreises ist geometrisch genau der Mittelpunkt eines Dreiecks, das von den Innenkanten der insgesamt drei Hasenohren gebildet wird. Das geht so zu: Das linke Ohr des unten laufenden Hasen ist gleichzeitig das rechte seines im Uhrzeigersinn, also links von ihm die Kreisinnenwand hinauflaufenden Vorderhasen, dessen linkes Ohr wiederum gleichzeitig das rechte Ohr jenes Hasen ist, der von rechts herab den unteren Hasen verfolgt und dessen – des unteren Hasen – rechtes Ohr als sein linkes trägt. Jeder Hase hat dergestalt zwei Ohren, linkes und rechtes, wie es sein muß, und da jedes zugleich ein Ohr seines Vorder- und Hintermannes ist, kann man ebensogut auch sagen: Jeder hat keines, und die Summe der keinen wäre dann ebenso drei, wie die Summe von dreimal zweien drei ist. Man versteht: das Hexeneinmaleins.

Im Lyrischen sieht das nun so aus:

> *. . . wir schwammen*
> *Nun schneller, es wallten die Bäume, die Möwen*
> *Auf den Balkonen, da standen sie, lachten und*
> > *flochten*
> *Dir nicht mir Federn ins Haar . . .*

Wie ist diese Episode eines Hexenflugs zu verstehen?
Wem flochten die Möwen da Federn ins Haar? Durch
zwei Kommata wird Klarheit geschaffen:
„. . . da standen sie, lachten und flochten dir, nicht mir,
Federn ins Haar . . ."
Wie anders: Die Möwen sind Weiber und schmücken
den Mann!
Aber nein, da steht ja das Konträre:
„. . . da standen sie, lachten **und** flochten dir nicht, mit
Federn ins Haar . . ."
Wie anders: Die Möwen sind Weiber und schmücken die
Schwester, die Geschlechtsgenossin, und deren Stolz
kommt ganz durch die Pause zum Ausdruck, die man zwischen dem „nicht" und dem „mir" mitzulesen hätte! Aber
da dieses „nicht" nun einmal so zauberträchtig ist, könnte
es sich doch auch als elliptisches Element auffassen und
zu seiner Verdoppelung durch den Leser einladen lassen:
„. . . da standen sie, lachten und flochten dir nicht, nicht
mir Federn ins Haar . . .", was eigentlich ja das logisch-
ste wäre, denn wer Möwen nur ein wenig kennt, weiß, daß
sie mit ihren Federn geizen.
Wie also ist das zu verstehen? Am besten wörtlich, ganz
so wie es dasteht:
„. . . da standen sie, lachten und flochten dir nicht mir
Federn ins Haar . . ."
Es ist unentschieden, denn es ist unentscheidbar: Es geschieht ja im Vorbeiflug des Liebespaares an den verhar-

renden Möwen; Bewegungen her- und hinauf, wem gilt da der Gruß und die Feder: den beiden, und beiden nicht, denn sie verliert sich –: Durch die grammatische Unbestimmtheit wird der Charakter des Flugs präzis bestimmt, und der Leser erlebt den Vorgang des Fliegens, den Flug als Prozeß und in seinem Prozeß.

Überinterpretiert?

Man könnte diesen Vorwurf erheben, wenn dies die einzige Stelle solcher Stilgestalt wäre, allein es ist ein Stilelement. Dies Traumhafte, Fließende, dies im scheinbar Ungenauen gerade Genaue und höchst Genaue ist ein Wesenszug dieser Zaubersprüche, und sein Sprachausdruck ist nicht modische Spielerei, wie in diesem Buch überhaupt sehr viel weniger Verspieltheit ist, als mancher Kritiker so denkt: „Die Leute verkennen es geht um ernsthafte Dinge / Wie komisch sagen sie erzähl ich ein Unglück / Wenn sie lachen müßten, erschrecken sie..." Verspieltheit auch nicht in der sparsamen Interpunktion, die ist aufs exakteste eingesetzt, etwa die (außer einem Doppelpunkt) einzigen drei Zeichen in der „Nachricht aus Lesbos", die Schlußpunkte hinter jeder Strophe, die hier wirklich Schluß-Punkte sind, Abschlüsse je eines – und welchen! – Aktes, Verwandlung eines Berichts in den Ablauf eines Geschehens, aufs äußerste konzentrierte Zeit. Oder der einzige, durch ein Enjambement von Strophe zu Strophe verstärkte Punkt im „Mai", der das Tödliche von der Idylle schon da absetzt, wo diese noch weitergeht, und nicht erst in der Reflexion. Man stelle sich, um dies nachzufühlen, jenes Gedicht für einen Augenblick mit veränderter, und zwar nur um die Stellung des einzigen Punkts veränderter Zeichensetzung vor, und man wird durch diese winzig anmutende Operation den einen, äußerlich unveränderten, Vorgang (ein Rettungswagen fährt durchs Charitétor) in zwei durchaus miteinander nicht deckungsgleiche Erlebnisinhalte divergieren sehn können.

Das Original:

Mai

Auf dem Dach der großen Klinik
Sitzen feiertags die Kranken
In gestreiften Bademänteln
Legen Finger auf die Wunden
Rauchen eine Zigarette

Auf der Erde ist das Gras grün
Gelbe Blumen sind darin
Und die weißen Küchenfrauen
Ziehen Karren mit Kartoffeln
Fleisch Kompott Gemüse. Wieder

Kommt ein Krankenwagen
Mit der Fahne und der schrillen
Stimme die um Eile schreit
Ach ich seh dich blütenblaß
Neben deinem Auto liegen

Und dagegen nun die um eine einzige Punktstellung veränderte Fassung:

Auf dem Dach der großen Klinik
Sitzen feiertags die Kranken
In gestreiften Bademänteln
Legen Finger auf die Wunden
Rauchen eine Zigarette

Auf der Erde ist das Gras grün
Gelbe Blumen sind darin
Und die weißen Küchenfrauen
Ziehen Karren mit Kartoffeln
Fleisch Kompott Gemüse wieder

Kommt ein Krankenwagen
Mit der Fahne und der schrillen
Stimme die um Eile schreit.
Ach ich seh dich blütenblaß
Neben deinem Auto liegen

Dahin. – In der Originalfassung ist die „Stimme die um Eile schreit" in ebenjenem Punkt schon da, ehe noch das Bild des Wagens da ist. Der Schall lief voraus. Oder: Wie unabdingbar die völlige Interpunktionslosigkeit in „Grünes Land" und „Keiner hat mich verlassen", oder die Notwendigkeit des Kommas in „Probe" gleich nach dem ersten Wort, oder – doch man sehe selbst. Und hat man, um zu dem Mai-Gedicht zurückzukehren, hat man entdeckt, daß dort ein Wort wieder eine Doppelfunktion, und diesmal eine metrische, hat, nämlich eben das Enjambement-Wort hinter dem Schlußpunkt? Es ist genau das Hasenohr, es schließt die Vorderzeile rhythmisch ebenso ab, wie es rhythmisch die Anschlußzeile eröffnen würde, in der nun, da dieses Wort nicht dort steht, ein prosodisches Loch klafft: die Schrecksekunde nach dem Ertönen des Martinshornes:

Ziehen Karren mit Kartoffeln
Fleisch Kompott Gemüse. Wieder

Das sind vierfüßige Trochäen.
Wenn dieses letzte „wieder" nun die nächste Zeile eröffnen würde, also: „Wieder kommt ein Krankenwagen", wäre sie ebenfalls ein vierfüßiger Trochäus, und wenn das gesamte Gedicht in solchem Rhythmus ungestört liefe (natürlich könnte dann nicht zweimal hintereinander „wieder" stehen, man müßte eine der Zeilen ein wenig umbaun), bliebe alles in dieser Sonntagnachmittagmaiidylle.

Im Zusammenhang sähe dies dann etwa so aus:

> „...
> Ziehen Karren mit Kartoffeln
> Fleisch Kompott Gemüse wieder
> Kommt durchs Tor ein Krankenwagen
> Mit der Fahne und der schrillen
> ...“

oder gar:

> „...
> Ziehen Karren mit Kartoffeln
> Fleisch Kompott Gemüse Kuchen
> Wieder kommt ein Krankenwagen
> Mit der Fahne und der schrillen
> ...“

Dahin, dahin!
Jedes Formelement mit höchster Präzision verwendet!
Welche Genugtuung, daß man Gedichte so schonungslos
erproben kann!
Wird man mir's nachsehen, daß ich, von solcher Fedrig-
keit hingerissen, auf noch zwei solcher Stellen (von vielen)
aufmerksam mache: In der „Ode" (nicht dem stärksten
Gedicht) eine schöne Doppelfunktion der Sonne, dazu
noch als Zeugma, zuerst Akkusativ, dann Nominativ,
also eigentlich ganz was Verbotenes, aber hier, als ein
bißchen ironisierend, durchaus treffsicher eingesetzt:

> *Und säen und ernten die Sonne*
> *Brennet und bräunt*
> *Den Kühler den pfeifenden Gott ...*

Und aus dem „Angeln mit Sascha" nur diese Stelle (und
wieder könnte man mehr anführen):

> *Beiß mal die Bleikügelchen fest*
> *Ich kann doch was siehst du*

Nämlich:
„Ich kann doch was! siehst du?!"
Aber auch:
„Ich kann doch – was siehst du?"
Was siehst du??
Das ertrunkene Mädchen.
Das ist, ich sag's ruhig zweimal, keine Spielerei, das ist ein Inhaltsmoment:

> *Er hält meine Angel sagt was von Täubchen*
> *Wen meint er von uns rings gibts nur zwei*
> > *Mädchen die eine ist tot*

Doch nun zum „Bösen Blick". Nochmals das Gedicht:

> *Auf die Postille gestützt nah am Herde*
> *Seh ich ihn sitzen, das Aug auf den Knochen*
> *Dessen, das einstmals ein Vogel gewesen ist*
> *Zahm und nicht die bewegliche Sorte*
> *Die uns im Freien den Himmel verschönt*

Wer hat da eigentlich den bösen Blick?
„Auf die Postille gestützt nah am Herde / Seh ich ihn sitzen" – wer ist da, nah am Herd, auf die Postille gestützt, der Sitzende oder die Sprecherin?
„Das Aug auf den Knochen dessen..."
Wessen Auge – das der Sprecherin oder des Sitzenden?
„Dessen, das einstmals ein Vogel gewesen ist..."
Wer: das Huhn oder der Sitzende?
„Zahm und nicht die bewegliche Sorte / Die uns im Freien den Himmel verschönt" – der Vogel oder der Sitzende oder die Sprecherin, die ja, das wissen wir, beide fliegen können? All dies, und Kombinationen all dessen, kann möglich sein. Was wir hier erleben, ist der böse Blick in Aktion, der Prozeß der Verhexung. Zauberei: nicht als Resultat noch als Stoff: im Prozeß.

Bisher galt als Axiom, daß ein Stück Literatur sein Thema oder Objekt nicht real reproduzierend darstellen könne, also nicht ein Gedicht über die Langeweile als Langeweile im Gedicht. Hier ist, ohne viel Aufhebens zu machen, ein Gestaltungsprinzip entwickelt worden, das erfolgreich diesem Axiom widerspricht.

Dieses Gedicht *ist* ein Hexenblick.

Grünes Land

Wenn der Kuckuck ruft den hörst du nicht bin ich

                                              weit

Grünes grünes Land zwischen mir und der Stadt

Ich zieh ins Haus zwischen die Arme des Flusses

    Aber was tu ich ich fang keinen Fisch

    Verstehe die Stimmen der Krähen nicht

Wiesen Koppel zu Türmen gehaunes Gras

                            Schonungen der Hochwald

Ich sehe gebogene weidende Pferde sie sind gar

                                nicht da

Nur einmal ein Kopf aus dem Stallfenster

    Ach und ich lief auf beuligen Wegen

    Fort aus der Stadt

Ich rauche im Regen traf tagelang keinen Menschen

Nur ein Alter sah übern Zaun hatte Zeitung

                                  gelesen

Wenns losgeht sagte er ich hab einen eigenen Brunnen

    Ich nichts aber auf diesem Land

    Bau ich dir vierblättrigen Klee

In der alten Prager Altstadt, erzählt der Gewährsmann, gab es ein Haus mit einem Fenster im Hof, zu dem keine Tür führte, aber manchmal, an gewissen Septemberabenden, zeigte sich dort eine traurige Frau.

Drei Strophen, jede bestehend aus einem dreizeiligen Stollen und einem zweizeiligen, stets anders lautenden Abgesang, ein stilles, vollkommen klares Gedicht der einfachsten und schönsten Bilder. Grünes Land, schöner Fluß, ein Gespräch am Brunnen und das unaufhaltsame Ziehen der ruhigen Illusionslosigkeit.

> *Ach und ich lief auf beuligen Wegen*
> *Fort aus der Stadt*

Erneut das Motiv des Heruntergekommenseins, hier in seiner schmerzlichsten, weil das Erträumteste konterkarierenden Gestalt: Die Wiederbegegnung mit dem verlorenen Paradies, das ist die grausamste aller Entzauberungen und sie zu überstehen das schwerste Lehrstück; nicht nur für Hexen, doch auch für sie.

Der ruhige, stille, stetige Fluß dieser Desillusionierung, dies Fließen im Sinne eines Sich-Füllens und Sich-Erfüllens, das ist die Bewegung dieses Gedichtes.

Im Stollen der ersten Strophe: Grünes Land; zu einer nicht näher bezeichneten Stadt und einem nicht weiter beschriebenen Vergangnen das Andere, und da das Andre als Paradies geträumt ist, wird wohl das Verlaßne die Hölle sein. Paradies: Das Land ist noch Land und nicht Schutt- oder Privatvillen- oder Campinggelände; der Fluß ist noch Fluß und nicht Kloake, auch der Kuckucksruf noch, und ein Haus in den Wiesen, und die Stadt wie das Vergangene ist fern. Und dennoch schon die Dissonanz: in der Verdoppelung des Adjektivs. Das *grüne Land*, das die Überschrift uns verheißen und das sich so fern von der Stadt hinbreitet, ist nicht grünes, es ist *grünes grünes Land* – Paradies im Spiegel einer Seele, die es nicht feststellt, sondern beschwört, da sie es schon gefährdet weiß, und zwar vom unabweisbarsten Feind: von sich selber. Der, der ins *grüne Land* kommt, um der

Stadt und seinem Vergangenen zu entfliehen, trägt Stadt und Vergangenheit in sein Asyl.

„Ich zieh ins Haus zwischen die Arme des Flusses" – was für ein Bild, und welch ein Vorgang! Doch was soll man zwischen den Armen des Flusses, wenn man nicht einmal einen Fisch fangen kann?

Und was soll man in der Umarmung des Grases, wenn man, eines Kuckucksrufs grade noch kundig, nicht einmal die Stimmen der Krähen versteht?

Im Paradies hat man noch Fische gefangen. Forellen; wir fingen sie mit den Händen, im Hüttenbach, vor den Höhlen im tangigen Stein. Und wir haben nicht nur Vögel verstanden, auch den Wind und die Hügel.

Aber eines, eines ist ja geblieben: das Grün, und Grünes tausendgestaltig: Wiesen, Heuschober, Schonungen, Hochwald, die Koppel, und da müssen ja, Inbegriff des Paradieses, auch noch die freien Pferde sein...

Aber dies Grün ist leer, und schlimmer als leer:

> ... *ein Kopf aus dem Stallfenster*

Aber noch: Rauchen im Regen, und Einsamkeit, und der Rauch ist noch Rauch der Zigarette, und der Regen noch der Regen wie einst... Doch der Nachbar hat die Zeitung gelesen:

> *Wenns losgeht sagte er ich hab einen eigenen Brunnen*

Mein Eigentum! Ich! Ist man deshalb geflohn, auf beuligen Wegen, mit blutendem Fuß? Das Gedicht sagt uns nichts über die verlassene Hölle, doch der Schluß ist erlaubt: Sie war beherrscht von solch einem Ich. Dort hat es die Liebe besessen. Hier besitzt es das Wasser:

> *Wenns losgeht sagte er ich hab einen eigenen Brunnen*

Was bleibt noch? Nur nüchtern das Fazit: Ich nichts.

Ich nichts – das Nichts ist das Bessere. Freilich: Es ist damit noch kein Brunnen.

Aber es ist der Anfang zum Andern:

> ... *aber auf diesem Land*
> *Bau ich dir vierblättrigen Klee*

Vierblättriger Klee, das ist der Glücksklee, und Glücksklee, verstehst du, ist eben das, was sich nicht anbauen läßt. Vierblättriger Klee, der wäre schon ziehbar, aus Samentüten, vom Versandwarenhaus, doch Glücksklee ist er dann nicht mehr. Glücksklee ist das nicht Anbaubare. Man muß ihn finden, das ist es, und die Sprecherin weiß das.

Vierblättriger Klee ist als letztes Wort das Gegenstück zu einem ersten Wort, das *grünes Land* heißt. Das *grüne Land* war das grüne Land nicht, und angebauter *vierblättriger Klee* wird vierblättriger Klee nicht sein. Zwischen beiden: ein Kopf aus dem Stallfenster.

Das verlorene Paradies.

Die letzte Ernüchterung ist vollzogen. Das Maß des Bitteren ist erfüllt.

Was tun?

Vierblättrigen Klee anbaun. In diesem Land, im verlorenen Paradies, das ja nie eines war. Vierblättrigen Klee anbaun, das ist das Andre, und es ist das Einzige anstatt verzweifeln oder den eigenen Brunnen bewachen. Man lebt nicht in Utopien und nicht im Erinnern. Das Paradies ist unwiederbringbar. Der Hölle bist du entflohn. Also: zwischen beiden, und das hieße wohl eben: im Menschenland. Ausgeraucht; der Regen rinnt: Bau vierblättrigen Klee an. Vielleicht wächst doch noch: Grünes Land!

Grünes Land: das ist das Land der Hoffnung, und Hoffnung ist immer da, wo ein Mensch ohne Illusionen ist. Wer nüchtern, mit tapferster Wahnlosigkeit, seiner Um-

welt ins Aug sieht, der hat das Recht und die Pflicht zu
hoffen, und die Hoffnung birgt das Unmögliche! Ja: Bau
vierblättrigen Klee an! Kümmre dich um Glück, da du
ein Mensch bist! Und vielleicht findet dein Kind oder
mein Enkel beglückt beim Spielen ein noch niemals zuvor
geschautes Pflänzchen: Dreiblättrigen Klee.

Ich kann diesen Gang durch die gotische Stadt nicht
besser beschließen, als zu einem Ausflug vor seine Mauern einzuladen, in guter Gesellschaft, mit jungen Frauen.
Dies Gedicht, in lockeren Hexametern geschrieben, ist
ein Stückchen Ilias. Ich will es kommentarlos hinsetzen,
Schlußwort, einem Zauberbuch gegeben, das mit *Nebel*
begann und mit *Feuer* schloß:

> *Das Grundstück*
>
> *Sonntags kommen die Mädchen mit ihren Kindern*
> > *zum Grundstück*
> *Das sie vor Jahren billig erwarben. Noch immer*
> > *kein Geld für*
> *Zäune und festere Türen; so gehn sie und sehen und*
> > *zählen*
> *Was da verschwand: die Pumpe, die Tassen, die*
> > *flauschige Decke –*
> *Ach, es ist schon zu spüren, wenn man allein*
> > *steht und selber*
> *Nicht mit Hobel und Säge umgehen kann und die*
> > *Freunde*
> *Können sie selten bewegen hierher, denn es gibt*
> > *nichts*
> *Was sie verlockte, der Sand: der lädt wohl die*
> > *Mädchen*
> *Ein, sich ohne Bikini zu sonnen, die winzigen Kinder*

Pausenlos fordern sie Dies und Das von den
Müttern und tollen
Immer dazwischen. Das wissen die Männer und
sagen:
Besser, man kommt in der Woche. – Man
klingelt um sechs an der Wohnung
Noch eine Stunde, dann gehts. – So sehn sich die
Mädchen
Sonntag für Sonntag den Grund abgehn, das Gras
und die Kiefern
Liebevoll streifend; sie zählen und messen und
rechnen:
Eintausend Mark für den Zaun, wer setzt ihn?
Etwa die Spechte
Meisen und Häher? Und naht zwischen Kiefern
die Alte
Die man, die Rente ist klein, mit Wurst oder
Pudding bewirtet?
Die man, gut wie man ist, herbergt: und hat nun
drei Wünsche
Frei? wie im Märchen würden sie leben mit Kindern
Und Geliebten in Datschen im Sommer und sorglos.
So aber müssen die Mädchen am Abend, nachdem
sie die Sonne
Etwas gebräunt hat, entfliehen mit Kindern und
Taschen
Denn es wäre ein Wagnis, die Nacht hier alleine
zu schlafen
Fremde könnten die zaunlose Festung erstürmen,
die Freunde
Glaubten den Schönen die Unschuld nicht und
verzeihn nicht.
Die Kinder sind müde und zwitschern wie Vögel.
Die Frauen lachen.

Das mythische Element
in der Literatur

> Was in einem Märchen vorkommen kann,
> muß doch Sinn haben.
>
> *Ludwig Wittgenstein*
> *Grundlagen der Mathematik*

Meine Damen und Herren, mein Thema lautet: Das mythische Element in der Literatur, doch ich möchte von
vornherein betonen, daß diese Formulierung zu objektiv
klingt und Sie nicht mehr erwarten dürfen als Selbstver-
ständigungsversuche eines Schriftstellers über sein seltsames Treiben. Ich bin weder Philosoph noch Literaturhistoriker noch Mythologe; ich versuche nur, mir nach
Art redlicher Handwerker bestimmte Phänomene und
Merkwürdigkeiten der eigenen Arbeit und deren Wirkung klarzumachen, und einige dieser Arbeitshypothesen
teile ich Ihnen in der Absicht mit, von Ihrer Gegenmei-
nung selbst wieder zu profitieren. Sie hören also keine
Vorlesung, als deren Ergebnis Sie dann schwarz auf weiß
und frohgemut nach Hause tragen könnten: das mythische
Element in der Literatur ist erstens, zweitens und drit-
tens und so, und Sie wüßten's dann – hier bitte ich even-
tuelle Erwartungen drastisch herabzuschrauben. Ich bin
mit den meisten Fragen durchaus *nicht* fertig, und ich
bitte Sie, dort, wo ich Behauptungen aufstelle, in Gedanken immer ein „vermutlich" oder „vielleicht" oder „sagt
er" und so ähnlich hinzuzufügen. Was Sie hören werden,
ist ein öffentlich vorgenommener Selbstverständigungs-

versuch, und was Sie von ihm erwarten dürfen, ist eine Einladung, bestimmte literarische Probleme unter einem für Sie vielleicht neuen Aspekt anzusehen. Ich möchte Ihnen als eine Art Ouvertüre unserer gemeinsamen Betrachtung drei Texte vorlesen – einen Ihnen wahrscheinlich bekannten und zwei wahrscheinlich unbekannte. Bitte hören Sie diese Texte ganz unvoreingenommen an, ganz naiv, vielleicht mit geschlossenen Augen, und nicht nach Fallstricken suchend, es sind keine drinnen.

I

Matthias Claudius

Abendlied

Der Mond ist aufgegangen,
Die goldnen Sternlein prangen
Am Himmel hell und klar.
Der Wald steht schwarz und schweiget,
Und aus den Wiesen steiget
Der weiße Nebel wunderbar.

Wie ist die Welt so stille,
Und in der Dämmrung Hülle
So traulich und so hold!
Als eine stille Kammer,
Wo ihr des Tages Jammer
Verschlafen und vergessen sollt.

Seht ihr den Mond dort stehen? –
Er ist nur halb zu sehen,
Und ist doch rund und schön!
So sind wohl manche Sachen,
Die wir getrost belachen,
Weil unsre Augen sie nicht sehn.

Wir stolze Menschenkinder
Sind eitel arme Sünder,
Und wissen gar nicht viel.
Wir spinnen Luftgespinste
Und suchen viele Künste,
Und kommen weiter von dem Ziel.

Gott, laß uns dein Heil schauen,
Auf nichts Vergänglichs trauen,
Nicht Eitelkeit uns freun!
Laß uns einfältig werden,
Und vor dir hier auf Erden
Wie Kinder fromm und fröhlich sein!

Wollst endlich sonder Grämen
Aus dieser Welt uns nehmen
Durch einen sanften Tod!
Und, wenn du uns genommen,
Laß uns in Himmel kommen,
Du lieber treuer frommer Gott!

So legt euch denn, ihr Brüder,
In Gottes Namen nieder;
Kalt ist der Abendhauch.
Verschon uns, Gott! mit Strafen,
Und laß uns ruhig schlafen!
Und unsern kranken Nachbar auch!

Als nächstes den Schluß der zweiten Vorrede zur „Unsichtbaren Loge" von Jean Paul, den Sonnenuntergang auf dem Fichtelgebirge. Jean Paul, der einen Sonnenuntergang in möglichster Unvermitteltheit erleben will, läßt sich in einer geschlossenen Sänfte auf den Schneeberg tragen, um erst im Augenblick des Abendwerdens in die Natur zu treten, doch er malt sich im Gehäuse schon aus, was ihn draußen erwartet:

„. . . Nun tritt auch die Erdensonne auf die Erdengebirge und von diesen Felsenstufen in ihr heiliges Grab; die unendliche Erde rückt ihre großen Glieder zum Schlafe zurecht und schließet ein Tausend ihrer Augen um das andere zu. Ach welche Lichter und Schatten, Höhen und Tiefen, Farben und Wolken werden draußen kämpfen und spielen und den Himmel mit der Erde verknüpfen – sobald ich hinaustrete (noch Ein Augenblick steht zwischen mir und dem Elysium), so stehen alle Berge von der zerschmolzenen Goldstufe. der *Sonne* überflossen da – Goldadern schwimmen auf den schwarzen Nacht-Schlakken, unter denen Städte und Thäler übergossen liegen – Gebirge schauen mit ihren Gipfeln gen Himmel, legen ihre festen Meilen-Arme um die blühende Erde und Ströme tropfen von ihnen, seit dem sie sich aufgerichtet aus dem uferlosen Meer – Länder schlafen an Ländern, und unbewegliche Wälder an Wäldern, und über der Schlafstätte der ruhenden Riesen spielet ein gaukelnder Nachtschmetterling und ein hüpfendes Licht, und rund um die große Szene zieht sich wie um unser Leben ein hoher Nebel. – – Ich gehe jetzo hinaus und sink' an die sterbende Sonne und an die entschlafende Erde. Ich trat hinaus – –"

Als Letztes ein Stück aus dem Schluß des „Ulysses" von James Joyce, ein Konzentrat aus dem berühmten inneren Monolog der Frau Marion Bloom. Zur Situation: Späte Nacht eines kleinbürgerlichen Alltags, des 16. Juni 1910, eines Allerweltstags, an dem nicht das geringste Außergewöhnliche geschehen ist, und nun liegen zwei der drei Hauptakteure nebeneinander im Bett: er, Leopold Bloom, ein irischer Annoncenhändler; sie, Marion Bloom, eine unbedeutende Sängerin; er schnarcht, sie grübelt; beide haben einander während der letzten zwölf Stunden betrogen, er sie, wie so oft, in Gedanken, sie ihn, wie so oft, in der Realität, und nun liegt sie noch wach und kann nicht einschlafen, und der Tag und das Leben ziehn durch ihren Kopf, und da dieser Strom des Unbewußten, der Gedankenfetzen, Erinnerungen, Wünsche, Wachträume und heraufdämmernden Phantasmagorien interpunktionslos hundertundelf Druckseiten durchzieht, bin ich zu einer extremen Straffung gezwungen, die aber unserm Zweck vollauf genügt. Also: Marion Blooms Monolog; ein Stückchen aus dem Anfang, und dann etwas gekürzt der Schluß: „kannst du fühlen daß er versucht eine Hure aus mir zu machen er sollte es aufgeben jetzt in diesem Alter macht jede Frau einfach kaputt und keine Befriedigung dabei behauptet täte es gern bis es kommt und zum Schluß muß ich es doch noch selbst tun und die Lippen werden davon blaß doch einerlei jetzt ist es ein für alle mal vorbei was die Leute drüber reden es ist ja nur das erstemal dann ists nichts Besonderes mehr und man denkt nicht mehr dran warum kann man denn keinen Mann küssen ohne ihn erst zu heiraten manchmal liebt man zu wild wenns einem so durch den Körper geht daß man gar nicht anders kann könnten ebensogut versuchen die Sonne morgen am Aufgehen zu hindern die Sonne scheint für dich sagte er an dem Tage als wir zwischen den Alpenrosen oben lagen an diesem Tag brachte ich ihn so weit mir als erster einen Antrag zu machen ich gab ihm den Bissen Streuselkuchen aus meinem Mund ja vor sechzehn Jahren war es lieber Gott nach dem langen Kuß ging mir fast der Atem aus ja er sagte ich wäre eine Blume der Berge ja wir sind alle Blumen der Leib eines Weibes ja und ich liebte ihn weil ich sah daß er verstand und fühlte was ein Weib ist und brachte ihn so weit daß er mich bat ja zu sagen und zuerst wollte ich nicht antworten und sah hinaus auf das Meer und in den Himmel ich dachte an so vieles an Mulvey und Stanhope und Hester und an die Seeleute und die lachenden spanischen Mädchen in ihren Shawls und die Juden und die Araber und der Teufel mag wissen an wen sonst noch von allen Enden Europas und auch an die schönen ganz weiß gekleideten Mauren mit Turbanen wie Könige und die Kastagnetten und die Nacht als wir in Algeciras das Schiff verfehlten und der Wächter heiter mit seiner Lampe einherging und O den schrecklichen tiefliegenden reißenden Strom O und an das Meer das Meer das oft feuerrot ist und die herrlichen Sonnenuntergänge und die Feigenbäume in den Alamedagärten ja und all die seltsamen Gassen und rosaroten blauen und gelben Häuser und die Rosengärten an Jasmin und Geranien an Kakteen und Gibraltar wo ich als Mädchen eine Blume der Berge war ja als ich die Rose mir ins Haar steckte wie die andalusischen Mädchen und wie er mich unter der maurischen Mauer küßte und da dachte ich er so gut wie ein andrer und dann sah ich ihn an mit meinen Augen mich wieder zu fragen ja und dann fragte er mich ob ich wollte ja sagen meine Gebirgsblume und dann umschlangen ihn meine Arme ja ich zog ihn herab zu mir und er konnte meine duftenden Brüste fühlen ja und ganz wild schlug ihm das Herz und ja ich sagte es ja ich will sagte ich Ja"

II

Das waren drei Texte, die bei aller immensen Verschiedenheit eines gemeinsam haben: sie üben auf dafür empfängliche Menschen eine bestimmte emotional-geistige Wirkung aus, die man Kunsterlebnis nennt und etwa umschreibt mit Bewegtsein, Angerührtsein, Gepacktsein, Ergriffensein und so fort, alles unzulängliche Benennungen, die aber alle in einer merkwürdigen Übereinstimmung ein gemeinsames Bild heraufbeschwören: eine Macht streckt ihre Hand aus und faßt uns an und wir erliegen – wer ist denn diese enorme Macht? Was ist es, das einen da anrührt, bewegt, packt, fesselt, in Bann zwingt, ergreift, verwandelt, aufwühlt, verzaubert – was wirkt da, was ist das gemeinsam Mächtige dieser so unterschiedlichen Texte? Von dieser Frage wollen wir ausgehn.

Man ist geneigt, sofort zu antworten: Das, was da wirkt, das ist die Aussage der Texte – aber was *wird* denn nun eigentlich ausgesagt? Nehmen wir das Abendlied, nehmen wir's Zeile für Zeile, und wir werden zu unserem Erstaunen nichts finden, was wir nicht schon längst gewußt oder gekannt hätten. Da wird unter dem Titelhinweis, daß es sich um den Abend handelt, festgestellt, daß der Mond aufgegangen ist, daß Sternlein hell und klar am Himmel prangen und daß diese Sternlein golden sind, daß da, wo sich dieser Vorgang abspielt, ein Wald steht, daß dieser Wald zu dieser Zeit schwarz ist und keine Laute mehr aus ihm dringen und daß aus Wiesen, die wir uns wohl diesem Wald vorgelagert zu denken haben, weißer Nebel steigt – ein Naturbild, wie es allabendlicher wohl nicht sein könnte und das auch heute noch für jeden bereitsteht, der eine kleine Fahrt mit der S-Bahn nicht scheut. Ich könnte ihm bei meiner Laube in Märkisch-Buchholz einen Flecken zeigen, an dem, bei geeignetem Wetter natürlich, genau das Gesagte zu finden wäre: der Wald, die Wiesen, der Sternenhimmel, der Nebel, die Abendkälte, und sicherlich gibt's solche Flecken in Schmöckwitz oder Bernau oder Strausberg, ja vielleicht auch noch im Plänterwald, auf jeden Fall jedem unschwer erreichbar. Man brauchte also, so sollte man meinen, das Gedicht nicht, um das Ausgesagte zu erleben, ja das Gedicht wäre eigentlich überflüssig: Wozu sollte man zu etwas aus zweiter Hand greifen, wenn man das Originäre, das Erlebnis erster Hand, sich auf leichte

Weise verschaffen könnte? Es ist doch ein Unterschied, ob ich Waldluft atme oder ob ich in Reimen und Jamben lese, daß die Waldluft frisch und würzig sei, und wenn ich dem Stadtqualm entrinnen will, fahre ich doch sonntags ins Grüne und nicht in die Bibliothek zu Mörike. Die Abendstille kann unzweifelhaft ein bewegendes Erlebnis sein, ein jeder von uns hat das erfahren, allein es ist nicht einzusehen, daß man dieses Erlebnis durch ein Gedicht statt durch die Natur selber erneuern sollte, und dazu scheinen, der Aussage nach, jene Strophen doch einzuladen. Man ist nun versucht zu sagen, daß die Naturschilderungen bei Claudius nur dazu da seien, um das sogenannte Geistige vorzubereiten; sie schüfen, diese Naturschilderungen, gewissermaßen einen poetischen Raum für die Reflexionen – gut, schauen wir uns die Reflexionen an! Die Welt sei still geworden, vernehmen wir; sie sei in der Dämmerung auf das Maß einer Kammer geschrumpft; in einer solchen Kammer verspüre man anheimelnde Trautheit, weil man dort des Tages Jammer verschlafen und vergessen könne – das ist, bis hin zur Sorge um den kranken Nachbarn, wiederum durchaus Geläufiges; und wenn, als einzige Ausnahme, die in ihrer Naivität heute von den meisten nicht nachvollziehbare Claudiussche Herzensfrömmigkeit uns merkwürdig anmutet, so ist gerade sie das am wenigsten wirkende Element dieser Strophen, ja man ist sogar versucht, sie mild zu belächeln. Was also wurde ausgesagt: Ein Alltagsabend Natur, den eine kleine Mühe originär verschaffen könnte; ein Alltagsbedürfnis nach Ruhe, wie es jeder kennt; ein zumindest nicht ungewöhnliches Solidaritätsgefühl, gegen das mancher zudem den Vorwurf bloß passiven Mitleids zu erheben nicht abgeneigt sein dürfte, und eine leicht verschroben erscheinende Gotteseinfalt – das also wäre jene Macht gewesen, die uns ergriffen? Sonderbar. – Sie fühlen

alle, daß da etwas nicht stimmt; Sie werden – mit Recht –
den Verdacht nicht los, daß Sie durch diese Art der Analyse manipuliert werden, aber gehen Sie nachher einmal
selbst dieses Gedicht Zeile für Zeile durch, oder Sie könnten auch manches von Goethe wählen oder von Eichendorff oder von Brecht, und Sie werden auf die Frage, was
denn nun eigentlich gesagt wird, Zeile für Zeile die be-
fremdende Antwort erhalten: Eigentlich nur Altbekann-
tes, eigentlich nichts, was man nicht schon gewußt hätte,
ja eigentlich nichts, was man nicht banal nennen könnte.
In summa: nichts, was jene Wirkung auch nur einigermaßen plausibel erklärte – es sei denn, man hielte gerade die Wiederholung von Altbekanntem für das wirkende und erregende Moment in der Literatur, und dem
widerspricht ja wohl manche Erfahrung. Also wäre es
die Form, die dieses Erlebnis bewirkte, der Rhythmus,
der Wortklang, das Melos der Strophen – aber da gibt's
eine ganz simple Probe. Lesen Sie dieses Gedicht jeman-
dem vor, der nicht Deutsch versteht, so werden Sie merken, daß dieser Jemand vielleicht etwas vom Stimmungs-
gehalt dieses Gedichts mitbekommt, daß er fühlt, hier
wird Inniges gesagt, Schlichtes, Stilles, vielleicht sogar:
Abendliches – aber dieser Klang allein wird kaum bewegen, gewiß nicht ergreifen, und das Verlesen des Selbst-
gesprächs der Frau Marion Bloom ließe unsre Ver-
suchsperson gewiß teilnahmslos. Die Form allein schafft
also jenes Erlebnis auch nicht, sie ist ja nicht Musik, sie
bedarf des Wortes – das aber, so haben wir wenigstens
an diesem einen Gedicht festgestellt, sagt nur alltags-
haft Geläufiges aus. Wodurch also, zum Teufel, wirkt
so ein Text? Gesagt wird Bekanntes, zum Teil Banales,
ja in einem Fall sogar Verschrobenes; das mitgeteilte Na-
turerlebnis wäre mühelos originär zu haben; die Form an
sich übt keine der Musik annähernd ebenmächtige Wir-

kung aus – vielleicht die Verbindung zweier Unvollkommenheiten? Einheit von Inhalt und Form, das klingt imponierend vertraut, doch vorstellbar ist's schwer. Ich wage nun eine Behauptung und stelle sie erst einmal als pure Behauptung vor Sie hin: Das, was in diesen drei Texten auf Sie wirkte, ist eben das, was ich als das mythische Element in der Literatur bezeichnen möchte.

III

Doch damit haben wir vorerst nur einen Namen, und der ist bekanntlich Schall und Rauch, und wenn man wissen will, was ein mythisches Element ist, müßte man ja zunächst einmal klären, was man unter dem Mythos versteht. Ich habe dazu ein sehr einfaches Experiment gemacht, ich habe einige meiner Bekannten – Menschen verschiedener Herkunft und Bildungsstufen – gefragt, was ihnen beim Hören dieses Wortes einfällt, und die Antworten waren: „Na, Göttergeschichten und so" – „alte Sagen" – „Unwissenschaftliches" – „irgendwas Vorzeitliches" – „primitives Erklären von rätselhaftem Naturgeschehen" – „so zusammengesponnenes Zeug, also nichts Wahres" – „was man früher halt so geglaubt hat" – dies etwa das Definitionsbereich, das man mit diesen Antworten abstecken könnte. Die meisten versuchten eine thematische Erklärung, zusammengefaßt etwa so formulierbar: „Geschichten von Göttern, übermenschlichen Helden, Fabelwesen und Ungeheuern", und diese Antworten treffen in der Tat etwas Wesentliches. Lassen Sie sich konkrete Beispiele zum Stichwort „Mythos" einfallen, und Sie werden feststellen, daß all diese Beispiele – oder doch ihre überwiegende Mehrzahl – in diesem Bereich untergebracht werden könnten: Gilgamesch, Herakles, Helena, Prometheus, die olympischen Götter, Jupiter, der Stier Apis, was weiß ich. – Damit scheint eine klare Abgrenzung gegeben, nämlich die zur Realität hin: Der Mythos ist offensichtlich das, was die Wirklichkeit *nicht* ist, und erfahrbares Dasein mit seinen Gesetzen fängt dort an, wo der Mythos aufhört – auf diesen Zug deuten auch die Antworten von dieser Art hin: „zusammengesponnenes Zeug" – „unwissenschaftlich" – „unwahr" und Äußerungen ähnlichen Inhalts. Versuchen wir, davon auszugehen. Die drei Anfangstexte stelle ich erst einmal zur Seite – ich komme ausführlich auf sie zurück. Jetzt möchte ich nur den *einen* Aspekt, Mythos und Wirklichkeit, etwas näher betrachten, und dazu möchte ich den Mythos, um ihn faßbar zu machen, mit etwas vergleichen, das ihm verwandt ist, ohne mit ihm identisch zu sein, nämlich mit dem Märchen. Ich glaube, ohne mich auf einen Abkunftsstreit einlassen zu wollen, daß *ihrem Wesen nach* Märchen gesunkene Mythen sind, Endfassungen von Mythenstories, aber in einer Qualität, die schon nicht mehr Mythos ist und daher einen Vergleich mit ihm erlaubt. Ich wähle das Märchen vom Kampf mit dem Zauberer, er findet sich im Märchenschatz vieler Völker, vor allem Osteuropas und Vorderasiens, im Deutschen klingt es bei Bechstein an. Es geht etwa so: Ein Zauberer – keine Hexe, das ist wichtig –, ein Hexenmeister also hat eine Jungfrau geraubt und stellt sie vor die Wahl: Hochzeit oder Tod. Die Jungfrau haßt den Zauberer und fürchtet das Sterben, und dieser Zwiespalt läßt sie verzweifeln, da dringt ein Jüngling in ihr Verlies, die beiden fliehen, der Hexer setzt ihnen nach, und da er sie zu erreichen droht, beginnt ein Zweikampf der Zauberei, denn auch der Jüngling versteht dies Handwerk. Er verwandelt sich in einen Teich und das Mädchen in eine drauf schwimmende Ente; der Zauberer wird zum Stier, um den Teich auszusaufen; der Jüngling verwandelt sich in eine Kapelle

und das Mädchen in ein Altarbild; der Stier schnaubt
Feuer, die Kapelle niederzubrennen; der Jüngling wird
eine Tenne und das Mädchen ein Weizenkorn; der Zauberer schrumpft zum Hahn, um das Korn aufzupicken, da
wird der Jüngling zum Fuchs, beißt dem Hahn den Kopf
ab und führt das gerettete Mädchen ins Eheglück. Soweit
das Märchen, und nun der Mythos: die Hochzeit des Ge-
wittergottes mit der Mondgöttin, wobei es mir – ich be-
tone das mit Nachdruck – nicht um Einzelheiten historischer Genesis dieser beiden Gebilde geht, sondern um
einen Vergleich ihrer Inhalte. Man könnte ein Konzentrat
dieses Mythos etwa so fassen: Der Gewittergott begehrt
die Mondgöttin und will sie auf sein Lager werfen; die
Göttin weigert sich, und da ihr Gewalt droht, flieht sie
in Tiergestalt durch die drei Reiche der Natur. Sie ent-
schwimmt als Fisch, er verfolgt sie als Biber; sie flieht
auf das Festland als Hindin, und er setzt ihr als Hirsch
nach; sie steigt als Wildgans in die Lüfte, und der Gott
folgt ihr als Schwan. In dieser Gestalt überwältigt er die
bislang Unberührte, und hat das Märchen mit einer Hochzeit geendet, führt der Mythos das Geschehen fort. Die
Göttin empfängt; der Gott verläßt sie; sie gebiert ein Ei,
und dem wird eine Frau entschlüpfen, um deren Schönheit Zehntausende Männer fallen werden, auf daß die
Schmach der geschändeten Einen am ganzen Geschlecht
der Andern gerächt sei: Helena. Mit diesem Namen sind
wir im griechischen Mythos, der Gott heißt hier Zeus, die
Göttin Leda, und sie wird fortan Nemesis sein, die Rechts-
schützerin, die den Frevel, vor allem das Unmaß, gnadenlos straft, ohne je nach mildernden Umständen zu fragen –
Abbildungen zeigen sie in Gestalt einer Liebesgöttin,
doch mit ernster Miene, den Blick gesenkt und ein
Schwert in der Hand.

Ein Märchen; ein Mythos. – Ihr Gemeinsames ist klar:

die Verwandlungskette; sehn wir nun zu, wie sie divergieren. Was sofort ins Auge fällt, ist der Unterschied in der Zahl der Akteure: im Mythos sind es zwei, im Märchen sind's drei – dieselbe Jungfrau da wie dort, aber im Märchen *zwei* Männer statt des einen. Der Gewittergott ist aufgespalten: in den Zauberer und in den Prinzen, oder, wie ein Kind sofort formulieren würde: in einen Bösen und in einen Guten. Was durch diese Spaltung gewonnen wird, ist evident: Das Märchen läßt sich vollständig und gewaltlos in ein moralisches Koordinatensystem legen. Jede Frage, die ein Märchen aufwirft, ist moralisch eindeutig mit Ja oder Nein beantwortbar, und die Antwort ist gleichzeitig die Norm für das praktische Handeln – das moralisch Gute ist auch das Richtige, denn es erweist sich als möglich, ja als einzig möglich, und das mögliche Gute erweist sich als das Lohnende, ja einzig sich Lohnende – es ist eine heile Welt. Die so unsagbar tief ins Persönliche dringende, weil die ganze Existenz erfassende und auch nur mit der ganzen Existenz zu beantwortende Frage, die an jedes Mädchen einmal herantritt: Hingeben oder Verweigern?, sie wird hier in scheinbar äußerst konkreter, in Wirklichkeit aber dermaßen abstrakter Form beantwortet, daß die Frage als Existenzproblem verschwindet und die Antwort zum Kalenderspruch wird. Sollst du dich dem Bösen hingeben? Nein! Sollst du dich dem Guten hingeben? Ja. Darfst du dich dem Bösen verweigern? Ja. Dem Guten? Nein. Der Böse ist mächtig und der Gute armselig, wird dein Widerstand da nicht schlimm ausgehn? Sei unbesorgt: nein. Das ist einfach und klar und vielleicht sogar wunderschön – aber so stellt der Alltag die Frage ja nicht, dort ist, von negativen Extremfällen abgesehen, Böse und Gut in Einem vereint, denn das, was dem Mädchen geschehen wird, ist doppelgestaltig: der furchtbarste Einbruch in ihr Ich und zugleich dessen höchste Erfüllung. Der Mann ist im Leben der Hexer *und* der Prinz, er ist der Begehrteste *und* der Gefürchtetste, er ist der Feind, der eine unvorstellbare Wunde ins Selbst schlagen wird, aber diese Wunde, so ahnst du, oder besser: so weiß etwas in dir, diese Wunde ist zugleich das Tor in das Wunderbare, und nur durch dieses Tor trittst du als ganzes Ich aus dem Reich des Mädchens in das der Frau, in dem sich ein Teil deines Selbst, das Physische, ja schon seit der Reife befindet. Dennoch ist es ein Schritt in ein Ungekanntes, das im bisher Erfahrenen nichts Vergleichbares hat; eine neue Dimension schickt sich an, in dein Leben und im buchstäblichen Sinn des Worts in dein Ich zu treten: der Andere, in dem du einen Herzschlag lang aufgehst und der doch immer der Andere sein wird, und je inniger du dich mit ihm vereint fühlst, um so wehrloser bist du in seiner Gewalt. So schwankst du verwirrt in Angst und Verlockung, und das Ja und Nein in deiner Seele verkörpert der Mann, der um dich wirbt. Da gibt es nicht Böse und Gut in sauberer Trennung, da gibt es überhaupt weder Gut noch Böse, da gibt es auch nicht Frage und Antwort, da gäbe es nur eines, das dir hülfe, und das wäre Erfahrung, aber gerade diese fehlt dir ja. Bedrohnis und Lockung, Angst und Verlangen, Erschrecken und Reiz, Hingeben – Verweigern: jede erste Liebesvereinigung ist zwischen solche Pole gespannt, und wenn heute die Akzeleration die Bewußtheit dieses Prozesses zugunsten des Triebhaften etwas zurückdrängt und die Möglichkeit sicherer Empfängnisverhütung das Angstmoment gewiß modifiziert, bleibt der Doppelcharakter dieses Urerlebnisses im Wesen heute wie gestern bestehen, ja seine Pole sind Pole einer *jeden* Umarmung, und dort, wo einer gänzlich fehlte, begönne das Pathologische: neurotische Verschließung oder nymphomanische Brunst.

Dieser – wenn auch nicht immer gefühlte oder gar bewußtwerdende – Widerspruch allen Geschlechtserlebens: das Begehrte erschauernd zu fürchten und das Gefürchtete erschauernd zu begehren, dieser Widerspruch ist im Märchen getilgt, der Mythos aber gibt ihn wieder, und er weist mit dem Reigen der Tiergestalten auch auf die urtiefe Verwurzelung der Menschennatur im Reich all dessen, was Leben heißt, hin. Denn Natur- wie Gesellschaftswesen zu sein, das ist der Grundwiderspruch des Menschen, in diesem Spannungsfeld entwickelt sich sein Gattungsleben und formt sich seine individuelle Psyche, und die Frage nach der Übereinstimmung eines Stücks Literatur mit dem Leben (und als Literatur wollen wir das Märchen, und unter diesem Aspekt wollen wir den Mythos hier ansehen) müßte wohl auch die Frage nach der Abbildung dieses Grundwiderspruchs sein. Im Märchen sind die Widersprüche gelöscht, oder genauer: dort ist ihre Einheit ins Gegeneinanderstehen von zwei autonomen und in sich homogenen Gestalten auseinandergedrieselt: der gute Prinz da, der böse Zauberer dort. Damit aber ist der Widerspruch geschwunden, denn voneinander Geschiedenes ist selbst dann noch kein dialektischer Widerspruch, wenn es einander bekämpft und sich für diesen Kampf der Terminus „äußerer Widerspruch" eingebürgert hat. Die Akteure – ob Menschen, ob Fabelwesen – sind im Märchen frei von inneren Widersprüchen, und darum ist es dort auch die Gesellschaft – *darin,* und nicht in der Existenz von Zauberern und Feen und sprechenden Katern, besteht das, was man als die Märchenhaftigkeit, die spezifische Irrealität des Märchens empfindet und das einen zu dem Seufzer veranlaßt: Es wäre ja schön, wenn es so wäre, doch so war es nie, und so wird es nie sein! (In Klammern: Man zweifelt diesen Seufzer überdies gleich nach dem Ausstoßen an, denn man fühlt, daß in dieser Märchenwelt der Mensch nicht mehr Mensch sein würde und man auf sein ureigenstes Wesen Verzicht leisten müßte – ein Schlaraffenland wäre letzten Endes eben *doch* nicht wünschenswert!)

Der Mythos gibt den Widerspruch wieder, das Märchen aber schafft ihn weg – in einem Zug also, den wir wohl als wesentlich anerkennen müssen, stimmt der Mythos mit dem Leben überein. Und nun wollen wir einen Schritt weitergehn und ein Gedankenexperiment machen. Wir versuchen uns eine Literatur vorzustellen, die mit dem Märchen darin übereinstimmt, daß sie die Widersprüche des Lebens ebenfalls tilgt, ansonsten aber sich vom Märchen darin unterscheidet, daß sie alles im landläufigen Sinn Über- und Unnatürliche vermeidet, wobei wir davon absehen wollen, daß eine widerspruchsfreie Welt das denkbar Unnatürlichste wäre. Wir wollen uns also eine Literatur vorstellen mit einer Welt ohne innere Widersprüche, also Gut und Böse, Richtig und Falsch, Schädlich und Nützlich ganz sauber im Gegeneinander getrennt, dazu aber auch keine Kobolde und keine Hexen, kein Daumesdick und kein Menschenfresser, auch keine Könige und Prinzen und arme Köhler, sondern Personen unsres vertrauten Daseins: Brigadiere, Genossenschaftsbauern, Parteiarbeiter, Volksarmisten, Junge Pioniere, Verdiente Lehrer, was immer man will – eine solche Literatur wäre ja ausdenkbar, und die Frage wäre nun legitim, was denn dem Leben näher stehe: der widerspruchspiegelnde Mythos mit seinen phantastischen Gestalten oder die widerspruchsfreie Welt realer Berufs- und Standesbezeichnung. Ich würde ohne Zögern für den Mythos stimmen; ich halte den Gott als Ganter und die Göttin als Schwänin für unvergleichlich verwandter *dem* Paar, das gleichzeitig Gott und Göttin *und,* wie die Sprache so unbestechlich formuliert, das „Tier mit den zwei Rükken" ist – ich halte also Zeus und Leda für unvergleichlich dem Menschen verwandter als so manches Pärchen gewisser zeitgenössischer Gedichte oder Geschichten, die ununterbrochen ihre Menschenheimat beteuern, in Wirklichkeit aber irgendwo zwischen dem Dornröschenschloß und dem Haus der Frau Holle wohnen – nur daß sie dann mit dem Phantastischen auch jener naiven Anmut entbehren, die uns am Märchen so entzückt, und also einfach nur läppisch sind. Nun könnte sich hier der Einwand erheben: Widerspruch hin, Widerspruch her, sagt unser Märchen aber nicht eine Lebenswahrheit, die uns der Mythos vorenthält, und zwar eine durchaus wesentliche, nämlich: Wähle den Richtigen!? Gewiß – doch wer ist das, der Richtige? Hier ist nicht einmal im Extrem eine allgemeine Antwort möglich: Vielleicht begehrt dich der Prinz, und ihm entfliehst du, und der Hexer erreicht dich, und du gibst dich ihm hin. Denn die Frage, wer der Richtige ist, kannst letzten Endes wieder nur du beantworten: Den Richtigen *an sich* gibt es ja nicht, der ist ja schon eine Märchenfiktion, es kann nur den Richtigen *für dich* geben, und *daß* es „der Richtige" sein soll, das weißt du allein. Denn so wie das Märchen hat dich ja schon die Gesellschaft belehrt, vertreten durch die Mutter, die Eltern, die Schule, den Jugendverband: Wirf dich nicht weg, so warnten sie, prüfe, nimm nicht den Ersten, wähle den Richtigen – man brauchte das Märchen nicht, um *diese, an ihrem* Platz unentbehrlichen Stimmen zu hören, denn auch dies scheint mir ein Märchenzug: die Kongruenz mit der herrschenden Moral, und im reproduzierenden Moralisieren stimmt übrigens auch die fiktive Literatur unseres Gedankenexperiments mit dem Märchen durchaus überein. – Nun gut – so aber der Einwand hartnäckig weiter –, nun gut, also eine bekannte Lehre, aber doch immerhin *eine* Lehre – was aber lehrt uns denn dein Mythos, was nützt uns denn sein Widerspruch? Darauf gibt es eine klare Antwort: In *diesem* Sinn, dem des nachsprechenden Belehrens, gar nichts; aber – und ich will es jetzt vorwegnehmend sagen –, aber: der Mythos leistet hier etwas Anderes und unvergleichlich Anderes: Er macht es möglich, die individuelle Erfahrung, mit der man ja wiederum allein wäre, an Modellen von Menschheitserfahrung zu messen.

IV

Auch das ist natürlich vorerst eine These. Wir wollen, um sie zu begründen, zunächst das Wort selbst nach seinem Sinn befragen, und dazu bitte ich Sie abermals, auch den Gewittergott und die Mondgöttin in jener Kammer abzustellen, wo schon der Abendnebel und Jean Pauls Sänfte und Frau Marion Bloom geduldig warten, wir holen sie dann alle zusammen ab. Ich bitte um Entschuldigung, ich mute Ihnen hier im Gedanklichen etwas zu, was ich meinen Lesern zu oft stilistisch zugemutet habe, nämlich eine Art Schachtelsatzdenken, aber es ist mir nicht anders gelungen. – Also zur Etymologie – was heißt „Mythos" wörtlich, was bedeutet dies Wort? Im Wörterbuch von Benseler-Kaegi finden Sie unter dem Stichwort „Mythos" folgende Entsprechungsvorschläge: Wort, Rede, Geheiß, Auftrag, Gespräch, Unterredung, Rat, Beschluß, Überlegung, Erzählung, Nachricht, Kunde, alte Sage, Sache, Grund – und weitere 13 Termini. Ähnlich jedes Nachschlagewerk. Wie soll man sich in diesen Vieldeutigkeiten zurechtfinden? Wir wollen uns bei dem folgenden Orientierungsversuch dem großen alten Mann der modernen Mythologie anvertrauen, dem vor kurzem verstorbenen Ungarn Karl Kerényi, von dem bei uns leider nur ein Stück seines berühmten Briefwechsels mit

Thomas Mann veröffentlicht ist. Kerényi verweist in seinem Aufsatz „Werk und Mythos" auf die Verwendung dieses Wortes bei Homer im 2. Gesang, Vers 410 der „Odyssee", wo diese Vokabel im Akkusativ, in der Form „mython" auftritt:

„mía d' oíe mython akousen",

zu deutsch: eine allein hat den Mythos vernommen, und die Frage wird aufgeworfen, welches deutsche Wort hier das Gemeinte am präzisesten wiedergäbe. Der Zusammenhang ist folgender:
Odysseus, König auf Ithaka, hat vor langer Zeit seine Insel verlassen, um am Kriegszug gegen Troja teilzunehmen; Troja ist seit zehn Jahren gefallen; die überlebenden Griechen sind längst schon heimgekehrt, oder es gibt Zeugen eines eventuellen Schiffbruchs, nur von Odysseus fehlt jede Spur. Seine Gefährten sind sämtlich umgekommen; er selbst treibt durch einen Strudel phantastischer Abenteuer, aber in Ithaka weiß man das nicht, und eine Schar von Schmarotzern, die sich auf der herrenlosen Insel festgesetzt hat, erklärt ihn für tot, um einen von ihnen als neuen König zu legalisieren. In dieser Not macht sich der Sohn des Odysseus, Telemach, heimlich auf, den Vater zu suchen. Er bestellt Gefährten zur Nacht auf ein Schiff und entdeckt ihnen dort seine Reiseabsichten wie auch deren Heimlichkeit: Niemand wisse von seinen Plänen, berichtet er ihnen, weder der Mutter noch jemand vom Dienstpersonal habe er sich anvertraut, nur eine Sklavin, die Schaffnerin, sei eingeweiht worden, damit sie ihnen die nötigen Lebensmittel bereitstelle, nur eine (Homer gibt wörtliche Rede, also Indikativ):

„mía d' oíe mython akousen",

nur eine hat den Mythos, nämlich den seiner geplanten

Abfahrt, vernommen, und Altmeister Voß hat dies so übertragen:

„nur eine weiß das Geheimnis";

Schadewald:

„nur eine hat das Wort vernommen";

der Literaturwissenschaftler André Jolles hat scheinbar am freiesten übersetzt:

„nur eine weiß, wie sich die Sache verhält",

doch gerade dieser Übersetzung stimmt Kerényi zu; sie gebe, so meint er, am präzisesten die Bedeutung von „mythos" wieder, nämlich: das Wissen um den Sachverhalt eines bestimmten Vorgangs – wer den Mythos vernommen hat, weiß, wie der Berliner so herrlich schnodderig sagt, „was Sache ist". Wir wollen hier Gelegenheit nehmen, ein hartnäckiges und das Verständnis unsres Problems erschwerendes Vorurteil aus dem Weg zu räumen – die Gleichsetzung des Mythischen mit dem Mystischen oder gar Mysteriösen. Der Mythos kann zwar *auch* rätselhaft sein, und mythische Bilder können auch in verdunkelten Visionen auftauchen, doch sie sind dann so dorthin gekommen wie Münzen und Schmuck in einen Moorgrund, und auf das Problem, daß die Form des Mythos, und gerade sie, für finstre Machenschaften mißbraucht werden kann, werde ich noch eingehn. Jetzt nur dies: Rätselhaftigkeit und Lichtscheu sind *nicht* das Wesen des Mythos; „mythisch" und „mystisch" sind schon von der Sprachwurzel her zwei verschiedene Wörter, und sie bedeuten so ziemlich Entgegengesetztes. Man hat das Mystische etymologisch gut als „augenschließendes Innewerden" definiert, der Mythos aber tut Augen und Ohren auf, und zwar immer in das Objektive; er proklamiert sich als Kenntnisbesitz eines Vorgangs, der ganz in der Realität zu denken sein soll. Die Sklavin, die den Mythos von Telemachs Abfahrt kennt, hat sich ihr Wissen nicht zusammengesponnen, und die Hochzeit von Zeus und Leda wird dem Hörer berichtet, als sei sie in der Tat geschehen, darum wird sogar ihr Ort überliefert: Rhamnos in Attika, nahe Athen. Zugleich aber handelt, wie wir ja festgestellt haben, der Mythos beinah demonstrativ von Nicht-Realem, von Götterhochzeiten und Metamorphosen, von Fabelwesen und übernatürlich begabten Heroen, und wenn auch der Vorgang in der Odyssee durchaus dem Erdenleben entstammen, ja sogar historisch belegbar sein könnte, so ist doch während der ganzen Szene die Göttin Athene gegenwärtig zu denken, und zwar, wie Homer mit Detailtreue schildert, unsichtbar am Steuerrad stehend und einen günstigen Fahrtwind herbeirufend – und das ist ja wohl kein Ereignis der Wirklichkeit. Wie ist dieser Widerspruch zu lösen? Der Mythos verweist nachdrücklich auf die Realität und berichtet doch fortwährend Irreales – was ist da seine Realität, oder anders gefragt: Was ist der Vorgang, von dem er kündet, was ist die Sache, die er weiß, kurzum: Was ist sein spezifischer Gegenstand? Vielleicht ein historisches Ereignis, das durch die mündliche Tradierung phantastische Formen gewonnen hat? Vielleicht läßt sich, so könnte man denken, die Geschichte von Zeus und Leda auf irgendein dynastisches Vorkommnis in irgendeinem der frühantiken Königtümer zurückführen – und in der Tat gab es und gibt es wohl noch eine Richtung in der Mythologie, die sogenannte euhemeristische, die das im Prinzip durchaus versucht. Man rätselt, wer wohl das historische Vorbild des Odysseus oder des Tantalos oder des Siegfried gewesen sein könnte, doch so legitim diese Recherchen für die Geschichtswissenschaft sind, so wenig fördern sie das

Verständnis für ein Mythologem. Denn gesetzt den Fall, es gelänge mit ungeheurem Scharf- und Spürsinn und mit noch ungeheurerem Glück tatsächlich der Nachweis, daß irgendeine rhamnitische Königin Leda geheißen und Schwäne gezüchtet habe und eines Töchterleins Helena mit Beinamen „die Wunderschöne" entbunden worden sei (und ein mächtigeres Indiz für eine Vorbildschaft wäre nicht zu erbringen) – was hätten wir damit für das Verständnis des Mythos gewonnen? Sie werden jetzt rufen: Sehr viel, denn dann wüßten wir ja seinen Ursprung; aber gerade das ist ein grandioser Irrtum! Machen wir wieder ein Gedankenexperiment! Nehmen wir an, wir lebten in einem kommenden Jahr dreitausend, und zwar nach irgendeiner Weltkatastrophe, durch die uns der größte Teil der überlieferten Literatur derart abhanden gekommen wäre wie uns Heutigen das antike Schrifttum, und wir Zeitgenossen des Jahres dreitausend sammelten nun gierig die geretteten Reste und stießen irgendwo auf ein anonymes Gedicht, das so begänne: Der Mond ist aufgegangen, die goldnen Sternlein prangen, und so fort. Dieser altehrwürdige Text würde also aus irgendeinem Schutt gezogen; wir hätten – auch im Jahr dreitausend hingerissen – in ihm das am weitesten zurückliegende Zeugnis aller erhaltenen Abendlyrik entdeckt, und den modernsten Computern gelänge es tatsächlich zu eruieren, dieses, im Jahr 1774 geschriebne, Gedicht stamme von einem gewissen Matthias Claudius aus Wandsbeck bei Hamburg und der kranke Nachbar, der darin vorkomme, habe Ignaz Huber geheißen und an Asthma gelitten – hätten wir dann recht, wenn wir riefen: Heureka, jetzt sind wir am Ursprung des Abenderlebnisses, und mit Ignaz Huber kam der Mond in die Lyrik und die menschliche Solidarität in die Welt? Wir hätten vielleicht mit unsrem Jubel recht bis zu *dem* Tag, da wir ein älteres Zeugnis ähnlichen Empfindens fänden, und wenn wir den Ursprung jener Emotionen dann dorthin zurückverlegten und glaubten, jetzt wüßten wir's definitiv, dann hätten wir vielleicht wieder so lange recht, bis wir abermals ältere Quellen aufschlössen und nach denen abermals ältere Quellen, und dann müßte uns ja einmal die Erkenntnis dämmern, daß all dieses Mühen für unser Problem nichts andres geleistet hätte als den Nachweis, daß sich ein konkret datierbares Gefühlserlebnis in einen Strom gleicher Empfindungen fügte, der offenbar so weit ins Urdunkel der Menschheit zurückreicht, daß seine Quelle niemals chronologisch anders zu ermitteln wäre als eben mit dieser Zuordnung: „entstanden im Urdunkel der Menschheit", was sicher auch ein historisches Datum ist. Um also zu unserm eigentlichen Fall zurückzukehren: Gesetzt, eine Ausgrabung ergäbe, daß eine schwanenzüchtende Königin Leda tatsächlich im 12. vorchristlichen Jahrhundert zu Rhamnos gelebt und ein bislang unbekannter Dichter namens Hemor sie besungen habe, so würde daraus nur zu folgern sein: Diese historische Gestalt war auf ihre Zeit von solchem Einfluß, daß die Erzähltradition des Volkes sie mit dem uralten Mythos vom Gewittergott und der Mondgöttin verknüpft hat, so wie etwa die Mythe vom schlafend verborgenen Erretter an die Gestalt Kaiser Friedrichs II. und später von dieser abermals zurück an die Kaiser Barbarossas geknüpft worden ist, ohne daß sie darum mit diesen Gestalten begonnen hätte.

Wir sind mit einer solchen Zuordnung nicht am Ursprung eines Mythos, wir haben damit nicht seine Urform gewonnen. Wann aber sind wir dort, wann finden wir sie? Die harte Antwort lautet: Niemals.

V

Kein andrer als Kerényi hat geradezu als den Grundwiderspruch der Mythologie formuliert, daß der Mythos
nie als Urform erscheinen könne, sondern immer nur konkrete Gestaltung einer bereits existierenden Vorlage sei,
die sich abermals nur als Gestaltung von bereits früher
Vorhandenem erweisen müsse, und es war kein andrer als
Thomas Mann, der die Suche nach einer solchen Urform,
die Suche nach dem Urbild seines Herzens- und Schmer-
zensmythos, der biblischen Josephsgeschichte, eine „Höllenfahrt" genannt und diesen Titel, „Höllenfahrt", auch
über jene berühmten fünfzig Seiten gesetzt hat, mit denen
der erste Roman seiner Josephs-Trilogie beginnt.

„Tief ist der Brunnen der Vergangenheit. Sollte man ihn
nicht unergründlich nennen?" So hebt dieses Werk an,
und der Autor vergleicht das Bemühen, zum Ursprung
seines Mythos zu finden, mit dem Bemühen eines Wande-
rers, das Ende eines offen daliegenden Strandes zu erlau-
fen – ein Versuch, den wohl jeder schon angestellt hat.
Man blickt die Küste hinab und sieht unzweideutig:
Dort bei der vorspringenden Düne, dort schließt der
Strand ab, dort ist sein Anfang, dort sei mein Ziel. Und
nun geht man und geht, und das Ziel rückt auch näher,
doch hinter ihm taucht neuer Strand auf, diesmal mit
einer Kiefer als Schlußstück, und da man nun dorthin
strebt, beginnt sich auch dieser Baum in die Landschaft
einzugliedern, und abermals Neues tritt vor, und tritt
ein, und hinter diesem abermals Neues – ein endloser
Weg oder, denkt man sich ihn hinab in die Zeit, eine
Reise in eine grundlose Tiefe, eben eine Höllenfahrt.

Den Schwefelhauch einer solchen Höllenfahrt habe ich
bei der vergeblichen Suche nach der Urform eines Mythos
selbst geschmeckt: bei der Suche nach einem Ur-Prome-

theus. Es ist lehrreich, das mitzuteilen. Der Kinderbuchverlag hatte die Absicht, eine Sammlung der großen Sagen der Völker herauszubringen, je eine Sage von je einem Schriftsteller unsres Landes erzählt, und ich hatte mich für die Prometheus-Sage entschieden, auf die ich schon in meiner Homeradaption andeutungsweise zurückgekommen war. Nun hatte ich indes weiterstudiert und stand vor *zwei* Fassungen dieses Stoffes – einer von Hesiod, einer von Aischylos –, und die Frage war: Welche soll man nehmen? Das war eine fürchterliche Frage, denn beide gestalten den Prometheus, aber beide erzählen Grundverschiedenes: Aischylos zeigt eine grandiose Auflehnung gegen einen Usurpator, Hesiod aber eine Art Mischung aus Betrüger und Schwarmgeist, einen Krummdenker, wie er ihn nennt, einen ungerufenen Menschheitsbeglücker, der sich mit einem ungleich Mächtigeren anlegt und die Menschen, die seine Intervention gar nicht wollen, in eine dumme Sache hineinreißt, an deren Folgen man heute noch leidet. – Welches war nun der „echte" Prometheus und welches der „falsche", welche Fassung war „legitim", welche „usurpiert"? Eine Mischung aus beiden schien nicht möglich, die Auffassungen schienen unvereinbar, man mußte sich wohl für eine entscheiden, welche aber sollte dies sein? Wäre die ältere Fassung die ursprünglichere gewesen? Dann wäre es die von Hesiod; dagegen wehrte sich bei mir damals alles, und ich rettete meine Skrupel in die Frage: Könnte denn Aischylos nicht auf eine Vorlage zurückgegriffen haben, die uns verlorengegangen ist, weil sie noch älter als Hesiod war? Es könnte doch sein, denn offensichtlich hat Hesiod ja auch nach einer Vorlage gearbeitet; der Prometheus-Mythos kommt aus dem Babylonischen, und vielleicht hat Aischylos eine Fassung verwendet, die keiner mehr kennt! Das Problem wurde noch komplizierter dadurch, daß auch Plato einen Prometheus erzählt, im Protagoras-Dialog, und zwar wiederum einen völlig neuen: Er stellt den Feuerbringer als eine Art Konsumtionsideologen hin, der die Menschen zwar mit materiellem Komfort bedacht, jedoch das Wichtigste ihnen vorenthalten habe, nämlich politische Tugenden, die ihnen erst von den Göttern gewährt worden seien. Das war ja nun auch eine beachtenswerte Fassung, und dann fand ich beim Spötter Lukian eine vierte Prometheusgeschichte, diesmal eine Art Kabinettsintrige, einen Machtkampf zweier gleicherweise verrotteter und verkommener Cliquen – welcher Prometheus also war *der* Prometheus? Und wenn man schon einmal am Vergleichen war – warum sollte man den Kreis dieser Gestalten auf die Antike beschränken, warum nicht auch die Prometheus-Fassungen von Goethe oder Herder oder Shelley, ja Gide oder Wedekind oder Kafka einbeziehn? Zwischen ihnen und Hesiod lagen ja nicht mehr als kümmerliche sechsundzwanzig Jahrhunderte, zwischen Hesiod und Babylon aber vielleicht noch einmal soviel! Sie sehen: wirklich eine Höllenfahrt des Gewissens, und ich habe mich mit entsetzlichen Skrupeln herumgeschlagen und war schon dran, das ganze Projekt aufzugeben, bis ich bei Goethe und Herder, und dann auch bei Kerényi, auf die rettende Einsicht stieß: Das, was man die Urform eines Mythos nennen möchte, das ist weder zu entdecken noch zu rekonstruieren, man kann nur aus den verschiedenen Fassungen die übereinstimmenden Elemente herauspräparieren, die aber dann in ihrer Gesamtheit nicht mehr als eine formlose Bereitstellung bestimmter Gestalten, bestimmter Handlungen und bestimmter Attribute sind, eine Bündelung, die durchaus verschiedene Ausdeutungen zuläßt, die erst durch die konkrete Gestaltung werthaltig werden. Der Gewittergott überwältigt die Mondgöttin und verläßt sie dann wieder – hier kann man Partei für ihn wie auch gegen ihn nehmen; man kann sagen: Was für ein Scheusal!, und man kann sagen: Was für ein Kerl! Im Mythos angelegt ist beides, und möglicherweise ein Drittes und Viertes – vielleicht hilft zum Verständnis auch ein berühmtes Beispiel, das ein Begründer der modernen Sprachwissenschaft zur Darstellung seiner Theorien gebraucht hat, das Beispiel vom Schach. Er stellt die Frage: Was ist Schach? und meint, hier seien zwei Antworten möglich, weil Schach in *zwei* Weisen existiere: Es sei einmal eine Beschreibung bestimmter Spielsteine und der Regeln ihrer Verwendung – so gesehen ist das, was man „Schach" nennt, in sagen wir: zwölf Sätzen zu fassen und auf einer Druckseite erschöpfend und eindeutig darzustellen –, und „Schach" ist andrerseits die unendliche Vielfalt des Schachspielens als Entfaltung dieser Anlage, und es ist so lange im Prozeß seines Entstehens, bis die Summe aller Partien erreicht ist, die sich aus diesen zwölf Sätzen herleiten lassen, und das wären alle Partien, die je gespielt wurden und je gespielt werden könnten, also praktisch unendlich viele und als Notierungen von keiner Bibliothek je aufnehmbar. Alle diese Partien, auch die simpelsten wie das Narrenoder das Schäfermatt, sind einerseits Schach und nicht Halma oder Mensch-ärgre-dich-nicht oder Skat oder Mühle; andrerseits ist keine Partie gleich einer andern, und wenn auch nicht jede den Geist des Schachspiels in gleich überzeugender Weise verkörpert, so drückt doch jede, und sei es parodierend, sein Wesen aus. Wenn wir nun den Begriff „Spiel" durch „Mythos" ersetzen und die konkreten Spiele wie „Schach", „Skat" oder „Domino" durch konkrete Mythen wie „Leda", „Prometheus", „Telemach", gewinnen wir eine verblüffende Analogie. Ein jeder konkrete Mythos ist mit wenigen Worten und so skizzierbar, daß man ihn von jedem andern unterscheidet; bestimmte Figuren, bestimmte Regeln ihrer Gruppierung, bestimmte Zugmöglichkeiten, bei „Leda" wären dies: Gott und Göttin; bedrängendes Werben; Verwandlungskette durchs Tierreich; Eroberung und Verlassen der Eroberten; Geburt eines Eies mit der Schönsten der Frauen, um deretwillen Männer den Tod finden; die Rechtshüterin Nemesis: ihre Unerbittlichkeit; ihr Schwert. Diese Aufzählung ist aber nun nicht etwa der Ur-Mythos von „Leda", sowenig wie die Aufzählung der Schachsteine und ihrer Gangarten die Ur-Schachpartie wäre, und wenn die älteste uns überlieferte Spielnotierung eine Spanische Partie zeigte und die allerjüngste ein Damengambit, so wären dadurch diese Eröffnungen nicht in ein Verhältnis von „ursprünglich" und „abgeleitet" oder gar „richtig" und „falsch" gesetzt, und Flachheit oder Tiefe dieser Partien wären kein chronologisches Attribut. Der „Prometheus" des Aischylos und der Hesiods waren grandiose Würfe, die Lukians Fassung trivialer erscheinen lassen und so die Annahme zu bestätigen scheinen, daß das Ältere zugleich das am meisten der Echtheit sich Nähernde sei. Aber dann kamen Goethe und Shelley, und deren „Prometheus" ist von Urgewalt wie am ersten Tag. Ein Mythos, das ist der Keim und *all* seine Entfaltung; gerade das Werden in stets neuer Gestaltung ist sein Leben; das Erstarren aber zu einem von nun ab als einzig gültig Bestimmten wäre sein Tod. Ein neuer „Prometheus", der nichts als einen Abklatsch der Aischylos-Fassung böte, wäre nicht bewundernswert treu, sondern absolut unnütz. Die Treue zum Mythos erfordert Untreue gegenüber allen seinen vorhandenen Fassungen, das klingt paradox, doch wir wollen zu unserer Rechtfertigung darauf hinweisen, daß im Mythos ja immer ein Widerspruch nistet.

Zum Mythos gehört nicht nur die literarische Fassung,

sondern auch die Formung im Bild (unersetzliche Züge griechischer Mythologie finden wir in der Vasenmalerei; der Marsyas-Mythos ist wesentlich im Gemälde Tizians überliefert, und Rembrandt hat das Erwarten eines Gottes in seiner „Danae" mit gleicher Überwältigungskraft gestaltet wie die in ihrer komischen Drastik erschütternden Züge bei Ganymeds Raub), in anderen Kunstformen, im Ritus und Volksbrauch einschließlich des Aberglaubens, ja auch die Wiederkehr eines Mythos in jedermanns Träumen bei Nacht und bei Tag. Denn ein jeder von uns trägt Mythen in sich, in jenem Raum, den der Schweizer Psychologe C. G. Jung das kollektive Unbewußte nennt und das er von einer Art Mythenkonzentrat durchwoben glaubt, vererbten Urtypen von Menschenhaltung, die, wenn sie in den Träumen, in Phantasien, in Dichtungen, in Visionen ins Bewußtsein treten, dort als immer wiederkehrende, allen Völkern aus ihrer gemeinsamen Wegstrecke vertraute Urgestalten erscheinen, als Archetypen wie etwa denen des Alten Weisen, der Großen Mutter, des Schattens, der Schlange, des Göttlichen Kindes, aber auch Urtopographien wie Paradiesgarten und Waldsee und Höllenfeuer, oder geometrische Urformen wie Gabelung oder Mandala. Ich kann mich der Überzeugungskraft dieser Theorie nur schwer entziehen, und wenn Robert Weimann in seiner „Literaturgeschichte und Mythologie" auf eine sehr noble Weise sein Erstaunen darüber ausgedrückt hat, daß so viele Schriftsteller unserer Zeit sich zu dieser Archetypus-Lehre bekennen, so fühle ich mich durchaus in diese Zahl eingeschlossen.

Wir haben nun wesentliche Definitionselemente für den Mythos beisammen, aber eines noch nicht: seinen Gegenstand. Wir haben zwar viel über einzelne Fassungen und deren Verhältnis zueinander gesprochen, doch wir wissen noch gar nicht, *was* sie denn fassen, *was* eigentlich ihre Perle ist. Ein gräßlicher Verdacht droht aufzukommen: Auf der Suche nach einer dann doch nicht existierenden Urform sind Sie bis ans Tor der Vorzeit gepilgert – sollte sich nun herausstellen, daß der Mythos auch gar keinen Gegenstand hat und nichts als blanke Willkür ist? Ich möchte Ihnen Hoffnung machen, wir werden den Gegenstand des Mythos entdecken, bis dahin aber muß ich Ihnen, wenn nicht eine Höllenfahrt, so doch eine kleine Wüstenpilgerschaft zumuten, nämlich durch eine Mini-Sahara der Abstraktion. Bitte halten Sie durch, ich mach es so kurz, als ich eben kann.

VI

Wir waren bei unserm Schachbeispiel schon mitten in einem komplizierten Problem, von dem Sie vielleicht fühlten, daß es für unsre Frage bestimmend sein könnte, dem Problem von Wesen und Erscheinung, einem jener Grundwidersprüche des alleralltäglichsten Lebens, auf den Lenin in seinem Bemühen, Dialektik ins Bewußtsein zu pflanzen, immer wieder hingewiesen hat. In seiner die Mühe des Studiums überreich lohnenden Schrift „Zur Frage der Dialektik" – sie ist in seinem „Philosophischen Nachlaß" enthalten – verlangt er für das Studium dieser Methode, ich zitiere: „Beginnen mit dem Einfachsten, Gewöhnlichsten, Massenhaftesten etc., mit *beliebigem* Satz: Die Blätter des Baums sind grün, Iwan ist ein Mensch, der Spitz ist ein Hund und dergleichen. Schon hier haben wir Dialektik: *Einzelnes* ist *Allgemeines* ... Somit sind die Gegensätze (das Einzelne ist dem Allgemeinen entgegengesetzt) identisch; das Einzelne existiert nicht anders als in dem Zusammenhang, der zum Allgemeinen führt. Das Allgemeine existiert nur im Einzelnen, durch das Einzelne. Jedes Einzelne ist (auf die eine oder andere Art) Allgemeines. Alles Allgemeine ist (ein Teilchen oder eine Seite oder das Wesen) des Einzelnen. Alles Allgemeine umfaßt alle einzelnen Dinge lediglich annähernd. Alles Einzelne geht in das Allgemeine nur unvollständig ein usw. usw."

Soweit Lenin. – Nehmen wir also den Satz „Iwan ist ein Mensch" und versuchen wir, seinen Widerspruch zu begreifen. Die eine Aussage dieses Satzes lautet umschrieben etwa folgendermaßen: Ein Wesen, von dem man sagen dürfte: *Das ist der Mensch,* wird man nirgends finden, so eifrig man auch nach ihm suchte, denn was da ein Menschenangesicht trägt, das ist immer ein Iwan, ein Karl, ein Pierre, ein Joseph, ein Ali, ein Ho in seiner Einzighaftigkeit und Unwiederholbarkeit – aber, und dies ist die zweite Aussage dieses Satzes: dieser eine und einzige und unwiederholbare Iwan oder Karl oder Pierre oder Joseph oder Ali oder Ho ist dieses Einzelwesen gerade und *nur* dadurch, daß er Mensch ist, also jenes Abstraktum, das er dem ersten Teil unsres Satzes nach gar nicht sein kann. Ich möchte Sie darauf hinweisen, daß in der artikellosen russischen Sprache dieser Widerspruch viel sinnfälliger als im Deutschen erscheint: IWAN – TSCHELOWJEK: Hier stehen Einzelnes und Allgemeines als zwei Wörter einander gegenüber wie Recken in einem Heldenlied. Die Einheit dieses Widerspruchs steckt in jedem Aussagesatz, weil sie in jedem Stückchen der Realität steckt, und dieser Widerspruch, auf den wir in der Alltagspraxis bei jedem Schritt und in jeder Sekunde stoßen, dieser Widerspruch ist uns so vertraut, daß wir ihn gar nicht mehr bemerken. Denn wir lösen ihn ja in unsrer Alltagspraxis auch unaufhörlich wieder auf, indem wir uns unaufhörlich jener beiden Methodensysteme bedienen, die sich die Menschheit im ewigen Entfaltungs- wie Bewältigungsprozeß gerade dieses Widerspruchs geschaffen hat, nämlich der Wissenschaft und der Kunst. Würden wir im Leben nur das Einzelne sehen, so könnten wir keine Erfahrung sammeln, denn jede Begegnung mit einem besonderen Einzelnen wäre ja dann auch nichts als ein Einzelfall und würde sich niemals wiederholen. Nur wenn wir das Einzelne verallgemeinern, aus dem Einzelnen das Allgemeine ziehen, können wir lernen, das heißt Erlebnisse in Erfahrungen umschmelzen, und nur wenn wir das Einzelne *richtig,* das heißt seinem objektiven Wesen gemäß verallgemeinern, können wir erfolgreich lernen und unsern Erfahrungen vertrauen. Eben dieses Erfahren der Welt, zu dem auch das eigne, unser Leben lang uns rätselhaft fremde und im Erfahrungsprozeß sich und die Welt verändernde Ich zählt, geschieht durch Wissenschaft und Kunst; der Bewältigungsweg von Erfahrungen verläuft in zwei Richtungen, doch beide haben einen Ursprung, das ist die menschliche Daseinsform mit ihren vorwärtstreibenden Widersprüchen. Diese Daseinsform aber ist nicht das Denken allein, sondern die gesamte menschliche Existenz im Bewußten wie Unbewußten, und auch das Erfahren geschieht nicht nur durch Denken, sondern durch den Menschen in seiner Gesamtheit, und dazu gehört die Tat wie der Traum, und dazu gehört das Werk des Genies wie das milliardenfache Alltagsgeschehen. Ich glaube, daß es die schon jetzt welthistorische Leistung der sich herausbildenden marxistischen Ästhetik ist, die Kunst wie die Wissenschaft aus der menschlichen Alltagspraxis von Jahrhunderttausenden entstanden zu zeigen und beider Wesen aus ebendieser Praxis zu destillieren. Wir wollen versuchen, das in gröbster, allergröbster Andeutung paradigmatisch bei der in ihrem Herausbildungsprozeß zum Unterschied von der höchst kompliziert und mäanderhaft sich emanzipierenden Kunst sehr viel direkter und grader vorangekommenen Wissenschaft nachzuvollziehen, und zwar zum Teil mit Hilfe der leider – und unverständlicherweise – bei uns noch immer schwer zugänglichen unvollendeten „Ästhetik" von Georg Lukács. Dieser bedeutende marxistische Philosoph verweist darin auf den entscheidenden Schritt, den Lenin über Hegel hinaus tut, um zu einem Verständnis des Entstehens von Wissenschaft, speziell der Logik, zu kommen: Hegels Verdienst sei es gewesen, die Figuren des logischen Schließens, die sogenannten Syllogismen – das sind jene Formeln, die in traditioneller Schreibweise aus den Buchstaben S, P, M und a, e, i, o gebildet werden –, Hegels Verdienst sei es also gewesen, diese Syllogismen in ein Verhältnis zur menschlichen Praxis gebracht zu haben, doch für ihn, Hegel, seien die Syllogismen zuerst im Denken des Weltgeistes dagewesen, um sich dann im menschlichen Handeln zu verwirklichen; Lenin aber habe diesen Gedanken vom Kopf auf die Füße gestellt und die Syllogismen als abgeleitet aus dem menschlichen Tun begriffen. Dieser Gedanke ist von entscheidender Wichtigkeit, und er lautet bei Lenin folgendermaßen: „Für Hegel ist das *Handeln*, die Praxis, ein *logischer ‚Schluß'*, eine Figur der Logik. Und das ist wahr! Natürlich nicht in dem Sinne, daß die Figur der Logik ihr Anderssein in der Praxis des Menschen hätte" – Lenin fügt hier in Klammern hinzu: „absoluter Idealismus" –; „sondern", so fährt Lenin fort, „sondern daß vice versa die Praxis des Menschen sich dadurch, daß sie sich milliardenmale wiederholt, im Bewußtsein des Menschen als logische Figuren einprägt. Diese Figuren haben gerade (und nur) kraft dieser milliardenmaligen Wiederholung ... axiomatischen Charakter."

Ich wiederhole den entscheidenden Satz: „... daß ... die Praxis des Menschen sich dadurch, daß sie sich milliardenmale wiederholt, im Bewußtsein des Menschen als logische Figuren einprägt. Diese Figuren haben gerade (und nur) kraft dieser milliardenmaligen Wiederholung... axiomatischen Charakter." Soweit Lenin, und Lukács, der vorher auf die Bedeutung des Typischen als die für das Ästhetische entscheidende Vermittlung zwischen Einzelnem und Allgemeinem hingewiesen hat, Lukács fügt diesem Zitat hinzu: „Das ist das methodologische Vorbild für jede Theorie der Künste, der Genres in der Ästhetik", und ich möchte konkretisierend sagen: Dieser Satz Lenins ist auch der Schlüssel zum Öffnen jenes Tresors, in dem der Gegenstand des Mythos verwahrt liegt.

Doch bleiben wir vorerst bei der Wissenschaft, und versuchen wir uns den Gedanken Lenins zu veranschaulichen. Eine der klassischen Schlußfiguren, der erste aristotelische Syllogismus, zu Ehren meiner Tochter BARBARA genannt, lautet folgendermaßen: Alle M sind P; alle S sind M; folglich sind alle S auch P. Formalisiert: MaP; SaM; SaP. – Ich bringe sofort ein konkretes Beispiel: Alle Menschen sind nahrungsbedürftige Wesen; alle Studenten sind Menschen; folglich sind alle Studenten nahrungsbedürftige Wesen. – Ein anderes: Alles Menschenwerk (M) ist unvollkommen (P); alle Lehrbücher (S) sind Menschenwerk (M); also sind alle Lehrbücher (S) unvollkommen (P). Weitere suchen Sie bitte selbst. –

Der Mensch hat milliardenmal am konkreten Einzelbeispiel die Feststellung eines bestimmten realen Zusammenhangs bestimmter realer Dinggruppen und Eigenschaften machen und diese Art des Zusammenhanges milliardenmal bei beliebigen anderen Dinggruppen und Eigenschaften wiederkehren sehn müssen, bis er diese Erfahrungen zu einem logischen Schluß und Milliarden solcher Schlüsse zu einer Syllogismusfigur verallgemeinern konnte. Wieder konkret: Der Urmensch machte milliardenmal die Erfahrung, daß man mit einem Steinsplitter

einen Tierbalg zertrennen kann, und er hat sie milliardenmal mit jedem Steinsplitter immer wieder neu machen
müssen, bis er zu dieser Erfahrungskonzentration gekommen ist: Mit einem Steinsplitter kann ich einen Tierbalg
zertrennen; diese Dinger, die da herumliegen, sind Steinsplitter; also werde ich mit diesen Dingern da auch einen
Tierbalg zertrennen können. Das aber ist ein Syllogismus,
und zwar Figur BARBARA. Oder, scheinbar ganz anders
geartet, wiederum milliardenmal: Aus den Wolken fällt
Regen; die Winde vom Sonnenuntergang her bringen
Wolken; wenn Wind vom Sonnenuntergang her weht,
wird Regen zu erwarten sein. – Das schaut nun ganz anders aus als das Tierbalgbeispiel, aber es ist genau dieselbe logische Struktur, und solche Strukturen kann ich
abstrahierend als Schemata allen richtigen Schließens gewinnen: die Syllogismen. – Natürlich hat unser Pithekan-
thropus nicht vor jedem Steinsplitter und unser Nach-
fahre Abels nicht vor jeder Wolke so reflektiert, er hat
probiert, hat Erfolg oder Mißerfolg erlebt und nach
dieser Erfahrung erneut gehandelt und durch dieses Handeln abermals Erfahrung gewonnen, die wiederum in
sein Denken einging, und diese Erfahrungskette hat sich
in das Denken von Generationen eingeschliffen, so eingeschliffen, daß spätere Ur-Urenkel aus dieser und zahllosen
andren ebenso strukturierten Ketten einmal deren Gemeinsames als logische Figur herauspräparieren konnten. Es
waren die Erfahrungsspuren von Jahrhunderttausenden,
es war ihre eigene Geschichte und Vorgeschichte, es war
das Konzentrat ihrer Ahnenerfahrung im Hirn, auf das
diese Ur-Urenkel beim Entwickeln logischer Kategorien
stießen, und unser aller Denken verläuft in solchen seit
Urzeiten geprägten Spuren, wie etwa das Regenwasser in
Spuren sich sammelt, die Räder in einen Weg eingefahren
haben. Alltägliche Überlegung in jeder Kaufhalle: Uwe

trinkt gern Tomatensaft; ich werde etwas kaufen, was Uwe gern trinkt; und die Conclusio aus diesen Prämissen geschieht durch das Hinzählen von einer Mark dreißig an der Ladenkasse: Ich habe Tomatensaft gekauft. Und der Logikstudent Uwe memoriert indes fluchend die Formel: Wenn alle M P sind und wenn alle S M sind, dann sind alle S auch P.

VII

Daß nun gerade solche Erfahrungen zu Erfahrungsketten sich einschliffen, während unzählige andere zusammenhanglos ins Vergessen fielen, war natürlich nicht zufällig. Es waren für den Menschen in seinem langwierigen, durch alle Himmel und Höllen und doch nie an ein Ende führenden Prozeß des Kommens und Findens zu sich selbst – dem Prozeß seines Sich-Formens zum gesellschaftlichen Wesen, das er ganz doch nie sein wird, und seines Sich-Lösens von der Natur, die er ganz doch nie verlassen wird –, es waren für diesen Prozeß notwendige Erfahrungen: Sie befähigten ihn zu zielstrebigem Handeln. Ohne sie wäre das Wesen, das Mensch zu sein strebte, seiner Umwelt stets unterworfen geblieben und also niemals der Mensch geworden, der Werkzeug schafft und Wüsten bewässert und schließlich einmal in den Kosmos stößt. Ich will diese Art Erfahrungen, die in ihrer Gesamtheit die Basis aller Wissenschaft bilden, die objektiven Erfahrungen nennen, weil ihre Gegenstände ganz im objektiv Gegebnen liegen und vom Subjekt des Erfahrens, also vom Menschen, ihrem Wesen wie ihrem Zustand nach unabhängig sind (zumindest im makrophysikalischen Raum, aber darin bewegt sich ja durch Jahrhunderttausende alle bewußte Begegnung mit der Natur). Ob ich die Wolken wahrnehme oder nicht, und ob ich sie beglückt oder mißmutig, als König oder Bettler, als Erwachsener oder als Kind betrachte: sie ziehen da hoch über mir am Himmel und haben die Eigenschaft, Regen zu spenden, und der Steinsplitter liegt unabhängig vom Finder auf der Halde und ist stoffzertrennend scharf selbst dann noch, wenn keine Hand ihn führen wird. Doch zu dieser objektiv gegebnen, von der Urhordenheimat des Walds bis zur Menschenheimat des Kosmos sich weitenden Umwelt, deren Bewältigen durch Erfahrung eben das Menschsein ausmacht, gehört der Mensch ja auch selbst, als Einzelwesen wie als Gattung, und nun verknäulen sich sämtliche Widersprüche, und Objekt und Subjekt durchdringen einander, ja sie identifizieren sich. – Wenn der Mensch den Menschen in Gestalt des ihm durch nichts verbundenen andern untersucht, können Mensch und Menschliches für den Menschen ebenso Objekt der Wissenschaftserfahrung wie ein Stein oder eine Wolke werden, und die Psychologie und das Heer der Sozialwissenschaften treten so und mit solchem Recht auf den Plan wie die Wetterkunde oder die Mineralogie. Die Sache ändert sich aber sehr, wenn Erfahrender und Erfahrungsgegenstand in einer Person zusammenfallen, wenn ich Subjekt und Objekt zugleich bin, wobei das „Ich" in der Regel über die Körperbegrenzung hinausreicht und von meinem leiblichen Bruder und meiner leiblichen Schwester bis zum Menschenbruder und der Menschenschwester sich weiten kann. In all diesen Fällen bin ich nicht mehr das, was man objektiv nennt, und ich bin es schon gar nicht in bezug auf mein Selbst, wiewohl ich dies, und in kleinen Fällen wohl annähernd erfolgreich, versuchen kann. Eine Biene hat mich in die Zehe gestochen, und nun könnte ich mit wissenschaftlicher Hingabe beobachten, wie die Einstichstelle sich rötet, die Zehe schwillt, sich verhärtet, wie der Schmerz von einem

Brennen zu einem Pochen wird, den Rist hinaufzieht, den Knöchel umkreist und so fort. Aber ganz wird mir diese angestrebte Sachlichkeit nicht gelingen: Ich erfahre nicht nur einen Bienenstich als objektiven Vorgang, den ich definieren könnte als die Einwirkung bestimmter Aminosäuren auf menschliches Zellgewebe mittels subkutaner Injektion, ich erfahre zugleich den Schmerz dieses Stiches, und an der Art, wie ich auf ihn reagiere, erfahre ich Züge meiner eigenen Seele und offenbare sie vielleicht anderen Menschen, die wiederum auf meine Reaktion reagieren, was wiederum auf mich zurückwirkt, und so fort und vielleicht bis zur Grenze des Alls. Ich meine dies ganz wörtlich: Für ein Kind, das zum erstenmal von einer Wespe gestochen wird, ist dies ein ungeheurer Vorgang; es erfährt in ihm alle Schrecken und Greuel des Nicht-Ich, des Andern, der Welt, des Schicksals, das sich in die Gestalt dieses stechenden Ungeheuers zusammenzieht, und seine Wunde ist um nichts geringer als die Philoktets. Hier ist das Subjekt des Erfahrens vom Objekt der Erfahrung nicht zu trennen; das Erfahren geschieht nicht nur intellektuell, sondern mit dem ganzen Ich; das WAS und das WIE der Erfahrung verschmelzen, und ihr Gegenstand wird unbestimmt und ist am besten als eine Art Feld darzustellen, zu dem die Wirklichkeit der Außenwelt wie die Wirklichkeit der Seele gehört. Ich mache ja Erfahrungen nicht nur im Außen, sondern auch im Innen; Äußeres wie Inneres wirkt auf mich ein, und nun geschieht das Merkwürdige, daß diese Wirklichkeiten aneinander darstellbar sind. Ich kann entdecken, daß Wespenstiche nicht nur ins Fleisch, sondern auch in die Seele geschehen; ein höhnisches Gelächter kann mich solcherart treffen, die Einstichstelle in meine Psyche kann schwellen und sich verhärten und zu hämmern beginnen, und wenn ich dann Wut in mir brausen fühle, schwirrt sie vielleicht wie ein Wespenschwarm. Kurzum, ich kann einen an sich ja ungreifbaren Vorgang seelischer Innenwelt an Vorgängen der Außenwelt sichtbar und durch solches Sichtbarmachen auch verständlich machen und also erklären – eine merkwürdige Entsprechung, die man nie genug staunend durchdenken kann, und schließlich erfährt man im All seine Seele und in seiner Brust das gestirnte All.

Solche Erfahrungen, bei denen auf eine geheimnisvolle, nie ausschöpfbare und nie bis ins Letzte darstellbare Weise das Subjekt des Erfahrenden als Innen wie Außen ebenso untrennbar mit dem Objekt der Erfahrung verschmilzt wie das Was mit dem Wie des Erfahrens selbst, will ich subjektive Erfahrungen nennen. Sie sind in jedem Fall Selbsterfahrung, doch sie weiten das Ich in das Alles der Welt, und sie sind in jedem Fall Welterfahrung, doch sie ziehen die Welt in die Tiefe der Seele. In solchen Erfahrungen sind Subjekt und Objekt, Außen und Innen, Leib und Seele, Ich und Welt und beide im Doppelcharakter von Natur und Gesellschaft auf eine solche Weise miteinander verbunden, daß sie sich gegenseitig bedingen und Eines auf unerklärliche Weise im Andern sich spiegelt und darum Eines im Andern abbildbar ist. Auf dieser ununterbrochen als selbstverständlich hingenommenen und doch höchst geheimnisvollen Fähigkeit des Einander-Entsprechens von psychischer und physischer Realität beruht auch die spezifisch ästhetische Mimesis. Die Kunst spiegelt ja nicht nur einfach Äußeres, sondern untrennbar davon auch Inneres wider, sie bildet mit dem Objekt auch das Subjekt, mit der Landschaft der Natur auch die Landschaft der Seele, mit den Rängen der Gesellschaft auch die Ränge des Bewußten und des Unbewußten ab, wobei sich das Subjekt in diesem Objektivierungsprozeß selbst als sich selbst Erfahrendes erfährt und so fort ohne Grenzen, Spiegel in Spiegel, und sie kann, die Kunst, dieses Wunder nur deshalb leisten, weil Inneres und Äußeres bereits vor dieser Kunstwerkwerdung Abbildungen voneinander sind. – „Aber sage, um des Zeus willen, Sokrates, glaubst auch du, daß diese Geschichte wahr ist?" läßt Plato den wißbegierigen Athener Phaidros anläßlich einer Mythe vom menschenraubenden Nordsturm fragen, und Sokrates antwortet mit Platos Worten: „... annehmend, was darüber allgemein geglaubt wird, ..., denke ich nicht an diese Dinge, sondern an mich selbst, ob ich etwa ein Ungeheuer bin, noch verschlungener gebildet und ungetümer als Typhon ..." Der Sturm draußen tost auch drinnen; die Ungeheuer blecken aus den Klüften des Meeres wie denen der Seele ihre schrecklichen Hauer: Was sich hier als Einheit des Subjekt-Objekt-Widerspruchs auftut, ist der Abgrund allen Denkens weil Existierens, und da ich ihn zu artikulieren oder im Gleichnis zu fassen versuche, wird mein Gefühl immer dringender, daß ich mich an den äußersten Rändern von etwas bewege, das sich mir in dem Maß entrückt, in dem ich mich ihm zu nähern glaube. Es ist, auch hier, jene Küstenwanderung.

VIII

Zu den objektiven Erfahrungen treten also von Anfang der menschlichen Gattungs- wie Individualentwicklung an die subjektiven Erfahrungen, und die sind nun nicht mehr so einfach im Beispiel zu fassen, und der Menschheitsprozeß ihrer Bewältigung durch Verallgemeinern, der identisch mit der Menschheitsgeschichte von Kunst ist und dessen erste Voraussetzung das Objektivieren dieser Erfahrungen, ihr Herausholen aus dem subjektiven Charakter wäre, ist nicht mehr so simpel darstellbar wie das Entstehen der logischen Formen, deren hinreißende Axiomatik schon unsre Vorschulkinder entzückt. Die Schwierigkeit beginnt mit dem Gegenstand. Denn das Was dieser subjektiven Erfahrungen, die als Entdekkerglück, Wohlgefallen, Stolz, Genugtuung, oder Scheu, Furcht, Unruhe, Beklommenheit und ähnliche Phänomene des Anteilnehmens, ja des bloßen Beteiligtseins auch in jeder objektiven Erfahrung mitschwingen (woraus sich die Tatsache erklärt, daß in jeder Wissenschaft ein Element Kunst enthalten ist), das Was dieser subjektiven Erfahrungen ist, selbst wenn sie am konkreten Objekt, etwa beim Finden eines besonders schön gezackten Steinsplitters geschehen, ja nicht augenfällig da wie ein Stein oder eine Wolke, wiewohl es, dies Was, mit solcher Mächtigkeit dasein kann, daß es die Brust zu sprengen droht. Und noch ungreifbarer wäre das Wie. – Den Steinsplitter kann ich hochheben und zeigen, und jeder erkennt ihn als Steinsplitter an, doch das Glück, das mir sein Finden bereitet, wie teile ich das meiner Umwelt mit? Und wie erst Überwältigungen, die mir scheinbar unvermittelt geschehen: Grauen, Angst, Scham und Seligkeit? Doch daß ich sie mitteile, um mich zu vergleichen, ist für das Menschsein unabdingbar – erst am Andern erfahre ich, was ich bin. Dieses Sich-als-Mensch-Erfahren, dieses Begreifen: ICH – MENSCH ist ein ständiger Faktor allen Menschseins; es vollzieht sich als unabdingbares Element aller Menschwerdung bei jedem Einzelnen von neuem; es ist die Eingliederung in die Gattung und damit auch die Eingliederung in die jeweilige Gesellschaft wie das Konstituieren des Selbst als Person. Ohne diese Vergleichsmöglichkeit würde der Mensch im Tierreich verharren, und dies Sich-selbst-Erfahren am Andern beginnt ganz drastisch im Körperlichen: Jeder Junge vergleicht in einem bestimmten Alter die Mächtigkeit aller seiner

Organe, seines Bizeps, seiner Stimmkraft, seines Lungen-
volumens, seines Urinstrahls, und solche körperlichen
Kraft- und Funktionsvergleiche setzen sich dann fort im
Sport, und das Ich (hier im Aspekt seiner Einheit von
Natur- und Gesellschaftswesen erscheinend) ist erwei-
tert zum Verein oder zur Nation.

Die Physis nun läßt sich leicht vergleichen, da gibt es objektive Kriterien, wie aber vergleiche ich Psychisches?
Hier zeigt sich der tiefe Widerspruch der subjektiven
Erfahrungen: Da es *meine* sind, habe ich sie ganz und als
ganzer Mensch, ich habe ihr Was nicht nur geistig, ich *bin*
es, und auch ihr Wie verkörpere ich. Man könnte mir das
Was und das Wie nicht nehmen, wie man mir etwas Ge-
fundenes wegnehmen kann, doch als *mein* sind diese Erfahrungen eben auch *nur* die meinen, und ich bin gänzlich
außerstande, sie wie etwa ein Fundstück zu demonstrie-
ren. Sie sind für mich da und nicht für die andern, die
unter diesem Aspekt die Anderen sind, doch damit sind
diese Erfahrungen nicht einmal für mich da, denn eigentlich weiß ich ja nicht, was sie sind. (Ich bitte Sie, sich
immer vor Augen zu halten, daß ich einen Entstehungs-
prozeß zu schildern bemüht bin und daß Sie daher, wenngleich dies schwerfällt, das Resultat nicht von vornherein
mitdenken dürfen.) Ich habe etwas ganz und nur als das
Meine, und eben damit habe ich es nicht: ich brauche notwendig einen Vergleich. Daß dieses Ding da ein Stein
ist, weiß ich aus Vergleichungen mit anderen Dingen,
die Steine sind, womit aber vergleiche ich das mir Wider-
fahrene, hier also mein Entdeckerglück? Ich weiß nicht,
ob andre es auch erfahren, und selbst wenn sie davon
sprechen, weiß ich noch immer nicht, ob sie es *so* erfahren und, da ja das Was durch das Wie mitbestimmt wird,
ob sie dasselbe erfahren wie ich. Das Einzige, das ich zur
Vergleichung habe, das ist mein früheres Erleben; ich

werde immer wieder auf mich zurückverwiesen, und mit mir selbst bin ich doch so grauenvoll allein. „Vergleiche dich, erkenne, was du bist!" – Empfinde ich so wie die andern Menschen, bin ich wie sie, sind sie wie ich? Im Alltagsgeschehn gesellschaftlichen Umgangs, bei der Arbeit, auf dem Markt, im Ritus, beim Fest werden solche Fragen sofort durch gleich- oder ähnlichgeartetes gemeinsames Reagieren beantwortet, und diese Umgangsmodalitäten genügen einer Vielzahl von Alltagsereignissen so, daß die Gesellschaft funktionstüchtig zusammenhält. Dem Einzelnen aber, dem Ich, das ich bin, genügen sie dennoch und eben dann nicht, wenn er die Sphäre des WIR verläßt. Denn bestimmte Ereignisse heben mich mit solcher Macht aus dem Alltag, daß ich die Mitmenschen nicht mehr spüre, und dieses Alleinsein ertrage ich nicht. Ich habe ein Kind zur Welt gebracht; mein Liebster ist gestorben – dieses Glück, dieser Schmerz ist zuviel für die einzelne Brust. Hier bricht der Grundwiderspruch der Gattung Mensch elementar auf, hier möchte das Ich seine Grenzen sprengen; bestimmte Erfahrungen rühren so heftig an das Menschsein, daß sie es erschüttern; ich kann danach nicht wie vordem mehr weiterleben, ich brauche, schon daß ich sie überstehe, die Hilfe der Nachbarn, doch diese Erfahrungen sind eben von solcher Art, daß sie zu beschreiben schwer, ja unmöglich ist, und diese Kommunikationsqual gehört wesentlich mit zu ihrer Wucht. Ein jeder kennt solche Augenblicke, da man es nicht aushielte, allein zu bleiben, weil man im Ich wenn auch nicht das All, so eben doch die Menschheit erfährt. Es sind dies nun, und das ist das scheinbar Sonderbare, nicht irgendwelche einmaligen Sensationen, die da niederfahren, sondern Begebnisse elementarster Alltagsexistenz: Leben und Tod, Erfüllung und Scheitern, Ich und Du, Heim und Welt, Glück und Unglück, Gebären und

Sterben, Recht und Unrecht, Schmerz und Beglückung – Elementarereignisse von jedermann, die milliardenfach und milliardenfach Minute für Minute geschehen und doch für jeden einzig und einzigartig und zumeist auch unwiederholbar sind. Denn jeder hat sein Leben nur einmal, und jeder repräsentiert die Menschheit damit. Nur dadurch, daß ich als Mensch der Diese, Iwan, und als der Diese ein Einziger bin, kann ich die Menschheitsprobleme unmittelbar als die meinen erfahren, doch der Preis ist eben die Vereinzelung, der ich nur in höchsten Augenblicken entrinne, und immer sind es dann nur Augenblicke gewesen, und was ihnen stets folgt, ist aufs neue die Spannung des Ich. Hier haben Sie den ungeheuerlichen Widerspruch jenes IWAN – TSCHELOWJEK, über den Sie vorhin vielleicht still gelächelt und bei dem Der und Jener gewiß gedacht hat, daß es wohl ein bißchen *zu* spitzfindig sei, in solche Selbstverständlichkeiten Philosopheme hineinzugeheimnissen. Aber das Selbstverständlichste ist gewöhnlich das Problematischste: Jener Widerspruch von Einzelnem und Allgemeinem, der zunächst einmal jede Erscheinung aus dem Gestaltlosen treibt und im Menschengeschlecht das Ich hervorbringt, umlagert den spezifischen Gattungswiderspruch von Natur- und Gesellschaftswesen, und wenn *der* dann diese Verhärtung aufbricht, erschüttert er die Existenz.

An dieser Stelle sei mir ein Exkurs gestattet. Es ist nämlich ein Irrtum, jene beiden Widersprüche für miteinander identisch zu halten, und ein noch größerer Irrtum wäre es, den Widerspruch von Natur- und Gesellschaftswesen als verschiedene Stadien der Menschheitsgeschichte anzusehen, also so, als ob der Naturwesen-Aspekt der Gattung Mensch nur für ein fernes Urgeschichtsstadium gegolten habe und dann mit dem Eintritt in die Geschichte

durch den gesellschaftlichen Charakter dieser Gattung abgelöst worden sei, welcher gesellschaftliche Charakter wiederum mit einem Schritt vom ICH ZUM WIR eine neue Qualität annehmen und etwas völlig Neues jenseits individueller Strukturiertheit inaugurieren werde. So einfach aber liegen die Dinge nicht, wenngleich das Ich und das Wir in ihrem Umfang und in Erscheinungsmerkmalen sicherlich *auch* historische Kategorien sind, denn der gesellschaftliche Charakter der Menschheitsspezies kommt eben auch als historische Determiniertheit zum Ausdruck. Doch sie sind es *auch*, und nicht *nur*. Der Mensch ist eben dadurch ein gesellschaftliches Wesen, daß er ein Ich ist, daß er als Gattung der Natur ein individuelles Ich sein kann, dessen Wesen ein Sich-entgegengesetzt-Fühlen zum Anderen, doch damit auch zu den anderen innerhalb der Gattung ist. Gesellschaft wird ja gerade dadurch Gesellschaft im sozialen, also im qualitativen und nicht im quantitativen Sinne, daß sie sich der Natur gegenüberstellt, und das beginnt mit der Empfindung des „Ich", und mag dies „Ich" am Anfang der Menschheit auch einen großen Teil der Natur umfassen, es ist das Ich gegen das Andere. Der Ameisenhügel, obwohl hochdifferenziert und vortrefflich funktionierend, ist keine Gesellschaft, weil seine Bewohner keine Ichs sind, sie sind widerspruchslos Natur und nichts als Natur; sie stehen als Einzelne wie als Gattung in der Natur, aber sie stellen sich weder als Einzelne noch als Gattung der Natur gegenüber, das tut nur der Mensch. Auch das Tier erbt Erfahrung und erwirbt Erfahrung, doch diese Erfahrung wird auch als Erfahrung des Einzeltiers nie „meine Erfahrung"; auch dieser Begriff ist an den Menschen gebunden und damit von Anfang an auch das Problem, wie „meine Erfahrung" zu der eines anderen werde.
Damit sind wir zu unserer Fragestellung zurückgekehrt,

die lautet: Ich habe im Ich mein Menschsein erfahren, und nun muß die Menschheit mein Ich erfahren – aber wie könnte das geschehen? Wie teile ich meine Erfahrung mit, daß sie zu der des Andern werde – und dadurch auch die des Andern zur meinen – und wir uns, einander und aneinander vergleichend, uns selbst erkennen und damit doch wirklich erst ein Ich sind? Durch Mitteilung, sicher, allein wie artikuliere ich etwas, das sich auf Sprache oder Gestik nicht reduzieren läßt, weil es mich ganz erfüllt und erfaßt? Die Wissenschaft kann hier nicht weiterhelfen, obwohl das, was mir geschieht, milliardenfach geschieht und also zur Verallgemeinerung drängt nach dem Schema: alle S sind M – aber in dieser Verallgemeinerung geht ja gerade die Einzigartigkeit des Ich verloren, das heißt, die subjektive Erfahrung wird ausgelöscht. Das Ich ist eben einzig und nicht millionenfach, wiewohl Milliarden Ichs existieren. – Daß Weiber Kinder zur Welt bringen, weiß man, das ist nichts Besonderes, und man macht ja auch kein Aufhebens davon, aber daß *ich mein Kind*, daß ich *dies* Kind geboren habe – da hielt die Sonne für einen Moment in ihrem Lauf ein, und es ward Stille im All, und ein Schrei klang, der Schrei meines Kindes, und bis zu allen Sternen hin war nur Eines in der Welt: seine Augen, und *diese* Hand, und *diese* Härchen, und daß es *mein* Kind war, und nicht die Millionen Billionen Trillionen gewöhnlicher Bälgerchen. *Das* ist mein Erlebnis, das muß ich mitteilen, um es selbst zu fassen, doch wenn ich es auch mit all meinem Ich wiederholen und vor deinen Augen jetzt abermals niederkommen könnte – es wäre doch wieder nur *mein* Erleben; das Einzigartige fühltest du nicht! Am besten wäre es, wenn ich sänge, da könnte ich's noch am ehesten sagen, und jede junge Mutter singt zu ihrem Kind, und ihr Kind versteht sie. Das ist in den meisten Fällen Kommunikation genug; doch nun nimm den Tod: Wenn einer stirbt, dem mein Herz gehört – nehmen wir an, daß er Gajus heiße –, dann kann mich dieses Ereignis so treffen, daß mein eigenes Leben fragwürdig wird – was soll ich allein noch auf der Welt? Hier wird Beistand lebenswichtig im wörtlichsten Sinn, und gerade da kann mir die Wissenschaft mit dem Syllogismus am wenigsten helfen: Alle Menschen sind sterblich; Gajus war ein Mensch; Conclusio: Auch Gajus war sterblich, und nun hab dich gefälligst nicht so! So unanfechtbar dieser Schluß ist, er kann mich vor dem Tod nicht trösten, denn *meine* Erfahrung ist nicht darin. Daß alle Menschen sterblich sind, habe ich gewußt, aber eben das ist ja nicht meine Erfahrung gewesen: Nicht „alle", *mein Gajus* ist gestorben, und etwas ganz Anderes als Erkenntnis ist mir widerfahren: Etwas Schwarzes ist in mein Leben getreten, eine knirschende, grinsende Sinnlosigkeit, eine Macht, die mit meinem Hirn auch mein Herz überwältigt und meine Milz, ja sogar meine Haare, die braun waren und nun weiß geworden sind, eine Macht, die auf meine Schultern gelegt ist und mich niederdrückt und zermalmt – Hiob schrie so: „Wenn doch mein Gram, mein Leid gewogen würde auf einer Waage, ganz genau, so wäre es schwerer als aller Sand, der an den Küsten der Meere liegt." *Der* versteht mich, nicht der Syllogist. *Der* weiß, wie mir zumute ist, *der* hat mein unwägbares Leid gewogen, ganz genau hat er es gewogen, und siehe, es ist so schwer, nein: schwerer als aller Sand, der an den Küsten der Meere liegt! So ist es; doch woher diese Zustimmung und ihre innere Sicherheit? Was ich bei Hiob lese, ist doch nur ein Gleichnis und als solches eine Fiktion. Es gäbe keine Waage, die groß genug wäre, alle Küsten der Meere zu fassen, und gäbe es sie, könnte man sie nirgends befestigen, und gelänge selbst dies, wäre es doch niemals möglich, alle Küsten der Meere auszugraben und Korn um Korn auf ihre Schale zu packen, und wenn selbst dies zu leisten wäre, so sänke der Sand ohne Gegenlast ins Bodenlose, denn Leid kann nicht gewogen werden; es ist nichts Substantielles, und nicht einmal ein Gedankenexperiment könnte es materialisieren. Das Gleichnis ist, wissenschaftlich gesehen, eine unwahre, eine unsinnige Aussage – wie kommt es, daß ich sie dennoch als wahr, ja als einzig adäquat empfinde, so daß ich von ihr sage, sie *habe* mein Leid gemessen, und daß ich an dieser Wahrheit einen ersten Trost, die notwendige Hilfe finden kann? Es kommt zunächst daher, daß meine subjektive Erfahrung *nur* im Gleichnis objektivierbar ist, und ein Gleichnis wiederum ist nur deshalb möglich, weil Inneres durch Äußeres abbildbar ist. Ein Mitmensch, ein Nicht-Ich, hat Gleiches erfahren und sagt diese seine Erfahrung so, daß ich, da er die seine in Worten materialisiert, auch die meine darin wiedererkenne, und zwar in ihrem subjektiven Charakter, nicht in einem anonymen „Alle Menschen sind…" aufgelöst. Dies aber kann nur vermittelnd geschehen, und dieses Vermittelnde (und Vermittelte) ist eben das Gleichnis. Denn sagte der andere seine subjektive Erfahrung auch nur so unmittelbar, wie ich die meine sagen könnte (und wodurch sie auf die Mitteilung einer objektiven Erfahrung reduziert worden wäre, aber anders könnte *ich* sie nicht sagen), sagte er: „Mein Titus ist gestorben", so ließe mich das unbeteiligt: Wie könnte *sein* Titus *mein* Gajus sein? So aber spricht er vom Leid, das schwerer wiegt als all der Sand an den Küsten der Meere, und das versteh ich: Es ist das Leid, das ich um meinen Gajus spüre, und ich brauche von Titus – von dem er ja ausgeht – gar nichts zu wissen, um zu begreifen: Jener leidet so als ich. *Als ich:* Ich bin nicht mehr allein; das Gleichnis ist der dritte Ort, wo sich meine und seine Erfahrung als gemeinsame treffen; es ist für die subjektive Erfahrung das verbindende Stück, das der Mittelbegriff (M) der Syllogismen für die wissenschaftliche Vergleichung ist. Ins Gleichnis eintretend, erweitere ich mein Ich um das Ich eines Andern, und dieser Andre wird als Meinesgleichen nun mein Halt. Das Gleichnis überzeugt mich, daß ich nicht allein bin, und zwar eben nicht dadurch, daß es beteuert, es gehe allen Menschen so wie mir, noch gar, daß es mich um meine Erfahrung zu bringen versucht, indem es mir einreden wollte, sie sei ja gar nicht so hart und es gebe sich schon, am besten mit gehörigem Bewußtsein. Das Gleichnis will mich nicht manipulieren, denn der, der es schuf, dachte nicht an mich. Ihm war ja sein Titus gestorben, nicht mein Gajus; er wollte die Wirklichkeit *seines* Leides bewältigen, indem er sie im Gleichnis zusammenzog, um sie fassen zu können, und da er sie also im Abbild bewältigte, befreite er sich auch real von ihr. Zumindest tat er dazu den entscheidenden Schritt. Es ist, auf der Stufe sichersten Bewußtseins, die magische Macht des Namensnennens, die im Wort das Wesen zu fassen vermag. „. . . und als bald hernach das Männlein hereintrat und fragte: ‚Nun, Frau Königin, wie heiß ich?‘, fragte sie erst: ‚Heißest du Kunz?‘ – ‚Nein.‘ – ‚Heißest du Heinz?‘ – ‚Nein.‘ – ‚Heißt du etwa Rumpelstilzchen?‘“ – und da riß, wie wir wissen, das Männlein sich wütend selbst entzwei, und die Müllerstochter war erlöst. Sie hatte den verborgenen Namen ausgesprochen, aber um ihn finden zu können, war sie dem Männlein bis in die schaurigsten Gründe des Waldes gefolgt. Sie hatte sich nicht gescheut, der Wirklichkeit ins Auge zu sehen, darum hatte sie sich durch die Wahrheit des Sagens „was ist" befreit.

In dieser befreienden, dieser kathartischen Funktion der Kunst liegt der Keim all ihres gesellschaftlichen Daseins:

Der sein Gleichnis formt, um *sein* Leid zu bewältigen, stellt es zugleich zum Gebrauch für seine Brüder und Schwestern bereit, die der Gabe solchen Artikulierens nicht fähig sind, und er hilft ihnen in eben dem Maße, in dem er rückhaltlos sagt „was ist". Welche Gnadenlosigkeit im „Don Quichotte", welche unbarmherzige Rigorosität in den Altersbildnissen Rembrandts, welche Schonungslosigkeit im Untergang Gretchens, im Wahnsinn Ophelias, in des Ödipus Schicksal – und wie viele Bekenntnisse zu diesen Werken sprechen gerade von dem solidarischen Beistand, den diese nichts ersparende Wahrhaftigkeit leistet. Hier könnte vielleicht ein Grund für den sonst schwer erklärbaren Umstand des „Vergnügens an tragischen Gegenständen" liegen, für die spontane Bereitschaft beinah aller Ästhetik, das Tragische prinzipiell ranghöher als das Komische anzusetzen. Doch dies alles nur als fragende Andeutung.

In der Konsequenz des Willens zur Wahrheit liegt übrigens auch ein Wesensunterschied von Mythos und Märchen. Der Mythos kennt kein Happy-End und kein Wunschdenken, und manche Mythen, etwa die des geschundenen Marsyas oder des rasenden Ajax, sind von einer solchen Härte, daß sie uns abweisend machen könnten, spürten wir nicht auch noch im Krassest- und Gräßlichsten jene tapfre Wahrhaftigkeit, die uns die eigne Erfahrung bestätigt und am Beispiel ihres Gestaltetwerdens die Möglichkeit ihrer Bewältigung zeigt. Freilich muß man dazu die Wahrheit wollen. Wer in der Kunst nur seine Illusionen bestätigt finden will, der will im Grunde genommen Kunst gar nicht, auch wenn er beteuert, sie sei ihm heilig. In einem gewissen Sinn ist sie ihm das sogar, etwa in dem von Naturreligionen: Man betet das Heiligtum an, daß es Regen bringe, und kommt dann keiner, verprügelt man es. Diese Art des Heiligen nennt man

Fetisch, und Marx hat das Fetisch-Denken der kapitalistischen Gesellschaft im Raum der Ökonomie gezeigt. Es gibt auch ein Fetisch-Denken im Raum der Kunst.

IX

Ein Vergleich also, das war die erste Vorbedingung, denn nur im Gleichnis kann ich meine subjektive Erfahrung unter Beibehaltung ihres subjektiven Charakters objektiviert wiederfinden. In diesem Sinn hat jedes Werk der Literatur Symbolcharakter und ist dadurch offen für Identifikation und Interpretation. Damit ist die zweite Vorbedingung bereits ausgesprochen: die Existenz eines, der Gleichnisse schaffen, und als die dritte Bedingung die Existenz jemandes, der dies Gleichnis auf seine Erfahrung beziehen kann. Eine subjektive Aussage wird nicht dadurch Kunst, daß der Mitteilende sie als solche behauptet, sondern daß ein Anderer als der Schöpfer sie anerkennt. – Barlach hat es so formuliert: „Zur Kunst gehören zwei – einer, der sie macht, und einer, der sie braucht." Dies Gebrauchtwerden hat sicherlich viele Aspekte; Kunst ist nicht nur in einer Richtung wirksam, doch das Kriterium ihrer Anerkennung ist letzten Endes eben doch das Übereinstimmen von Erfahrung, wobei diese Erfahrung auch vorweggenommen, aus Verallgemeinerung erst einiger weniger verborgener oder tabuierter Züge des Lebens erahnt sein kann. Dann allerdings heißt es: Die Zeit dieser Dichtung ist erst später gekommen, und Kleist und Kafka fallen einem ein.
Je mehr Menschheitssubstanz erfahrener Welt in ein Kunstwerk eingegangen ist, um so größer seine Mächtigkeit. Hier liegt der Grund, warum Kunst nicht durch Dekretieren herbeischaffbar ist: Dort, wo das Substrat der Erfahrung fehlt, hilft auch der beste Wille nicht wei-

ter, und hier liegt die Erklärung des merkwürdigen Umstands, daß aus einem ganz individuellen Anlaß Menschheitsaussage wachsen kann. Vieltausendfache subjektive Erfahrungen widerspruchsgetriebener Prozesse wie widerspruchsvoller Konstellationen haben sich in die Seelen als Anlage künftiger Gleichnisse derart und dermaßen eingeschliffen, daß das Aussprechen der Gleichnisse dann selbst das Gefühl des SO IST ES hervorrufen kann: das Gesellschaftliche erscheint als das Elementare. SO IST ES – man hat es ja schon immer gewußt, es hat einem auf der Seele gebrannt, nur konnte man's nicht in Worte fassen, darum hat der Menschenbruder, hat die Menschenschwester für einen gesprochen, und siehe, sie haben es gesagt. Mensch Iwan redet zu Iwan dem Menschen, und der fühlt in den Worten des Sprechers das gattungsweite Seinesgleichen. Vieltausendfache, und in eben dieser Vieltausendfachheit ins Typische überführbare Einzelerfahrungen mit sich selbst, der Gesellschaft und der Natur bilden einen nie ausschöpfbaren Fundus von Gleichnismöglichkeiten heraus, deren menschheitsfrühe Objektivierung gewöhnlich gleich unübertreffbar geschieht, weil jenes dem Menschengeschlecht von Anfang bis wohl an das Ende Zugehörige darin so gefaßt wird, daß Jedermann es für sich nehmen kann. „Schwerer als aller Sand an den Küsten der Meere": SO IST ES – man könnte es nicht einfacher sagen, aber eben darum auch gültiger nicht. Im Gleichnis der Waage ist das Unsagbare ausgesprochen, das tiefste Leid ist zum Wort geronnen, und ich glaube, daß diese einfachsten, zwingendsten, am meisten „das Wesen der Sache treffenden", die erfahrungsschweren uralten Bilder in ihrer Gesamtheit die Mythen sind. Wissen, wie sich die Sache verhält, und zwar im Menschheitsaußen *und* Menscheninnen. – „Geschah dies im Land mit den Truppen und Städten oder in meinem Herzen allein?" Hier fragt Majakowski nach dem Ort des Mythischen auf eine Weise, die dich in die Knie zwingt. Immer geschieht „es", wenn es das Mensch-eigene ist, im Land mit den Truppen und Städten *und* in deinem Herzen allein. Das Mythische ist Gleichnis für die Verschränkung dessen, was sowohl draußen wie drinnen ist, von historisch-sozialen wie von psychischen Realitäten. Die Waage wägt auf dem Markt wie im Her-zen; ein Vorgang mythischen Charakters, und im Gleich-nis ein mythisches Bild. Der Wäger, seine Waage, sein Ort, seine Herkunft – ein Mythos, genauer: *dann* ein Mythos, wenn diese Verbindungen nicht mit dem willkür-lichen Knüpfen eines Kausalnetzes der äußeren Vorgänge sich begnügender Art sind, sondern insgesamt wieder einem vieltausendfach elementaren Draußen wie viel-tausendfach elementaren Drinnen darum entsprechen, weil sie diesen beiden entwachsen sind. Der Mythos ist nie zur Erklärung geschaffen, wiewohl er, um eine Formu-lierung Kerényis zu gebrauchen, „die Eigenschaft hat, erklärend zu sein". Deshalb ist er keine primitive Vor-stufe der Wissenschaft, gebastelt von Leuten, die es halt nicht besser gewußt haben, und er ist weder ätiologischer noch allegorischer Art. Er ist untheoretisierte Erfahrung und Bestätigung meines Erfahrens, doch dieses Bestäti-gen hat übergreifend auch erklärende Gewalt, wenn-gleich in einem besonderen Sinn: Es erklärt Dinge, die wissenschaftlich unerklärbar sind.

Lassen Sie mich dafür wieder ein simples Beispiel aller-alltäglichsten Alltags bringen. Ein junger Mann sieht ein junges Mädchen, ein junges Mädchen einen jungen Mann (es kann sich auch um Steinalte handeln), und jenes merkwürdige Phänomen, das Liebe auf den ersten Blick heißt, hebt an. Was ist da mit mir geschehen? Hunderte sind vorübergegangen und haben mich teilnahmslos gelassen, und dann überwältigend dies – was geschah? Die Wissenschaft antwortet allgemein; das Ich aber will gerade die individuelle Antwort: Was ist *mir* da geschehen? Und so in ein letztlich unentwirrbares Gestrüpp einzelpersönlicher Unbestimmbarkeiten gestellt, scheint die Frage niemals beantwortbar. Doch ins Schweigen der Wissenschaft antwortet ein Schlager mit Ciceros Worten: Das war Amors Schuß, der hat dich getroffen! – boing! und ein schwirrender Akkord. Diese Antwort ist nun auch nur allgemein und obendrein offenkundig phantastisch, doch ihr folgt etwas Erstaunliches: Sie scheint dem Individuum zu genügen, und sie genügt ihm, wiewohl jeder weiß, daß Amor oder sein Blutsbruder Eros nicht mehr die Parks zu durchpirschen pflegt. Doch das mythische Gleichnis macht Außen und Innen dieses Phänomens so überzeugend deckungsgleich, daß es sich trotz unsres Unglaubens an eine objektive Existenz von antiken Göttern als eine erklärende Kraft bewährt und mit dieser Erklärungskraft selbst bis dorthin reicht, wo sich individuelle Kausalketten kreuzen und also der Zufall sein Wesen treibt. Solche Überzeugungskraft mythischer Substanz hat die Gottheiten als Inkarnationen vieltausendfacher Erfahrung geschaffen, und solche Erfahrungsschwere, solcher Weltgehalt, solches Menschheitskonzentrat wird als allgemeine wie individuelle Erklärung akzeptiert, denn durch sie fühle ich mich und meine Existenz überzeugend nicht nur in den Seinszusammenhang der Menschengattung, sondern auch in einen großen Sinnzusammenhang gestellt. Ohne den aber könnte ich menschlich nicht leben, denn die Frage nach dem individuellen Warum ist nichts anderes als eine Umkehrung der ewigen Menschheitsfrage nach dem Sinn, also nach dem Warum ihrer Existenz. In dieser teleologischen Frage spiegelt sich der Grundwiderspruch des Menschen als Natur- und Gesellschaftswesen auf besondere und besonders eindringliche Weise. Die Natur ist nicht auf einen Endzweck hin angelegt, und da der Mensch ein Stück Natur ist, ist es seine Existenz als Ich wie als Gattung ebenfalls nicht; da aber der Mensch zugleich und immer und in jedem Bezug gesellschaftliches Wesen ist und die Gesellschaft, um jedem ihrer Mitglieder die als unabdingbar geforderten Opfer an Eigensubstanz zu erklären, sich final bestimmen *muß*, sucht das gesellschaftsbestimmte Ich auch Antworten auf diese beiden wissenschaftlich unbeantwortbaren Fragen: „Wozu dies alles?" und: „Warum gerade mir?" Diese Fragen schwingen in jeder Existenzerkundung von Gattung und Individuum unüberhörbar mit. Schon die Frage, die der Mensch an die Wissenschaft zu stellen wohl das größte Recht hat, die Frage nach sich selbst, geht in einer anatomisch-biologisch-physio-psychologisch-historischen Antwort nicht auf, weil die Frage: „Was ist der Mensch?" die Frage einschließt: „Wozu ist er, was er ist, wozu ist er da?" Die Wissenschaft kann diese Frage als unwissenschaftlich, als metaphysisch ablehnen, aber der Mensch wird drum nicht aufhören, auf Antwort zu pochen, und daß und wie diese Frage gestellt, und vor allem: wie sie vom Leben beantwortet wird, gehört ebenfalls zur Menschenerfahrung, und auch sie schleift sich ins Bewußtsein ein. Dem Tier ist alles Fragen verwehrt; die Fliege kann weder forschen, was sie anatomisch-physiologisch als Fliege sei, noch kann sie im Spinnennetz darüber grübeln, warum gerade ihr solches Leid geschehn ist und nicht der Gefährtin, die draußen vorbeisummt. Der Mensch aber stellt alle diese Fragen, und wenn seine Zellen Krebs überwuchert, schreit er nicht nur die Frage nach dem Was und Woher, sondern auch nach dem Warum gerade *seines* und dem Wozu *allen* Geschlagenseins in die Welt.

Auf diese wissenschaftlich unbeantwortbaren Fragen antworten die Mythen. Darum sind sie heute, da Wissenschaft und Kunst sich längst voneinander geschieden haben, kein Wissenschaftsersatz, und man verfehlt ihr Wesen gründlich, wenn man sie nur als solchen auffaßt und darum ihre Gültigkeit auf die historische Frühe beschränkt. Dort waren sie sowohl Kunst wie auch Wissenschaft, und im Aspekt des Wissenschaftsfortschritts sind sie zweifellos eine Vorstufe der Wissenschaft und *als solche* nur noch von historischem Interesse; als Kunst aber sind sie so unvergänglich, wie es alle Kunst ihrem Wesen nach ist.

X

Damit hätten wir meiner Meinung nach die wesentlichen Bestimmungselemente des Mythischen zusammengetragen, doch ich wage keine Definition. Meine Erklärversuche sind zu fragmentarisch, und zudem hat kein andrer als Lenin vor solchen Definitionen gewarnt. Man müsse, so meinte er, die Hauptelemente aufzählen, die zum Wesen einer komplizierten gesellschaftlichen Erscheinung – und das ist der Mythos ja zweifelsohne – gehören; ich möchte also diese Elemente noch einmal in Erinnerung bringen:

Jahrhunderttausende, vielleicht Jahrmillionen alte eingeschliffene Menschenerfahrung im Prozeß des Findens seiner selbst als Entfaltung seines Existenzwiderspruchs von natürlichem und gesellschaftlichem Wesen;

ein Fundus als typisch anerkannter, gleichnishafter Modelle als verallgemeinernde Widerspiegelung objektiver widerspruchsvoller Prozesse des Menschheitsaußens *wie* Mencheninnens;

der Doppelcharakter dieser Fundusstücke als Anlage wie als Entfaltung;

die unbegrenzt scheinende Quell- und Keimkraft der Anlage und ihre Fähigkeit, sich in den verschiedenen Medien der Kunst zu konkretisieren;

die Darstellung gesellschaftlicher, und darum in der Realität immer jeweils historisch konkret erscheinender Prozesse als elementarer;

der erklärende, aber nicht Wissenschaft ersetzende noch Wissenschaft beabsichtigende Charakter;

als historischer Aspekt die Tatsache, daß ein hervorragender und als besonders repräsentativ empfundener Teil dieser Entfaltungen aus den Vorbereitungs- und Entstehungszeiten der Klassengesellschaft herrührt, und das dort vollzogene Erheben menschlichen Erfahrens des Außen und Innen ins sowohl historisch wie psychologisch Überhöhte des Götter-, Heroen- und Ungeheuerreiches;

die Gültigkeit der Mythen weit über die Entstehungszeit hinaus, ja vielleicht bis ans Ende des Menschengeschlechts.

Dies, wie gesagt, keine Definition, es sind Bestimmungselemente, denen ich, hier abbrechend, noch als Wesensbestandteil den Grund dieses Innehaltens hinzufügen möchte: Der Mythos ist nicht nur vom Beschreibenden und Definierenden her bewältigbar, man muß seine Wirkung so erfahren, wie man die von Kunst erfahren muß. Möge Ihnen Hesiod oder Aischylos oder die Helena-Szene im „Faust" dann begegnen, wenn Sie sie brauchen, und Sie werden es besser wissen als aus zehn Lektionen.

Und hier möchte ich noch ein Wort zu den Märchen sagen, die bisher, so werden Sie gefunden haben, ein wenig zu schlecht weggekommen sind. So schlecht meine ich es gar nicht mit ihnen, und meine Schroffheit ist wahrscheinlich nur der Pendelausschlag nach der anderen Seite. Wie sollten mir die Märchen nicht teuer sein; sie sind ja eine der verwunschenen Formen, in denen die alten Mythen schlafen, und man kann die Schläfer wiedererwecken wie Dornröschen in ihrem Rankenschloß. Wir müssen allerdings anstelle des Happy-Ends die Widersprüche in die Märchen zurückdenken, und das könnte mit einem Blick in den allernächsten Alltag wie mit jener Fragestellung Platos beginnen, was denn von dem berichteten Fabelhaften in der eigenen Seele Wirklichkeit sei. Auch dort schläft Dornröschen, und auch dort verbluten die zur Unzeit gekommenen Retter im spitzen Gestrüpp, doch einer davon wäre dann der Befreier, für den die Zeit längst gekommen war. Und der schlechte Schlaf des Entwicklungslosen, des „Wie es ist, so muß es bleiben", gibt sich mancherorts als Erstrebtes aus und schützt sich gegen Ruhestörer. Hier hätten Sie beispielsweise einen Weg aus dem Happy-End in den Widerspruch. Es lohnt sich auch, darüber nachzudenken, ob die Hexe und die Mutter in „Hänsel und Gretel" nicht miteinander identisch sein könnten und welche Welten die Spiegel spiegeln, in die Schneewittchens Stiefmutter schaut. Bemächtigen Sie sich solcherart unerschrocken der holden Märchen, und fürchten Sie nicht, den Zauber der Poesie zu zerstören. Sie zerstören Dornen, daß Dornröschen lebe, und Sie erwecken Kore in ihr. Der Mythos hat unzerstörbare Kraft.

XI

Gerade hier wäre es an der Zeit, sich – wenn auch nur andeutungsweise – dem unleugbaren Widerstand zu stellen, der den Wörtern „mythisch" und „Mythos" so oft begegnet und der selbst Mythenfreunde wie unsereinen die Begriffe manchmal abschätzig gebrauchen läßt. Diese Tatsache wird nicht allein mit dem Hinweis erklärt sein, daß bestimmte Wörter gerad dieser Bereiche widerspruchsvollen Charakters sind – das lateinische „sacer" etwa heißt „heilig" *und* „ruchlos", und im Deutschen kann die Wendung „ich bin verzaubert" die höchste Glückseligkeit ebenso bedeuten wie das Los der Gefährten des Odysseus, die Kirke in Schweine und Hunde verwandelte.

Warum also sollte es nicht auch so um das Wort „Mythos" bestellt sein, doch ich glaube, das geschilderte Unbehagen wurzelt vor allem darin, daß der Mythos leicht, und leichter als manches andre Menschengebilde, mißbraucht werden kann. Diese Feststellung ist kein Werturteil; ein Seismograph ist störanfälliger als eine Ramme, und von einem Thron herab kann man mächtiger Heil oder Unheil wirken als von einem Schneidersitz. Diese Wesenseigenschaften sprechen weder für noch gegen ihre Träger, man muß sie nur kennen. Die Anfälligkeit des Mythos liegt in seinem Gleichnischarakter; der ist sein Vorzug wie seine Schwäche, und beides teilt er mit jeder Kunst. Wenn seine Aussage nur ein Gleichnis und sein Gegenstand nicht exakt bestimmt ist, scheint es ja jedem freigestellt, beliebige Mythen in die Welt zu setzen, und von manchen freischwebenden Theoremen, die sich als fundierte Wissenschaft geben, sagen wir ja auch naserümpfend, sie seien ganz mythisch.

Nun scheint der Mythos vor solcher Willkür durch sein Kriterium des Anerkanntwerdens geschützt, aber gerade in dieser Panzerung liegt die Lindenblattstelle: Das menschliche Streben nach bequemster Erklärung der unbequemen Dinge des Alltags – und uneingestanden gerade des Innen – kann in bestimmten Notzeiten zu massenhafter und gieriger Anerkennung all dessen führen, was nach dem Mund redet, um den Bart geht, Honig ums Maul schmiert – kurzum: aller Demagogie. Die macht es ihrem Publikum leicht; die fordert nicht auf, Erfahrung nüchtern und klar zu durchdenken und den argen Weg des Erkennens zu gehen, sie bildet gewissermaßen absichtlich Kurzschlüsse, durch die der Strom der Gefühle dann widerstandslos rast. Machen wir's am ruchlosesten aller Beispiele praktisch, an der Nazi-Demagogie. Es gibt Böses in der Welt, und es schläft Böses in der Seele, und der Mythos hat die Gestalt des Teufels geschaffen, doch wenn diese mythische Gestalt aus dem Gleichnis genommen und einer konkreten Menschengruppe, im „Stürmer" also den Juden, gleichgesetzt wird, ist der Mythos mit der äußeren Realität kurzgeschlossen; er hat mit dem Gleichnischarakter sein Wesen verloren; sein Erfahrungsgehalt zerstiebt; sein Widerspruch erstarrt auseinandergerissen zu absurden äußeren Gegensatzpaaren, und falscher Mythos, Wahn, entsteht. Konsolidiert er sich, wird er zu falschem Bewußtsein, und er konsolidiert sich vor allem dadurch, daß eine reaktionäre Politik sich seiner bemächtigt und ihn als Wissenschaft deklariert, mit welcher sich dann diese Politik selbst wieder begründet. Hier wird das Bewußtsein ideologisch auf jene prähistorische Stufe zurückgeworfen, da Wissenschaft und Kunst noch voneinander ungeschieden in den Händen der Schamanen waren. Darum die Vorliebe aller Faschismen für das Primitive und das, was sie für dessen Verkörperung halten: das Dumpfe, Urige, Chthonische, Blutige, Dampfende, Neblige, Brodelnde, Gärende, für den Hexenkessel voll trübem Gebräu des ineinandergekochten Kunst- und Wissenschaftswahren, wobei beides mit seiner Spezifik seine Wahrheit verliert. Darum die Feldzüge gegen das Denken, gegen die Anstrengung der Begriffe, gegen Klarheit, gegen Differenziertheit, gegen Kalkül und Nuancen, daher die Vorliebe für alle die Vorgeschichte beschwörenden Phrasen: BLUT UND BODEN etwa – das sollte die magische Mystik der Urzeit beschwören und strafte sich schon dadurch Lügen, daß es von Lautsprechern durch Werkhallen scholl und die Schamanen im Auto und Flugzeug angereist kamen.

Der gefährlichste Zug all dieser – und wahrscheinlich aller – Demagogie, bei der immer ein Gleichnis zur primitiven Gleichung umgefälscht wird, ist eben das Jonglieren mit verschiedenen inkommensurablen Wahrheiten und damit der scheinbare Realitätsgehalt dieser Demagogie. Denn es ist ja nicht so, daß ein Wahngebilde vollständig aus Lüge bestände – ein solches System wäre schon logisch unmöglich, wie jenes berühmte Beispiel: „Alle Kreter lügen, sagte der Kreter", beweist. Doch in diesem System funktioniert jeder Satz im Sinn der beherrschenden Lüge, und jedes Stück Wahrheit ist in sie integriert. So auch in jenem Teufelsbeispiel. Da in *jeder* Brust ein Stück Böses angelegt ist, nämlich jenes naturhaft ethisch an sich Indifferente, das im Gesellschaftlichen als böse erscheint, kann man diesen Menschenzug in *jeder* ethnischen Gruppe entdecken, sie fällt dadurch nicht aus der Menschengattung; doch wenn ich mich als makellos ansehe und alle Schwärze auf den Anderen häufe, entkleidet der Wahn mich meines Menschenseins in eben dem Maße, in dem ich mich als der rassisch oder ethnisch Höhergeartete über Menschenbrüder erheben will. Ich wähne mich als ein real existierendes mythisches Wesen, als ein Übermensch, und handle wahnhaft, aber real und mit schrecklich realen Folgen, und aus dem Kurzschluß im Bewußtsein schlagen die Flammen der Krematorien.

Kein Wunder, daß nach dem Mißbrauch des Mythos durch Rosenberg, Streicher und Konsorten gerade der streitbare Antifaschismus diesen Begriff sehr skeptisch ansah, und hier sollten wir uns tief vor der Leistung Thomas Manns verneigen, der wesentlichen Anteil hatte, wenn dieser Begriff den Händen des Feindes wieder entwunden wurde, denn dem Feind hat niemals der rechte Mythos, dem hat immer nur der Wahn gehört. Ich kann auf Thomas Manns Mühn hier nicht eingehn, doch sein hundertster Geburtstag wäre ein guter Anlaß, diese Leistung gründlich zu würdigen. Die Wissenschaft könnte an dem lauteren Werk dieses humanistischen Schriftstellers aufs neue zeigen, daß der Mythos der schöpferischen Menschheit und nicht ihren eingefleischten Feinden gehört.

XII

Was ist nun das mythische Element in der Literatur? Wir müssen uns zunächst dahin verständigen, unter Literatur nicht die Summe alles Geschriebenen, sondern Kunst im Medium Wort zu verstehen, und hier abermals wieder nur jene Werke, die nicht nur die Form von der Dichtung leihen. Ich glaube nun, daß auch so verstandene Literatur nicht einfach mit Mythos gleichgesetzt werden dürfe und daß es Genres, zum Beispiel das Lehrgedicht, gibt, die ihrer Anlage nach a-mythisch sind. Aber zweifellos ist der Mythos ein Wesenskern von Literatur, und dieser mythische Zug in einem Stück Epik, in einem Drama, in einem Gedicht ist wohl aspekthaft identisch mit dem, was man das Geheimnis der Dichtung nennt. Das mythische Element ist jenes Ingrediens, das bestimmte Worte und Handlungskompositionen so überwältigend wirken und zugleich das Was und Wie dieses Wirkens begrifflich unerklärbar macht. Es ist, zum Unterschied vom Rätsel, das mit seiner Auflösung abgetan ist, jener Rest, der im intellektuellen Begreifen nicht aufgehen will, jenes Gleichnishafte, in dem wir Außen und Innen zu einem SO IST ES verschmelzen fühlen, ohne daß wir genau sagen könnten, *was* denn nun eigent-

lich so ist, es sei denn, man spräche das soeben Gehörte
wortwörtlich noch einmal aus.

Wir wollen gleich ins Konkrete gehen und kehren zu unserem Anfang zurück. Welchen Aspekt des Außen und
Innen faßt Claudius? Meiner Ansicht nach die entsetz-
liche Ahnung, daß eine Welt, die allen noch heil scheint,
einen Riß hat, durch den Kälte strömt. – Es wird kalt
in dieser trauten Welt, und in der Seele beginnt ein Frie-
ren, so sagt dies Lied, und ganz deutlich wird das, wenn
Sie die Schlußstrophe des Claudius-Gedichts mit der seines paraphrasierten Vorgängers vergleichen. Denn Claudius hat auf ein Muster zurückgegriffen, auf das Abendlied seines hundertfünfzig Jahre älteren Theologiekommi-
litonen Paul Gerhardt, der übrigens in Lübben begraben
liegt. Dort hebt es so an:

> Nun ruhen alle Wälder,
> Vieh, Menschen, Städt' und Felder,
> Es schläft die ganze Welt . . .

Und die letzte Strophe lautet bei Gerhardt:

> Auch euch, ihr meine Lieben,
> Soll heute nicht betrüben
> Kein Unfall noch Gefahr.
> Gott laß euch ruhig schlafen,
> Stell euch die güldnen Waffen
> Ums Bett und seiner Helden Schar!

Das ist gedichtet im Dreißigjährigen Krieg, aber da ist
die Welt noch heil, und die Seele fühlt sich geborgen in
Gottes Hand. –

Und nun hören Sie noch einmal die letzte Strophe des
Matthias Claudius:

> So legt euch denn, ihr Brüder,
> In Gottes Namen nieder;

Kalt ist der Abendhauch.
Verschon uns, Gott! mit Strafen,
Und laß uns ruhig schlafen!
Und unsern kranken Nachbar auch!

Sie merken den Unterschied; es sind zwei Welten. Gerhardts Gedicht soll man nicht geringschätzen, es ist schön, hold, lieb, ein Juwel in der Schatzkammer unsrer Dichtung, allein es fehlt ihm eben das, wodurch wir ein Stück Literatur unsterblich in der Gewißheit nennen, daß sein Wort auch in kommenden Zeiten die Leser überwältigen wird. Ich glaube, es fehlt ihm das mythische Element. Und nun beachten Sie bitte, wie dieses Element – die Ahnung eines Kälteeinbruchs – bei Claudius das ganze Gedicht durchdringt und nicht etwa nur in der viertletzten Zeile als Behauptung gesagt wird. Wäre es nur diese Feststellung, dann spürten wir nicht die Kälte, die so schauerlich – weil kaum wahrnehmbar und doch durchdringend – die Innigkeit dieses Gebildes durchzieht und die in *jeder* Strophe da ist, als *Einheit* eines Widerspruchs da ist und nicht als märchenhaftes Auseinandergerücktsein eines Gegensatzpaares. Hören wir die erste Strophe:

Der Mond ist aufgegangen,
Die goldnen Sternlein prangen
Am Himmel hell und klar.
Der Wald steht schwarz und schweiget,
Und aus den Wiesen steiget
Der weiße Nebel wunderbar.

Diese Strophe scheint mich Lügen zu strafen – es *ist* doch in ihr alles innig und heil: Vollmond, und die hellen, klaren goldnen Sternlein, der Wald, die Wiesen, der weiße Nebel – aber sehen Sie doch, wie der Nebel, der da heranwallt und steigt, sich anschickt, die Sterne auszulöschen – sehen Sie's? – Der eine Frieden hebt den anderen auf, das ist es. Der Nebel steigt, und nun geht es in die zweite Strophe, und da steht die trauliche Kammer in einer Schwärze, durch die langsam ein Brodem herankriecht, und diese holde Kammer Welt ist wie die holde Kammer Seele voll von allem Jammer der Menschheit – draußen ist's still, aber drinnen stöhnt es, in dieser Kammer, aus der man noch den Mond gesehn hat und die sich jetzt schließt, die zugeht, die dicht wird – und Sie mögen es nicht für ein Hirngespinst halten, wenn mir das Wort GASKAMMER da einfällt, natürlich hat Claudius das nicht gekannt und nicht gewollt und nicht geahnt, aber daß man Auschwitz in sein Gedicht einfügen kann, zwar mit Entsetzen, doch ohne ihm Gewalt anzutun, eben das ist die Quell- und Keimkraft eines mythischen Elements. Es wirkt wie ein Sauerteig, es macht das Gedicht weit auch für unsre Erfahrung; darin besteht die sonst unbegreifliche Wirkung der Kunst über Jahrhunderte, und wem das zu hergezogen scheint, der mag ein Abendlied des zeitlich viel näher bei Claudius als bei uns stehenden, des fälschlicherweise so gern als „still und schlicht" idyllisierten Mörike lesen, das fängt so an:

> Auf schwarzem Berg da steht der Riese,
> Steht hoch der Mond darüber her;
> Die weißen Nebel auf der Wiese
> Sind Wassergeister aus dem Meer:
> Ihrem Gebieter nachgezogen
> Vergiften sie die reine Nacht,
> Aus deren hoch geschwungnem Bogen
> Das volle Heer der Sterne lacht.

Da haben Sie die heile Welt hundert Jahre vor Auschwitz – durch den Riß zischt das Gas, und die Sterne lachen. – Und nun möchte ich Sie bitten, das Claudius-Lied noch einmal Wort für Wort durchzugehen, und ich hoffe, daß einige von Ihnen zu fassen vermögen, was Dichtung heißt, wenn Sie Zeile für Zeile auf das Mythische dieses Abendlieds stoßen, auf die Einheit seines Widerspruchs gefährdeter Trautheit und trauter Gefährdung: *der Wald steht schwarz und schweiget* – dieser schwarze, schweigende, reglose Wald ist *beides:* Anheimelung *und* Schrecken, und schon das Wort „Wald" ist beides zugleich. Noch die geringste Partikel und Konjunktion aller Sprachen ist solcherart durchtränkt mit Erfahrung von Jahrhunderttausenden, doch daß diese Erfahrungen sich mitteilen können, bedarf es jenes Sachverhalts, den Sie Literaturwissenschaftler einmal mit dem gräßlichen Wort „Kontext" bezeichnen werden. Karl Kraus, der nicht müde wurde, das Geheimnis der Dichtung gerade in den schlichtesten Zeilen zu zeigen, hat es so gesagt: „Das Geheimnis besteht nur darin, wer die Zeile schreibt, in welchem Gedicht sie steht, in welcher Luft sie lebt und atmet. Mit dem Vers geht's da nicht anders zu als mit dem Wort selbst, das allen gehört und das alle treffen". Nur im Kosmos des gestalteten Werks wird Menschheitserfahrung so wieder lebendig, wie Gerstenkörner aus den Pharaonengräbern in unsrer Zeit wieder zu keimen beginnen konnten.

Eichendorff hat es gewußt:

> Schläft ein Lied in allen Dingen,
> Die da träumen fort und fort,
> Und die Welt hebt an zu singen,
> Triffst du nur das Zauberwort.

Es schläft in den Dingen, weil es in der Seele schläft, und der Mensch hat es jahrhunderttausendelang in die Dinge hineingeschaut wie aus den Dingen herausgenommen. „Mond" – „aufgehn" – „golden" – „Sterne" – „Himmel"

– „Wald" – „schwarz" – „Wiesen" – „steigen" – „Nebel"
– „Jammer" – „Mensch" – „Schlaf" – „Vergessen" –
„Gott" – „Strafe" – „Verschonen" – „und" – „unser" –
„krank" – „Nachbar" – „auch" – jedes Wort wird zum
Zauberwort in jenem Verein, der Wörter zu Dichtung
zusammenfügt. Ein jedes dieser Wörter ist ganz alltäglich, und jedes kann gänzlich Geläufiges sagen, doch
in jedem Wort lebt auch das Uralte, und das Geheimnis
des lebendigen Feuers und Wassers, das Geheimnis
von Wolke und Sternnacht und Weidenbaum wirkt in den
Sprachen wie in den Gründen der Seele fort. Das Wort ist
das Grundmaterial der wissenschaftlichen Aussage *wie*
der Dichtung, die Sprache ist die Mutter des Logos *und*
des Mythos, darum kann ein und derselbe Satz völlig verschiedener Botschaft sein. „Es wird kalt" – da schaue
ich aufs Thermometer und nicke und nehme Hut und
Mantel; „es wird kalt" – und da kann der Juli glühen,
und draußen ist Flirren und Leichtgeschürztes, doch ich
habe die Zeitung gelesen und mich schaudert: Kälte
bricht ein. Worte sind nicht identisch mit Wörtern, Dichtung nicht mit Wissenschaft, und beide nicht mit Alltags-
kommunikation. „Lebt wohl" – Karl Kraus wies immer
wieder auf dies Beispiel hin –, „Lebt wohl!" kann eine
Phrase sein, und das „Lebt wohl!" Iphigeniens ist das
größte Abschiedswort deutscher Dichtung; „auf einer
Schanze zu Straßburg" ist eine sachliche Ortsbestimmung,
durch deren poetische Fassung „Zu Straßburg auf der
Schanz" ein Grenzort der Menschheit beschworen wird,
und im „Ach" von Kleists Alkmene wird die abgedro-
schenste Allerweltsfloskel zur seelischen Elementarge-
walt.
Spätestens hier werden Sie auch begriffen haben, worin
das zutiefst Unerlaubte, das Verwerfliche Ihrer Manipu-
lierung bestand, als ich Sie nach der Aussage des Clau-

diusschen Gedichts befragte und wir scheinbar keine finden konnten, die nicht eine Banalität gewesen wäre. Wir haben ein Gebilde der Dichtung befragt, als ob es eine wissenschaftliche Widerspiegelung wäre, *das* war das Unerlaubte, nicht das genaue Abklopfen eines Gedichts. Ich glaube, es war Goethe, der ein gutes Gedicht einer Frau verglich, die sich zur Prüfung ihrer Körperschönheit nackt müsse dem Sonnenlicht stellen können. Freilich will dann die Schönheit geprüft sein und nicht etwa historisches Wissen. Ein Gedicht muß ich als ein Gedicht befragen, dann aber muß es standhalten und, wenn es wirklich dicht ist, bis in die Silben, bis in die Interpunktion hinein. Machen Sie das ruhig einmal bei Claudius, schauen Sie sich ruhig an, wie zum Beispiel die Rufzeichen in der letzten Strophe auf Gott einhämmern – das sind Schreie, die der sanfte Sänger da ausstößt: „Verschon uns, Gott – Rufzeichen – mit Strafen, und laß uns ruhig schlafen – Rufzeichen – und unsern kranken Nachbar auch – Rufzeichen – und damit schließt das Abendlied, mit einem Schmerzschrei, nicht mit einer Bitte, und ist doch geflüstert; bis in die Interpunktion hinein kann man so fragen, aber man muß das Gedicht seiner Art gemäß befragen, sonst erficht man mühelos den billigsten Triumph über jede beliebige Dichtung, doch man hat damit nicht das Gedicht, man hat damit nur sich selbst widerlegt, und es wäre auch ein Irrtum zu glauben, man habe seiner Gesellschaft dadurch gedient. – Meine Damen und Herren, ich möchte hier mit Engelszungen reden können, um Sie in Ihrer künftigen Tätigkeit vor solchen billig dummen oder billig ruchlosen Triumphen zu warnen. Sie werden ja einmal wesentlich Anteil daran haben, ob der nächsten Generation der Weg zur Dichtung geweitet oder noch mehr verengt wird, und ich möchte nichts mehr wünschen, als daß Sie *eben* als Wissenschaftler, *eben* als Analytiker, *eben* als kritische Forscher und strenge Lehrer einmal unsre Verbündeten sind. Nochmals: Nicht, daß man ein Stück Literatur nicht wissenschaftlich befragen dürfe, das darf man, das soll man, das muß man, das tut man entschieden zu wenig; ein Gedicht ist wie jedes andre Objekt dieser Welt ein Gegenstand auch der Wissenschaft, doch man darf eine Dichtung nicht *so* befragen, als ob sie eine wissenschaftliche Aussage sei. Das eben ist das Unerlaubte, das noch so häufig praktiziert wird.

Aber Schluß damit, ich habe Sie lange genug strapaziert, und wir müssen ja noch die beiden abgestellten Texte erlösen – ich mache es ganz kurz, und dann noch einen Hinweis zum Schluß.

Was also ist das mythische Element im Text Jean Pauls? Ich glaube, das Wiedererfassen des Erdballs als Menschenheimat – die gläubige Ahnung auch *nach* Kepler und Galilei, daß dieser Planet, den die unerbittliche Wissenschaft seiner Stellung als Mitte des Kosmos beraubt hat, daß dieses durch die Kälte und Leere des Weltalls treibende Stäubchen nicht eines unter Milliarden ist – was es *auch* ist –, daß dieses eine die Heimat des Menschengeschlechts war, ist und sein wird. Menschenheimat, auch im Flug durch die Schwärze, und gesehen von einem Allerweltsberglein, nicht vom Pamirplateau, nein, vom Fichtelgebirge überm Kirchturm eines jämmerlichen Residenznestes, einem Staatspartikelchen Kuhschnappesweiler oder Plundershausen: *Goldadern schwimmen auf den schwarzen Nacht-Schlacken* – denn es ist ein Sonnenuntergang, der geschildert wird, und die Sonne geht auch in der Seele unter, vergessen Sie das dabei nicht.

Und das mythische Element im Monolog der Frau Marion Bloom ist eines der am schwierigsten gestaltbaren, weil es eines der elementarsten ist: der Geschlechtswiderspruch; Sexualität und Erotik, Körper und Seele, Gott und Tier, aber all dies sind eben Gegensatzpaare, erst die Einheit macht den Widerspruch. Manche Epochen und Schulen sind geneigt, diese Gegensatzpaare moralisch als erlaubt-unerlaubt, normal-pervers, sauber-schmutzig zu fassen; andere wieder suchen den Gegensatz von körperlicher und geistiger Liebe solcherart absolut zu nehmen, und da scheint es ja manches zu geben, was dafür spräche: Körperliche Liebe ist etwas, das den Unterleib angeht, das schmierig ist, übelriechend, das „Afternahe", wie Benn einmal sagte, etwas, das mit Ausscheidungen zu tun hat, die durchaus der gleichen Natur wie andere Drüsensekrete auch sind, ja sogar wie Körperexkremente, die in diesen zweihundert Seiten ebenfalls nicht verleugnet werden, und die physische Liebe wird dort auch *so* dargestellt – doch dieselbe körperliche Liebe erwies sich an Marion Bloom zum milliardenstenmal als das Beglückendste, das ein Mensch je erfahren konnte, als – um den Katholiken Heinrich Böll zu zitieren – „etwas, worum uns die Engel beneiden"; etwas Himmlisches, oder hier: Blumenhaftes. Die Menschheit blüht auf in ihr, wie es die Wörter in diesem Text tun – doch auch die Liebe im Geist ist dort *beides*: ein armer Abklatsch des Körperlichen und der innigste Abglanz des Engelhaften. Symbol dieses Widerspruchs ist die Blume: das Reine, das aus dem Kot wächst, das Zeichen der Unschuld, das doch nichts andres ist als ein demonstratives Geschlechtsorgan – die Menschen haben schon Gründe gehabt, einen Urwiderspruch ihres Lebens in dieser Gestalt zu fassen, und dies lange, bevor sie Botanik trieben. – Frau Marion Bloom ist Maria die Blume; sie heißt nicht nur so, sie *ist* es in *beiden* Marien, der Madonna und der Sünderin, und sie vollzieht, nach ihrem Ehebruch, mit dem schnarchenden Mann an ihrer Seite, noch einmal die glücklichste aller Vereinigungen – im Geist, im Erinnerungsstrom durch die Tage: *Da ich eine Blume der Berge war.* –

Und nun haben Sie recht, wenn Sie feststellen, das ist ja kitschig – ja, das ist *auch* Kitsch, Frau Marion Bloom, die Schnulzensängerin, denkt in der Sphäre und der Terminologie ihrer Lieder, aber in *diesem* Kitsch – nicht in jedem – lebt in heruntergekommenster Form der Mythos fort. Er ist der Menschheit nicht auszutreiben; er lebt fort in den Liedern der Küchenmädchen und den Moritaten der Bänkelsänger, im Kasperletheater, in den Karussells, in alten Balladen und den sinnlosen Reimerein Verliebter, in den Bildern abgegriffener Skat- und Tarockkarten, in Abziehbildchen und auf Plakaten, er tollt durch den Rosenmontag und schweigt in den Steinen und Statuen über den Gräbern; die Kinder hüpfen ihn als Himmel und Hölle; er ist wie ein Gießbach durch den alten Kintopp geschossen, er flackert immer wieder auf in den Schlagern, und Marion Bloom ist in ihrem Einschlafgebrabbel eine Blume der Berge, und ein großer indianischer Mythos heißt ebenso. Darum ist das Bedürfnis nach Vogelwiesen und Weihnachtsmarkt und Schnulzen und Rührstücken unausrottbar, und darum kann es kein Zufall sein, daß Kunstrichtungen divergierender Programmatik in diesem „wissenschaftlichen Zeitalter" die Jahrmarktbuden und Leierkastenlieder wieder neu entdecken – nicht, weil eine feindliche Kommerzwelt ein Verlangen nach Kitsch in die Massen trägt (was sie tut), sondern weil das Bedürfnis nach dem Mythos ungestillt ist. Zur Dichtung findet nicht jeder den Zugang; mancher wird von den Lotsen dorthin mehr abgeschreckt als eingeladen, und wenn man den Mythos nicht anders bekommt, nimmt man ihn in der schäbigsten Form. Der Kommerz nützt das schamlos aus, das ist wahr, doch auf *andre* Art nicht weniger schlimm scheint mir zu sein, dies Verlangen zu ignorieren oder gar zu verachten; auf andre Art schlimm, vor allem dumm, denn aus der Welt schaffen läßt es sich nicht. Eine jede Gesellschaftsordnung hat auf ihre Weise diesem Bedürfnis Rechnung getragen; eine große Rolle spielten dabei die Riten der Religionen; die kommerzialisierte Unterhaltungswelt des Imperialismus bietet Surrogat, das zugleich Gift ist, aber wenn auch nur ein Splitterchen des Mythischen darin aufglänzt, dann übt dieser Glanz eine Faszination aus, vor der wir mit angestrengter Ideologie und dem besten Willen zum Besten immer wieder verdattert stehn und schimpfen, statt es recht zu machen. „Am Tag, da Conny Cramer starb – und alle Glocken klangen – und alle Freunde weinten um ihn" – ja, ja, gewiß, ich weiß: rührselig, und kitschig, und ein Fixer, und außerdem, alles zugegeben, aber Hunderttausende junge Menschen haben es ergriffen gehört und ergriffen gesungen; es *hat* sie etwas ergriffen, und ich wünschte manchmal, die besten Absichten ergriffen sie auch nur annähernd so. Daß an dem Tag, als Conny Cramer starb, alle Glocken klangen, daß es ringsum zu läuten begann, so wie die Geschichte des armen Sünders Gregorius bei Thomas Mann mit dem Läuten aller Glocken anhebt, darin glänzt ein Splitterchen des Mythos, und was das mythische Element vermag, möchte ich Ihnen als Schluß mit einem Hinweis noch schildern. Eine der großen alten Mythenerzählerinnen unter uns ist Anna Seghers, und es gibt eine Geschichte von ihr, die immer wieder zitiert und gelesen und vorgelesen wird, obwohl sie eigentlich doch gar keine sonderlich starke Geschichte zu sein scheint, und die zudem noch einen schrecklich anmutenden Lapsus enthält, das ist die Geschichte mit dem Schilfrohr. Ein ganz einfacher Zusammenhang: Ein verfolgter Antifaschist wird von einer Unbekannten in einem märkischen See verborgen, und zwar mit einem Schilfrohr im Mund, damit er während dieser Stunden auch Luft bekommt – nur: durch ein Schilfrohr bekommt man nicht Luft, das ist innen von Knoten zugewachsen – ein schrecklicher Fehler, nicht wahr? Aber seltsam – dennoch, und ich wage zu sagen: gerade deshalb blüht die Erzählung auf und wird groß. Denn statt des langweiligen und für die Dichtung hier gänzlich gleichgültigen botanisch Richtigen der Schilfhalmanatomie ist etwas unvergleichlich Anderes, Größeres, Unsterbliches in diese Prosa gekommen – die Natur selbst nimmt diesen Flüchtling auf, sie schließt ihn in ihrem mütterlichsten Reich ein, im See, im Wasser, im Uterus, das ist ein uraltes Mythenmotiv, in zahllosen Märchen kommt es vor, der Held, der sich am Grund des Sees versteckt – Mutter Erde selbst verbirgt ihn, *so* gerecht ist die Sache gegen die Nazis, *so* groß ist die Kraft der Schwachen –, es ist ein Unsterblichkeitszug. Das botanisch Richtige ist etwas ganz Anderes – und das kann man in jedem Lehrbuch finden, und in diesem Zusammenhang darf an das Wort Goethes zur Literatur erinnert werden: „Das Richtige allein ist nicht sechs Pfennige wert, wenn es weiter nichts zu bringen hat!"

Meine Damen und Herren, ich bin am Ende, nicht mit dem, was ich sagen wollte, das wäre viel mehr, doch mit dem, was ich Ihrer Geduld zumuten konnte. Es war eine mythische Geduld, um im Thema zu bleiben; ich möchte daraus die Hoffnung ziehen, daß wir unsre Anstrengungen einer gemeinsamen Sache widmen, einer Sache, die das Nichtigste und das Wichtigste dieser Welt ist, der Dichtung – meine Damen und Herren, Kollegen und Freunde, lassen Sie uns darin Verbündete sein.

Nachweise

Brief an den Minister für Kultur
erschienen in: „In eigener Sache". Briefe von Künstlern
und Schriftstellern. Halle 1964. Auszugsweise abgedruckt
in: Neues Deutschland vom 24. 3. 1964 (Nr. 84)

Antwort auf eine Umfrage
erschienen in „Butzbacher Autorenbefragung. Briefe
zur Deutschstunde". Herausgegeben von Hans-Joachim
Müller mit der Arbeitsgemeinschaft Literatur am Wei-
dig-Gymnasium in Butzbach. Ehrenwirth München 1973

Laudatio auf Georg Maurer
gehalten in der Akademie der Künste der DDR anläßlich
der postumen Verleihung des F.-C.-Weiskopf-Preises an
Georg Maurer im April 1972. Abgedruckt in: Sinn und
Form 1972, Heft 4

Der Dichter zwischen zwei Kriegen
Miklós Radnóti, „Ansichtskarten". Nachdichtung und
Nachwort von Franz Fühmann. Berlin 1967

Begrüßung in der Akademie
gesprochen am 25. Oktober 1974 in der Akademie der
Künste der DDR anläßlich einer Lesung aus dem Pro-
metheus-Manuskript. Leicht überarbeitete und erweiterte
Fassung.

Über Wieland Försters Tunesienbuch
Wieland Förster, „Begegnungen". Tagebuch, Gouachen
und Zeichnungen einer Reise in Tunesien. Mit einem
Nachwort von Franz Fühmann. Berlin 1974

Ein Wort an künftige Kollegen
Diskussionsrede auf einer Arbeitstagung der Sektion Literatur und Sprachpflege der Akademie der Künste der DDR mit jungen Autoren am 2. Dezember 1972. Überarbeitete und erweiterte Fassung.

Literatur und Kritik
Referat auf dem VII. Schriftstellerkongreß der Deutschen Demokratischen Republik, 14. – 16. November 1973 in Berlin. Gedruckt in: Neue Deutsche Literatur 1974, Heft 2

Vademecum für Leser von Zaubersprüchen
Eigens für diesen Band geschrieben.

Das mythische Element in der Literatur
Vortrag vor Studenten der Humboldt-Universität Berlin im Rahmen eines Vortragszyklus von Mitgliedern der Akademie der Künste der DDR, gehalten am 28. 2. 1974. Überarbeitete und erweiterte Fassung.

Inhalt

Brief an den Minister für Kultur 5

Antwort auf eine Umfrage 17

Laudatio auf Georg Maurer 23

Der Dichter zwischen zwei Kriegen 35

Begrüßung in der Akademie 47

Über Wieland Försters Tunesienbuch 53

Ein Wort an künftige Kollegen 65

Literatur und Kritik 79

Vademecum für Leser von Zaubersprüchen 97

Das mythische Element in der Literatur 147

Nachweise 221

Von Franz Fühmann
erschien im Suhrkamp Verlag

22 Tage oder Die Hälfte des Lebens. 1973. 240 S.

st 292 Lillian Hellman, Eine unfertige Frau
Ein Leben zwischen Dramen
Aus dem Englischen von Kyra Stromberg
Mit Abbildungen
288 Seiten
Der Lebensbericht der berühmten Theaterautorin, Harvardprofessorin und erfolgreichen Journalistin Lillian Hellman beginnt mit einer faszinierenden Schilderung ihrer Jugend zwischen New York und New Orleans. Sie beschreibt ihre ersten Jahre in einem New Yorker Verlagshaus, ihren Aufenthalt in Spanien während des Bürgerkriegs, in Rußland während des 2. Weltkriegs. Temperamentvoll beschreibt die Autorin ihre Begegnungen mit großen Namen: Dorothy Parker, Nathanael West, Ernest Hemingway, Scott Fitzgerald, Dashiell Hammett, Norman Mailer, Louis Aragon, Sergej Eisenstein.

st 293 Gustav Regler, Das Ohr des Malchus
Eine Lebensgeschichte
528 Seiten
An allen Fronten, wo in geistiger Auseinandersetzung oder mit der Waffe in der Hand das Schicksal unseres Jahrhunderts bestimmt wurde, ist der Journalist und Schriftsteller Gustav Regler dabei gewesen. Er ging auf die Barrikaden, kämpfte in der Spartakistenzeit und in der Räte-Republik. Er teilte die Illusionen des Sozialismus und des Kommunismus. Mit der Beschreibung seines Lebens schildert Regler eine Fülle von Personen und Bewegungen, die er gekannt hat: Stefan George, Karl Wolfskehl, Maxim Gorki, André Malraux, Ernest Hemingway, Ludwig Renn, um nur einige zu nennen.

st 294 Marieluise Fleißer, Eine Zierde für den Verein.
Roman vom Rauchen, Sporteln, Lieben und Verkaufen
206 Seiten
Ihren einzigen Roman, 1931 unter dem Titel *Mehlrei-*

sende Frieda Geier erschienen, hat Marieluise Fleißer 1972 neu bearbeitet und ihm den Titel *Eine Zierde für den Verein* gegeben. In der vermeintlichen Idyllik einer deutschen Provinz in den Jahren vor 1933 sucht Gustl Amricht, Zigarrenladeninhaber und Schwimmphänomen, die Nähe von Frieda Geier, erobert und heiratet sie. Aber an der Selbständigkeit Friedas prallen »die natürlichen Machtmittel des Mannes« ab, sie läuft ihm davon.

st 295 Wolfgang Hildesheimer, Paradies der falschen Vögel
Roman
172 Seiten
Guiskard, der König der Fälscher, erfindet den Maler Ayax Mazyrka und auch einen Kunsthistoriker, der die Biographie des Malers schreibt. Die Hauptwerke Mazyrkas werden zu den begehrtesten Objekten des internationalen Kunsthandels, und der phantasiebegabte Fälscher bringt es zum Kultusminister.

st 296 Hermann Broch, Der Tod des Vergil
Roman
522 Seiten
»Das Buch schildert die letzten achtzehn Stunden des sterbenden Vergil, beginnend mit seiner Ankunft im Hafen von Brundisium bis zu seinem Tod am darauffolgenden Nachmittag im Palast des Augustus. Obwohl in der dritten Person dargestellt, ist es ein innerer Monolog des Dichters. Es ist daher vor allem eine Auseinandersetzung mit seinem eigenen Leben, mit der moralischen Richtigkeit oder Unrichtigkeit dieses Lebens, mit der Berechtigung und Nichtberechtigung der dichterischen Arbeit, der dieses Leben geweiht war.«   *Hermann Broch*

st 297 Brecht in Augsburg. Erinnerungen, Texte, Fotos
Eine Dokumentation von Werner Frisch und K. W. Obermeier unter Mitarbeit von Gerhard Schneider
Mit einem Vorwort von Werner Mittenzwei
400 Seiten
Es war nicht die Absicht der Autoren, die Biographie des jungen Brecht zu schreiben, und was vorgelegt wird, ist eigentlich weit mehr: eine minuziös gespannte und aufgebaute Materialmontage. Es ist ein hochinteressanter,

mit Dokumenten und Fotos ausgestatteter Bericht entstanden der nicht nur Dokumentwert für die weitere Forschung hat, sondern der auch höchst vergnüglich zu lesen ist. Das Buch schließt mit den frühen Veröffentlichungen des »Berthold Eugen«.

st 298 Julio Cortázar, Das Feuer aller Feuer
Erzählungen
180 Seiten
Der große argentinische Schriftsteller Julio Cortázar ist, wie Jorge Luis Borges, Schöpfer einer »phantastischen Literatur«, und so sind auch die Erzählungen zu lesen. Er umkreist das Drama, das sich durch die Bedrohung verborgener Wirklichkeiten entzündet, um sich im Wirklichen abzuspielen, und mit geradezu tödlicher Sicherheit berührt Cortázar die Dimensionen des Wunderbaren und Unheimlichen.

st 299 Karl Heinrich Waggerl, Brot
Roman
294 Seiten
»Der Erstlingsroman Waggerls erschien 1930. Dem Buch wurde damals sofort die illegitime Vaterschaft des großen Hamsun nachgesagt. Mit Recht, denn auch Waggerl läßt einen Urbauern in der Einöde sich ansiedeln und ein neues Leben aufbauen. Das ›Blut und Boden‹-Motiv ist damit zwar angeschlagen, aber doch noch auf jene unbefangene Weise, die den Kern eines jeden Bauernromans von jeher ausmachte. Das Sprachliche und der ganze Duktus freilich hamsunisch bis in den Tonfall hinein.«   *Bücherei und Bildung*

st 300 Ulrich Plenzdorf
Die neuen Leiden des jungen W.
150 Seiten
»Die ›neuen‹ Leiden des jungen W. sind die alten: Liebe, die als Eifersucht schmerzt, gestörtes Verhältnis zur Mitwelt, das als verletzter Ehrgeiz quält. Auch Werther 1972 liebt eine verlobte, später verheiratete Frau, die er nicht wie sein Vorgänger Lotte, sondern ›Charlie‹ nennt. Die erstaunliche Meisterschaft des Autors, dessen Begabung für die Darstellung gebrochener, jugendlicher Helden sich ausspricht, zeigt sich in der Leichtigkeit, mit der er

die beiden Komplexe Liebe–Politik, Einzelner–Gesellschaft miteinander vernäht.« *Rolf Michaelis*
Ulrich Plenzdorf ist seit 1963 Szenarist im DEFA-STUDIO.

st 301 Paul Celan, Von Schwelle zu Schwelle
Gedichte
70 Seiten
Dem 1952 erstmals erschienenen Gedichtband *Mohn und Gedächtnis* (st 231) folgten drei Jahre später die Gedichte *Von Schwelle zu Schwelle*; beide Bücher begründeten Celans Ruhm. 1958 wurde Celan der Bremer Literaturpreis verliehen. – »Gedichte«, sagt Paul Celan in seiner Bremer Ansprache, »halten auf etwas zu. Sie sind unterwegs, sind in Bewegung, suchen Richtung zu gewinnen.« Den eigenen Anlaß, Gedichte zu schreiben, begründete Celan damals folgendermaßen: »Um zu sprechen, um mich zu orientieren, um zu erkunden, wo ich mich befand und wohin es mit mir wollte, um mir Wirklichkeit zu entwerfen.«

st 302 Stanisław Lem, Die Jagd. Neue Geschichten des Piloten Pirx
262 Seiten
Pirx, der skeptische und unheroische, aber doch couragierte Held dieser sechs Erzählungen, ist von Mißtrauen gegen »unsere eisernen Brüder«, die Roboter, erfüllt. Für ihn repräsentieren sie eine unbestimmte Gefahr, einen Faktor des Unheimlichen. Nicht zuletzt deshalb, weil sie ihn an die Schuld des Menschen der Maschine gegenüber erinnern.

st 303 Hannah Arendt, Die verborgene Tradition. Acht Essays
170 Seiten
Kurz nach dem Zweiten Weltkrieg erschienen sechs Essays von Hannah Arendt über politisch-soziologische und philosophisch-literarische Themen, geschrieben im Bewußtsein der Zeit, das ein Bewußtsein des jüdischen Schicksals war: Über die organisierte Schuld, den Imperialismus, die Existenzphilosophie, über die verborgene Tradition eines Heine, Kafka, Chaplin oder Stefan Zweig. Die Aufsätze dieses bisher nicht mehr erschienenen »Bu-

ches seiner Zeit« sind für die vorliegende Ausgabe um zwei Aufsätze über die Aufklärung und die Judenfrage erweitert.

st 304 Anton Koch, Symbiose – Partnerschaft fürs Leben
272 Seiten
Das vorliegende Buch hat sich ein ebenso faszinierendes wie vielfältiges Phänomen zum Thema gesetzt, das von jeher auch den Laien angesprochen hat, wenngleich ihm oft kaum mehr über Symbiose bekannt ist als die Partnerschaft zwischen Einsiedlerkrebs und Seerose oder die zwischen Läusen und Ameisen.

st 305 Gion Condrau, Angst und Schuld als Grundprobleme der Psychotherapie. Philosophische und psychotherapeutische Betrachtungen zu Grundfragen menschlicher Existenz
Mit einem Geleitwort von Medard Boss
304 Seiten
Die Angst ist zur »Krankheit« unseres Jahrhunderts geworden. Die Begegnung des Menschen mit der Angst führt ihn an die Frage nach dem Sinn seines Lebens. Damit eröffnet sie ihm den Blick für die Übernahme seiner Verantwortlichkeit und seiner existentiellen Schuldhaftigkeit. In der Ablehnung und Verdrängung dieser »Schuld« sieht der Verfasser den Hauptgrund jeder neurotischen Erkrankung. Es muß das Anliegen der Psychotherapie sein, den Menschen zu befähigen, seine Schuldhaftigkeit anzuerkennen, sich selbst und damit der Welt gegenüber ehrlicher zu werden, zu Reife und Verantwortlichkeit zu gelangen.

st 306 Thomas Bernhard, Der Kulterer. Eine Filmgeschichte
122 Seiten
Der Gefangene Kulterer fürchtet sich vor der Freiheit, in die er wieder entlassen werden soll. Das Fundament dieses in Worten ablaufenden Films ist eine Erzählung, die Bernhard 1962 geschrieben hat. Dieser Band stellt nun die beiden Versionen gegeneinander: diejenige von 1962 und die von 1973, die inzwischen mit Helmut Qualtinger verfilmt wurde.

st 307 Ilja Ehrenburg
Das bewegte Leben des Lasik Roitschwantz. Roman
Mit einem Nachwort von Peter Hamm
Aus dem Russischen von Waldemar Jollos
262 Seiten

Lasik Roitschwantz, Herrenschneider aus Homel, wird von einem Lehrmeister eigener Art ins Leben geführt – vom Hunger. Der hat ihn eine geradezu explosive Phantasie gelehrt. So zieht Lasik von Homel fort, auf eine herzzerreißende Odyssee, durch Länder und über Meere, und überall versucht er, sich den jeweils herrschenden Zuständen anzupassen, und jedesmal bringt er sich fast um Kopf und Kragen. Das bewegte Leben ist ein Leben von einer Hoffnung, von einem Hunger, von einem Traum zum nächsten, bis er endlich im Heiligen Land eintrifft und am Jom-Kippur, am heiligsten Feiertag des Jahres, stirbt.

st 308 Dolf Sternberger
Heinrich Heine und die Abschaffung der Sünde.
Mit einem Nachtrag 1975 und zahlreichen Abbildungen
442 Seiten

Heine zwischen Deutschland und Frankreich, zwischen Saint-Simon und Nietzsche, Heine, der Erotiker, der Ästhet, der liberale Fechter und der Verächter des doktrinären Demokraten, der Verteidiger der Autonomie der Kunst, der aufrichtige Bekenner seiner eigenen wie der menschlichen Hinfälligkeit: Sternberger entrollt ein figurenreiches geschichtliches Panorama. »Es ist das beste, aufregendste, glänzendste Buch, das je über Heine geschrieben worden ist – und eine Geschichte des 19. Jahrhunderts, wie sie bislang fehlte.«   *Germanistik*

st 309 Wilhelm Kücker
Architektur zwischen Kunst und Konsum.
Auf der Suche nach einem neuen Selbstverständnis
Mit Abbildungen
148 Seiten

In der Vergangenheit diente alles Gebaute im wesentlichen konstanten Bedürfnissen. In Gegenwart und Zukunft hat Architektur immer rascher sich wandelnde Lebensbedingungen zu berücksichtigen. Als alternative Konzepte baulicher Anpassung an Nutzungsänderungen bieten sich wie bisher langlebige, jedoch zweckneutrale und flexible Strukturen oder aber »Wegwerf«-Bauten. Die eine Alternative beschwört die Gefahr formaler Gleichförmigkeit, die andere könnte in das totale visuelle Chaos führen.

st 310 Manfred von Ardenne
Ein glückliches Leben für Technik und Forschung. Autobiographie
414 Seiten
Es ist selten, daß ein Mann vom Rang Ardennes den Blick auf sein Leben, auf seine Arbeit freigibt: der Schüler, preußischer Offizierssohn, der mit zwölf Jahren einen der ersten Radioapparate baut; der junge Mann, der mit sechzehn Jahren sein erstes Patent anmeldet; der Vierundzwanzigjährige, der u. a. einen brauchbaren Apparat zur Lungendiagnostik entwickelt; der Physiker und Forscher, der seine Theorien sofort in die praktische Tat umsetzt. Heute wartet die wissenschaftliche Welt auf die fortschreitenden Ergebnisse seiner Krebsforschung. Denkwürdig sind die Begegnungen mit Max Planck, mit Otto Hahn, mit Otto Warburg, mit Staatsmännern und Wissenschaftlern. Ein Zeitdokument, das seinesgleichen sucht.

st 311 Peter Rosei, Wege
Erzählungen
158 Seiten
»Bedürfnislos, besitzlos, herrschaftslos ist der Mensch unterwegs, auf der Suche nach seiner Bestimmung... Der elementaren Bewegung des Gehens wird Roseis Erzählstil in hohem Maße gerecht – mit einer kargen, auf Klischees abgeklopften Sprache, mit kurzen, parallel aneinandergereihten Sätzen, mit eiligen rhythmischen Kadenzen.« *Frankfurter Allgemeine Zeitung*

st 313 Helm Stierlin, Das Tun des Einen ist das Tun des Anderen.
Eine Dynamik menschlicher Beziehungen
150 Seiten
Stierlin sieht die menschlichen Beziehungen als Ausdruck einer komplexen Abgrenzungs- und Versöhnungsarbeit, die in allen mehr als flüchtigen zwischenmensch-

lichen Situationen von den betreffenden Partnern zu leisten ist. In ihnen waltet eine komplexe Beziehungs-dialektik, deren Prinzipien Stierlin zunächst therapeutisch entwickelt und dann bei der Analyse zweier entscheidender menschlicher Beziehungen, der zwischen Mutter und Kind und innerhalb der Familie, anwendet.

st 314 Joachim Schickel, Große Mauer, Große Methode. Annäherungen an China
356 Seiten
Schickel führt den Leser vom Standpunkt des voreinge-nommenen Zeitungslesers oder Touristen immer weiter ins Innere Chinas. Es geht um das alte wie um das neue China, wenn er solche Klischeebegriffe wie die von der Gelben Gefahr, den Blauen Ameisen, dem Roten China untersucht oder die Topographie Pekings als ein mythi-sches Stadtideal beschreibt. Diese sprachlich eindringli-chen und äußerst informativen Essays sind im besten Sinne aufklärend: sie beseitigen das Unwissen, befreien von Mißverständnissen und zeigen »China von innen«.

st 317 Materialien zu Hermann Broch ›Der Tod des Vergil‹
Herausgegeben von Paul Michael Lützeler
368 Seiten
Inhalt: Die Fassungen des Romans. Briefliche Kommen-tare zur Entstehung und Wirkung. Beiträge aus der For-schung von Götz Wienold, Walter Hinderer, Jean Paul Bier, Paul Michael Lützeler.

st 319 Paul Nizon, Canto
Mit einem Nachwort von Heinz F. Schafroth
154 Seiten
». . . eine Sprachliturgie, die im Sprechen das Leben fei-ert und in der Leben und Sprechen, Sprechen und Leben eins werden oder doch eins werden möchten in immer neuen, immer kühner gewagten Tanzfiguren.«

Südwestfunk

st 320 Robert Walser, Der »Räuber«-Roman
Aus dem Nachlaß herausgegeben von Jochen Greven unter Mitarbeit von Martin Jürgens
154 Seiten
Walsers Räuber ist ein Außenseiter, dem es nicht glückt,

»sich der bürgerlichen Ordnung brav anzuschmiegen«. Er ist ein Zeitgenosse, dem das Entscheidende fehlt, »was fürs Leben und seine Gemütlichkeit wichtig ist«. Er ist der »Nichtsnutz«, der sich in die Rolle eines »Räubers« gedrängt fühlt, da er kein Geld besitzt, noch sich zu arrangieren und auf allgemein respektierte Weise welches zu verdienen versteht. Diese Aufzeichnungen, 1929 geschrieben, zeigen am Beispiel eines exponierten Einzelnen spiegelbildlich die Situation einer ganzen Epoche, ähnlich Rilkes *Malte* oder Hesses *Steppenwolf*.

st 321 Robert Mächler, Das Leben Robert Walsers.
Eine dokumentarische Biographie
Mit zahlreichen Abbildungen
218 Seiten
Je mehr das Werk Robert Walsers zur literarischen Entdeckung gelangt, desto stärker wird auch das Interesse an seinem Leben. Aus zahlreichen Zeugnissen, aus Selbstaussagen und Briefzitaten Walsers hat Mächler umsichtig und einfühlend ein Porträt zusammengefügt. Anstoß zu dieser Biographie war das nachgelassene und hier verwertete Material von Carl Seelig, dem Freund und Vormund Walsers.

st 322 Martin Walser, Der Sturz. Roman
364 Seiten
Mit dieser Ausgabe liegt die Triologie *Halbzeit* (st 94), *Das Einhorn* (st 159), *Der Sturz* (st 321) in Taschenbuchform vor.
»Walser hat im ›Sturz‹ das Höllenhafte unserer Existenz zum Furchtbaren hin zugespitzt... Seine Gegen-Utopie trägt die realen Züge des Spätkapitalismus«.

Peter Laemmle
»... das konsequenteste Denkspiel der deutschen Nachkriegsliteratur.«

ARD-Fernsehen

Alphabetisches Gesamtverzeichnis der suhrkamp taschenbücher

Achternbusch, Alexander-
schlacht 61
– Happy oder Der Tag wird
kommen 262
Adorno, Erziehung zur
Mündigkeit 11
– Studien zum autoritären
Charakter 107
– Versuch, das ›Endspiel‹ zu
verstehen 72
– Zur Dialektik des Engage-
ments 134
– Versuch über Wagner
177
Aitmatow, Der weiße Dampfer
51
Alfvén, M 70 – Die Menschheit
der siebziger Jahre 34
– Atome, Mensch und
Universum 139
Allerleirauh 19
Alsheimer, Vietnamesische
Lehrjahre 73
Ardenne, Ein glückliches Leben
für Technik und Forschung
310
Arendt, Die verborgene Tradi-
tion 303
Artmann, Grünverschlossene
Botschaft 82
– How much, schatzi? 136
– The Best of H. C. Artmann
275
– Unter der Bedeckung eines
Hutes 337
von Baeyer, Angst 118
Bahlow, Deutsches Namen-
lexikon 65
Beaucamp, Das Dilemma der
Avantgarde 329
Becker, Eine Zeit ohne
Wörter 20
– Irreführung der Behörden 271
Beckett, Warten auf Godot
(dreisprachig) 1

– Watt 46
– Endspiel (dreisprachig) 171
– Das letzte Band (dreisprachig)
200
– Molloy 229
– Glückliche Tage. Dreisprachig
248
Materialien zu Becketts »Godot«
104
Materialien zu Becketts Roma-
nen 315
Benjamin, Über Haschisch 21
– Ursprung des deutschen
Trauerspiels 69
– Der Stratege im Literatur-
kampf 176
Zur Aktualität Walter Benjamins
150
Bernhard, Das Kalkwerk 128
– Frost 47
– Gehen 5
– Der Kulterer 306
– Salzburger Stücke 257
Bilz, Neue Verhaltensforschung:
Aggression 68
Bingel, Ein Lied für Zement
287
Blackwood, Das leere Haus 30
Bloch, Naturrecht und mensch-
liche Würde 49
– Subjekt–Objekt 12
– Vorlesungen zur Philosophie
der Renaissance 75
– Atheismus im Christentum 144
Braun, Stücke 1 198
Brecht, Geschichten vom Herrn
Keuner 16
– Schriften zur Gesellschaft 199
– Frühe Stücke 201
– Gedichte 251
– Brecht in Augsburg 297
Bertolt Brechts Dreigroschen-
buch 87
Bond, Die See 160
Broch, Barbara 151

– Die Schuldlosen 209
– Schriften zur Literatur 1 246
– Schriften zur Literatur 2 247
– Der Tod des Vergil 296
Materialien zu Der Tod des
  Vergil 317
Broszat, 200 Jahre deutsche
  Polenpolitik 74
Buono, Zur Prosa Brechts.
  Aufsätze 88
Butor, Paris–Rom oder Die
  Modifikation 89
Celan, Mohn und Gedächtnis
  231
– Von Schwelle zu Schwelle 301
Chomsky, Indochina und die
  amerikanische Krise 32
– Kambodscha Laos Nord-
  vietnam 103
– Über Erkenntnis und Freiheit
  91
Condrau, Angst und Schuld als
  Grundprobleme in der Psycho-
  therapie 305
Conrady, Literatur und Germa-
  nistik als Herausforderung 214
Cortázar, Das Feuer aller Feuer
  298
Dedecius, Überall ist Polen 195
Der andere Hölderlin. Materia-
  lien zum »Hölderlin«-Stück
  von Peter Weiss 42
Der Friede und die Unruhe-
  stifter 145
Dolto, Der Fall Dominique 140
Döring, Perspektiven einer
  Architektur 109
Duddington, Baupläne der
  Pflanzen 45
Duke, Akupunktur 180
Duras, Hiroshima mon amour
  112
Durzak, Gespräche über den
  Roman 318
Ehrenburg, Das bewegte Leben
  des Lasik Roitschwantz 307
Eich, Fünfzehn Hörspiele 120
Eliot, Die Dramen 191
Zur Aktualität T. S. Eliots 222

Enzensberger, Gedichte 1955–
  1970 4
Ewald, Innere Medizin in Stich-
  worten I 97
– Innere Medizin in Stich-
  worten II 98
Ewen, Bertolt Brecht 141
Fallada/Dorst, Kleiner Mann –
  was nun? 127
Feuchtwanger (Hrsg.), Deutsch-
  land – Wandel u. Bestand 335
Fleißer, Eine Zierde für den
  Verein 294
Freisprüche. Revolutionäre vor
  Gericht 111
Fries, Der Weg nach
  Oobliadooh 265
Frijling-Schreuder, Wer sind
  das – Kinder? 119
Frisch, Dienstbüchlein 205
– Stiller 105
– Stücke 1 70
– Stücke 2 81
– Wilhelm Tell für die Schule 2
– Mein Name sei Gantenbein
  286
– Andorra 277
Frischmuth, Amoralische
  Kinderklapper 224
Fromm/Suzuki/de Martino,
  Zen-Buddhismus und Psycho-
  analyse 37
Fuchs, Todesbilder in der mo-
  dernen Gesellschaft 102
Fühmann, Erfahrungen und Wi-
  dersprüche 338
García Lorca, Über Dichtung
  und Theater 196
Gibson, Lorcas Tod 197
Glozer, Kunstkritiken 193
Goldstein, A. Freud, Solnit,
  Jenseits des Kindeswohls 212
Goma, Ostinato 138
Gorkij, Unzeitgemäße Gedanken
  über Kultur u. Revolution 210
Grossmann, Ossietzky. Ein
  deutscher Patriot 83
Habermas, Theorie und Praxis 9
– Kultur und Kritik 125

Habermas/Henrich, Zwei
Reden 202
Hammel, Unsere Zukunft – die
Stadt 59
Handke, Chronik der laufenden
Ereignisse 3
– Der kurze Brief 172
– Die Angst des Tormanns
beim Elfmeter 27
– Ich bin ein Bewohner des
Elfenbeinturms 56
– Stücke 1 43
– Stücke 2 101
– Wunschloses Unglück 146
– Die Unvernünftigen sterben
aus 168
– Als das Wünschen noch
geholfen hat 208
– Falsche Bewegung 258
Heilbroner, Die Zukunft der
Menschheit 280
Heller, Thomas Mann 243
– Nirgends wird Welt sein als
innen 288
Hellman, Eine unfertige Frau
292
Henle, Der neue Nahe Osten 24
Hentig, Magier oder Magister?
207
– Die Sache und die Demokratie
245
Hermlin, Lektüre 1960–1971 215
Hesse, Glasperlenspiel 79
– Klein und Wagner 116
– Kunst des Müßiggangs 100
– Lektüre für Minuten 7
– Unterm Rad 52
– Peter Camenzind 161
– Der Steppenwolf 175
– Siddhartha 182
– Demian 206
– Ausgewählte Briefe 211
– Die Nürnberger Reise 277
– Lektüre für Minuten. Neue
Folge 240
– Eine Literaturgeschichte in
Rezensionen 252
– Die Märchen 291
– Narziß und Goldmund 274

– Eine Werkgeschichte von
Siegfried Unseld 143
Materialien zu Hesses »Glas-
perlenspiel« 80
Materialien zu Hesses »Steppen-
wolf« 53
Hildesheimer, Paradies der
falschen Vögel 295
Hobsbawm, Die Banditen 66
Höllerer, Die Elephantenuhr 266
Hortleder, Fußball 170
Horváth, Der ewige Spießer
131
– Ein Kind unserer Zeit 99
– Jugend ohne Gott 17
– Leben und Werk in Doku-
menten und Bildern 67
– Sladek 163
– Die stille Revolution 254
Hudelot, Der Lange Marsch 54
Jakir, Kindheit in Gefangen-
schaft 152
Johnson, Mutmaßungen über
Jakob 147
– Das dritte Buch über
Achim 169
– Eine Reise nach Klagenfurt 235
– Berliner Sachen 249
– Zwei Ansichten 326
Jonke, Im Inland und im
Ausland auch 156
Joyce, Ausgewählte Briefe 253
Joyce, Stanislaus, Meines
Bruders Hüter 273
Kappacher, Morgen 339
Kästner, Offener Brief an die
Königin von Griechenland.
Beschreibungen, Bewunde-
rungen 106
– Der Hund in der Sonne 270
Kardiner/Preble, Wegbereiter
165
Kasack, Fälschungen 264
Kaschnitz, Steht noch dahin 57
Katharina II. in ihren Memoiren
25
Kluge, Lebensläufe. Anwesen-
heitsliste für eine Beerdigung
186

Koch, Werner, See-Leben I 132
Koch, Anton, Symbiose – Partnerschaft fürs Leben 304
Koeppen, Das Treibhaus 78
– Nach Rußland und anderswohin 115
– Romanisches Café 71
– Der Tod in Rom 241
Koestler, Der Yogi und der Kommissar 158
– Die Wurzeln des Zufalls 181
Kolleritsch, Die grüne Seite 323
Kracauer, Die Angestellten 13
– Kino 126
Kraus, Magie der Sprache 204
Kroetz, Stücke 259
Krolow, Ein Gedicht entsteht 95
Kücker, Architektur zwischen Kunst und Konsum 309
Kühn, N 93
– Siam-Siam 187
Lagercrantz, China-Report 8
Lander, Ein Sommer in der Woche der Itke K. 155
Laxness, Islandglocke 228
Lem, Solaris 226
– Die Jagd 302
– Transfer 324
Lepenies, Melancholie und Gesellschaft 63
Lévi-Strauss, Rasse und Geschichte 62
– Strukturale Anthropologie 15
Lidz, Das menschliche Leben 162
Lovecraft, Cthulhu 29
– Berge des Wahnsinns 220
Mächler, Das Leben Robert Walsers 321
Malson, Die wilden Kinder 55
Martinson, Die Nesseln blühen 279
– Der Weg hinaus 281
Mayer, Georg Büchner und seine Zeit 58
– Thomas Mann 233
McHale, Der ökologische Kontext 90

Melchinger, Geschichte des politischen Theaters 153, 154
Meyer, Eine entfernte Ähnlichkeit 242
Miłosz, Verführtes Denken 278
Minder, Dichter in der Gesellschaft 33
Mitscherlich, Massenpsychologie ohne Ressentiment 76
– Thesen zur Stadt der Zukunft 10
– Toleranz – Überprüfung eines Begriffs 213
Mitscherlich (Hg.), Bis hierher und nicht weiter 239
Muschg, Liebesgeschichten 164
– Albissers Grund 334
– Im Sommer des Hasen 263
Myrdal, Politisches Manifest 40
Nachtigall, Völkerkunde 184
Nizon, Canto 319
Norén, Die Bienenväter 117
Nossack, Spirale 50
– Das kennt man 336
– Der jüngere Bruder 133
– Die gestohlene Melodie 219
– Um es kurz zu machen 255
Nossal, Antikörper und Immunität 44
Olvedi, LSD-Report 38
Penzoldts schönste Erzählungen 216
– Die Kunst das Leben zu lieben 267
Plenzdorf, Die Legende von Paul & Paula 173
– Die neuen Leiden des jungen W. 300
Plessner, Diesseits der Utopie 148
Portmann, Biologie und Geist 124
Prangel, Materialien zu Döblins Alexanderplatz 268
Psychoanalyse und Justiz 167
Raddatz, Traditionen und Tendenzen 269

Rathscheck, Konfliktstoff Arzneimittel 189

Regler, Das Ohr des Malchus 293

Reik, Der eigene und der fremde Gott 221

Reiwald, Die Gesellschaft und ihre Verbrecher 130

Riedel, Die Kontrolle des Luftverkehrs 203

Riesman, Wohlstand wofür? 113

– Wohlstand für wen? 114

Rilke, Material. zu »Malte« 174

– Materialien zu »Cornet« 190

– Rilke heute 290

Rosei, Landstriche 232

– Wege 311

Roth, die autobiographie des albert einstein. Künstel. Der Wille zur Krankheit 230

– Der große Horizont 327

Russell, Autobiographie I 22

– Autobiographie II 84

– Autobiographie III 192

Salis, Rilkes Schweizer Jahre 289

Sames, Die Zukunft der Metalle 157

Schickel, Große Mauer, Große Methode 314

Schultz (Hrsg.), Politik ohne Gewalt? 330

Shaw, Die Aussichten des Christentums 18

– Der Sozialismus und die Natur des Menschen 121

– Der Aufstand gegen die Ehe 328

Simpson, Biologie und Mensch 36

Sperr, Bayrische Trilogie 28

Steiner, In Blaubarts Burg 77

– Sprache und Schweigen 123

Sternberger, Panorama oder Ansichten vom 19. Jahrhundert 179

– Gerechtigkeit für das 19. Jahrhundert 244

– Heinrich Heine und die Abschaffung der Sünde 308

Stierlin, Adolf Hitler 236

– Das Tun des Einen ist das Tun des Andern 313

Stuckenschmidt, Schöpfer der neuen Musik 183

Suyin, Die Morgenflut 234

Swoboda, Die Qualität des Lebens 188

Szabó, I. Moses 22 142

Terkel, Der Große Krach 23

Unseld, Hermann Hesse. Eine Werkgeschichte 143

– Begegnungen mit Hermann Hesse 218

– Mein erstes Lese-Erlebnis 250

– Peter Suhrkamp 260

Unseld (Hg.), Wie, warum und zu welchem Ende wurde ich Literaturhistoriker? 60

– Bertolt Brechts Dreigroschenbuch 87

– Zur Aktualität Walter Benjamins 150

Unterbrochene Schulstunde. Schriftsteller und Schule 48

Waggerl, Brot 299

Waley, Lebensweisheit im Alten China 217

Walser, Das Einhorn 159

– Der Sturz 322

– Gesammelte Stücke 6

– Halbzeit 94

Walser, Robert, Der Räuber-Roman 320

Weber-Kellermann, Die deutsche Familie 185

Weiss, Das Duell 41

– Rekonvaleszenz 31

Materialien zu Weiss' »Hölderlin« 42

Wendt, Moderne Dramaturgie 149

Wer ist das eigentlich – Gott? 135

Werner, Wortelemente lat.-griech. Fachausdrücke in den biolog. Wissenschaften 64

Werner, Vom Waisenhaus ins Zuchthaus 35

Wilson, Auf dem Weg zum
    Finnischen Bahnhof 194
Wittgenstein, Philosophische
    Untersuchungen 14

Wolf, Punkt ist Punkt 122
Zivilmacht Europa – Supermacht
    oder Partner? 137